成都，川蜀之要地，扬子云、司马相如、诸葛武侯之所居，英雄俊杰战攻驻守之迹，诗人文士游眺、饮射、赋咏、歌呼之所……

——〔明〕宋濂

　　蜀之文人才士，每出，皆表仪一代，领袖百家。汉如扬雄、王褒、司马相如，唐如陈子昂、李白，宋如苏家父子，元如虞集，岂他方所能比拟？

——〔明〕何宇度

Chengdu:
History and Culture

成都：历史和文化

何 平 ◎ 著

图书在版编目（CIP）数据

　　成都：历史和文化 / 何平著. — 成都：四川大学出版社，2023.6
　　ISBN 978-7-5690-5926-7

　　Ⅰ. ①成… Ⅱ. ①何… Ⅲ. ①成都－地方史－通俗读物 Ⅳ. ①K297.11-49

　　中国国家版本馆CIP数据核字（2023）第016460号

书　　名：	成都：历史和文化
	Chengdu: Lishi he Wenhua
著　　者：	何　平

选题策划：	张　晶　于　俊
责任编辑：	于　俊
责任校对：	张宇琛
装帧设计：	墨创文化
责任印制：	王　炜

出版发行：	四川大学出版社有限责任公司
地　址：	成都市一环路南一段24号（610065）
电　话：	（028）85408311（发行部）、85400276（总编室）
电子邮箱：	scupress@vip.163.com
网　址：	https://press.scu.edu.cn
印前制作：	成都墨之创文化传播有限公司
印刷装订：	成都金阳印务有限责任公司

成品尺寸：	170 mm×240 mm
印　　张：	21
字　　数：	380千字

版　　次：	2023年7月 第1版
印　　次：	2023年7月 第1次印刷
定　　价：	89.80元

扫码获取数字资源

四川大学出版社
微信公众号

本社图书如有印装质量问题，请联系发行部调换

◆版权所有 ◆侵权必究

◎望江楼

序言
XUYAN

三星堆文明是古蜀文明的重要代表。三星堆人虔诚的宗教感、自然神论、艺术风格,甚至头饰的样式等一直延续下来,在后来的金沙、开明王朝乃至汉代仍可看到其踪影。三星堆文明衰落后,继起的金沙文化给我们带来了"太阳神鸟金箔片"等精美洗练的艺术品。金沙文化

◎成都出土汉代画像砖

延续了几百年。古蜀先民又在郫和广都建都。公元前7世纪前后在现成都老城区南部和西部郫江沿岸出现成片定居点,先民们在此创造了被称为"十二桥文化"的晚期古蜀文化。

公元前360年左右,开明九世把都城迁到现成都上南大街一带。成都城池的核心位置此后再未改变过。开明王朝建都成都时,蜀人发展起了不输于中原文化的物质文明,成都商业街出土的漆器就是证据,可惜当时似乎没有形成本土文字,仅在图章、

◎三星堆祭坛

铜器上留下精美的象形图案。晚商至春秋战国，古蜀文明在北方华夏的文献中零星出现。

公元前316年，秦国以武力把成都纳入版图，并在公元前311年按秦国都城咸阳的规制布局街市、修筑城墙。一万多名秦国工匠移民到成都，带来了北方先进的手工业生产技术、街坊格局和文字等，西蜀文明和华夏文明开始深度融合。公元前4世纪初，成都作为一个古代城市，诸多文明要素和功能，例如生产、商业、市场、文字、行政管理体制、哲学和艺术等，都已经具备了。

甲骨文　　金文　　小篆　　楷书

◎"蜀"字的演变

一、古蜀文明的形成

惊艳夺目的三星堆文化是蜀文化的重要代表。三星堆受到周边几大文化板块北方中原、河西走廊、长江中下游、川西高原、云贵和东南亚的影响。甘肃和陕西南部的居民可以经成都平原去往云贵川和东南亚。在古代，河西走廊和陕甘南部一直是西亚和中亚文化与华夏文化交往的通道。三星堆出土的玉琮与浙江良渚遗址出土的玉琮几乎一模一样。河西走廊是中国最早制造青铜的地区，但三星堆的青铜制造更有可能是从后来的殷商，即中原地区和长江中下游传播过来的。三星堆青铜器的功用与形制不同于殷商，显示出浓厚的本地文化特色，可能受到云贵甚至东南亚文化风格的影响；三星堆人酷爱黄金，出土了黄金面具等金器，可能又受到川西高原藏族、羌族文化的影响。

◎三星堆戴金面罩青铜人头像

二、天府文化的发展

以成都为中心的天府文化呈现出数个高峰期。

第一个高峰期在两汉时期，其标志是出现了影响全国的宗教哲学思想和文学潮流。西蜀孕育的道教对中国宗教哲学思想的影响至今犹存。司马相如的《上林赋》等作品创造的"大赋"风格引领两汉文学三四百年。汉代画像砖堪称中国古典艺术的奇葩。

唐宋时期是天府文化发展的第二个高峰。"扬一益二"，成都那时是全国

◎安顺廊桥

◎杜甫草堂盆景园

数一数二的经济文化中心,被冠以"南京"的称号。在唐代,成都的佛教文化极其兴盛。宋代,成都出现了世界最早的纸质货币"交子"。前后蜀的"黄筌画派"影响了北宋百年绘画,"花间词"对唐诗向宋词的转化起到了重要作用。唐代成都砖砌城墙到清代仍旧是成都城区的大致范围,这凸显出此时期经济文化高度发达之深远影响。

三、天府文化的特征

成都孕育了独特的生活方式、价值观、审美理念和宗教哲学,千百年来吸引着无数文人墨客。天府文化崇尚朴素自然,着力从自然中汲取灵感:无论是诗学、绘画风格,还是人居环境都如此,连宗教也带有自然主义倾向。这种顺应自然的生态文明,朴实而具有自然美。

自三星堆文明起,这些文化特征已经萌芽。三星堆神树、祭山图玉璋、青铜祭坛都带有自然崇拜的意味。在庄周学的加持下,西蜀自然观演化成"人法天、天法地,道法自然"的道教哲理。在四川大行其道的佛教禅宗也显示出自然主义倾向。禅宗的兴起使普通人能在家实践佛教教理,摒弃了过度的宗教神秘主义。

成都古代文学、诗词和艺术也有自然主义风格倾向。唐宋之际的"花间词"源于生活，反映社会生活，抛弃了晦涩词句，以语言美和节奏感取胜，所表达的情感类型和其诗学格律更为自然。成都的绘画审美观念带有很强的写实主义倾向。"黄筌画派"写生式的绘画风格追求展示自然的真实形体。

　　西蜀的音乐传统独特。蜀人不仅喜抚琴而歌，而且善制琴。因此尽管西蜀的音乐后来受到北方乐府音乐的影响，但其本地特征仍旧明显。汉唐称西蜀"风土爱弹琴"。李白《听蜀僧濬弹琴》"如听万壑松"。"锦城丝管日纷纷，半入江风半入云"，杜甫眼中成都的音乐之风质朴而又与自然融洽。韦庄的《赠峨眉山弹琴李处士》描述琴曲，时而如倾泻的暴雨，时而如连天的白雪，时而又如松林中吹过的清风，飞过山谷树梢的鹤鸟。宋代苏轼无论是写诗、会客甚至是旅游都要听琴音。苏轼耳中，沈遵的《醉翁操》琴音"琅然清圆""声和流泉"。元代耶律楚材描述蜀中琴韵"蜀声之峻急，快入耳目"。

　　蜀派古琴曲以《高山》《流水》居首，凸显其自然主义之格调。前者表现山谷空灵的景象，以及居高山之巅超群卓立的壮志和远离尘世心旷神怡的复杂感情。《流水》乐曲臆造出激流奔涌、洪波迭起、惊心动魄的情景，继而又有烟波浩渺、风卷云舒、水天一色、清澈宁静的情调。1977年，《流水》琴曲被

◎罨画池

录入美国"旅行者1号"太空船携带的镀金唱片中,作为人类的代表音乐之一,去太空寻找知音。西蜀音乐的世界性价值由此可见一斑。

　　道教诞生于巴蜀,其早期音乐带有巫师歌舞娱神的特点。宋代,西蜀七弦琴融入川西古代民歌。清代西蜀本土"行坛派"音乐"南韵"行腔细腻流畅,有丝竹音乐的悠扬,但又爱演奏粗犷热烈的"大乐"曲牌。清代传入的"北韵"——"静坛派"音乐也有古朴、恬静、自然飘逸的特征。

　　天府文化对人文自然景观的塑造也表现出模拟自然场景的特征。青城山上的亭阁用树干和山石做料,采用与所在场景融为一体的美学设计理念。望江公园的"吟诗楼"与楼侧的假山融为一体。古代成都的城市中轴线和街道走向不像北方中心城市那样正北正南,而是东北—西南斜向,以适应成都平原和周边的山势、风向以及日照,力图最大化自然对人类的眷顾。天府文化卓尔屹立,表现出一种不断创造新潮流和新风格的能力。天府文化之所以能不断创新,也许在于其对时尚和品位的敏锐把握。司马相如所开创的"大赋"文学风格适应了汉帝国的文化氛围;花间词是繁荣富庶城市文化所喜好的音乐辞赋形式;黄筌画派不仅创造了富庶城市文明的那种色彩风格,也代表了绘画美学进步必要的一步。成都文化是本土的,其成就和意义却又超出了本土,具有世界价值。

四、今日成都

　　成都正处于文化发展的第三个高峰期,其城市范围从两江环绕的旧区间向三环外延展。近年来,成都又一次向国家中心城市的地位迈进。2022年,成都的地区生产总值已经达到2.08万亿元。在成都,先进的电子信息产业集群封装最新的芯片,制造最先进的电脑。成都正在建设跨越龙泉山的东部新城,从而实现从岷江流域向沱江流域的历史性拓展。近几年,成都着力建设"世界历史文化名城""旅游名城"和"文创名城",吹响了文化复兴的号角。

　　成都属亚热带季风气候,年平均气温16℃,冬天气温一般不低于0℃,夏天一般不超过35℃。成都年降雨量1000毫米左右,冬春少雨,雨水集中在7~8月;6~8月的风向为北风,其余各月为东北风。成都云雾多,日照时间短。

　　成都老城区位于川西平原中心。截至2021年底,成都市大行政区下辖12个市辖区、3个县,代管5个县级市,总面积14335平方千米,平原、丘陵和高山各占1/3，平均海拔750米，最低处在简阳沱江出境处河岸，海拔仅359米，最高处在大邑县西岭镇苗基岭，海拔5364米。成都大行政区划内人文地理景观丰富多样：平原上竹林婆娑，田畴阡陌，东南部丘陵起伏，西缘高山峡谷中溪流奔泻。

成都有丰富的旅游资源：市区众多名胜古迹，西缘山岭隐藏着历史久远的庙宇道观。川西高原有雪峰冰川、高山湖泊，有仙境般的山谷、野花遍地的草甸，也有脍炙人口的历史传说和民歌。东南的丘陵中隐藏着古老的寺庙和精美的摩崖石刻，年代可溯至唐宋，甚至汉代。岷江与嘉陵江交汇处有闻名遐迩的乐山大佛，峨眉山和青城山风光旖旎。

作为最佳旅游目的地和"最具幸福感的城市"，成都以温润的气候、丰饶的物产、悠久的历史、独具特色的地方文化、闲适的生活节奏吸引着八方来客。

◎老君阁

目录 Contents

上卷

第一章　三星堆博物馆
一、遗址概貌　04
二、青铜文明　05
三、祭祀器物透露出的自然观念　07
四、阶级分层　10

第二章　金沙遗址博物馆
一、金沙城邑　12
二、宗教与艺术　12
三、阶级分化　15
四、三星堆与金沙文明　16

第三章　道源圣地鹤鸣山
一、道法自然　19
二、建筑与庙会　20

第四章　青羊宫
一、历史传说　21
二、灵祖殿到八卦亭　23

　　三、三清殿和青羊的传说　24
　　四、斗姥殿和后苑三台　25
　　五、二仙庵　26

第五章　武侯祠
　　一、刘备殿　30
　　二、惠陵　33
　　三、锦里　34

第六章　成都文庙
　　一、文翁石室　37
　　二、成都文庙和府学　37

第七章　琴台
　　一、司马相如与卓文君　40
　　二、琴台佳话　41

第八章　万里桥（南门大桥）
　　一、人文景观　42
　　二、万里桥到浣花溪　44

第九章　宝光寺
　　一、天王殿到藏经楼　46
　　二、罗汉堂　48
　　三、写实主义风格　50

第十章　东华门遗址公园
　　一、蜀汉皇宫　52
　　二、前后蜀宫苑　54
　　三、摩诃池　54
　　四、明蜀王府　55
　　五、王府仪仗队　58
　　六、贡院　59

第十一章　文殊院
　　一、历史传说　60
　　二、殿宇　61
　　三、收藏　62

第十二章　大慈寺
　　一、唐三藏学法大慈寺　66
　　二、皇家寺院　67
　　三、唐宋画廊　67
　　四、苏轼和陆游　68
　　五、国际影响　70

第十三章　杜甫草堂
　　一、草堂胜迹　74
　　二、杜甫建茅屋　75
　　三、杜甫在成都的生活　77
　　四、杜甫对成都的影响　78

第十四章　望江公园
　　一、建筑　80
　　二、薛涛　81

第十五章　王建墓
　　一、地上皇陵　84
　　二、二十四乐伎　86

第十六章　上莲池与赵廷隐墓
　　一、赵崇祚故居　88
　　二、赵廷隐墓　89

第十七章　陆游祠、罨画池和崇州文庙
　　一、陆游祠　90
　　二、罨画池　92
　　三、崇州文庙　95

第十八章　昭觉寺
  一、唐宋庙观　97
  二、涅槃重生　98
  三、诗文收藏　100

第十九章　桂湖公园和杨升庵故居
  一、明代状元杨慎　103
  二、杨慎的诗学成就　104

第二十章　蜀王陵
  一、僖王陵　106
  二、昭王陵　108

第二十一章　凤凰山朱悦燫墓
  一、学射山　110
  二、朱悦燫墓　111

第二十二章　宽窄巷子（满城）
  一、人文历史　114
  二、满城　115

第二十三章　人民公园
  一、少城公园　117
  二、辛亥秋保路死事纪念碑　118
  三、辛亥首义　119

第二十四章　华西坝
  一、英国建筑家荣杜易　121
  二、中西合璧的华西协合大学校园　122
  三、华西协合大学的修建　124
  四、抗战时期的大学校园　126

第二十五章　青城山

　　一、青城前山　128
　　二、道教名山　132
　　三、青城后山　134
　　四、道家饮食　135

第二十六章　成都周边佛教名寺石窟及石刻

　　一、名寺石窟　137
　　二、佛教石刻　139

第二十七章　川西高原

　　一、海螺沟、康定、塔公草原　142
　　二、稻城亚丁　144
　　三、四姑娘山、丹巴藏寨、色达佛学院　145
　　四、德格　147
　　五、九寨、黄龙、若尔盖草原　149

第一章　古蜀先民从哪里来

　　一、茂县营盘山遗址　156
　　二、桂圆桥遗址　159
　　三、先羌人　160
　　四、马家窑文化与古蜀文化　162

第二章　宝墩文化

　　一、宝墩遗址　165
　　二、八大史前古城　166
　　三、远古蜀人生活　168

第三章　三星堆文明的兴起

　　一、铜冶炼技术来自何方　170

　　二、汉中城固　172

　　三、弓鱼国的秘密　175

第四章　金沙文化时期

　　一、十二桥遗址　178

　　二、杜宇王朝　180

第五章　开明王朝

　　一、迁都成都　182

　　二、商业街船棺墓　183

　　三、巴蜀图语与戈文　184

　　四、武担山的故事　185

　　五、蜀国并入秦国　186

　　六、晚期蜀文化　187

第六章　秦治时期的成都

　　一、成都建秦城　190

　　二、"龟城"　191

　　三、城市徽章　191

　　四、成都的得名　192

　　五、都江堰水利工程　194

　　六、蜀郡东工　197

第七章　汉代成都

　　一、画像砖里的成都　199

　　二、"文翁化蜀"　200

　　三、司马相如　202

　　四、蜀郡西工　204

　　五、道教的诞生　207

第八章　蜀汉成都

一、蜀汉军队　211

二、工商业　215

三、蜀汉的灭亡　215

第九章　晋隋成都

一、晋朝和南北朝　217

二、隋朝　220

三、道教的发展　220

第十章　盛唐成都

一、明皇幸蜀　221

二、佛教文化的兴盛　223

三、高骈筑罗城　225

四、城市风貌　229

五、经济繁荣　231

六、僖宗避蜀　232

第十一章　前蜀

一、王建兴蜀　234

二、前蜀的灭亡　235

第十二章　后蜀

一、后蜀兴衰　238

二、孟昶与花蕊夫人　239

三、芙蓉城的传说　241

第十三章　宋代成都

一、水乡风貌　243

二、园林之城　244

三、游乐风尚　247

四、集市、节庆和饮宴　250

五、宋词中的城市景观　253
　　六、首创纸币——交子　255
　　七、佛教经籍印刷中心　257

第十四章　元代成都

　　一、元军入城　258
　　二、抗元江防体系　259
　　三、浴火重生　260
　　四、末代皇帝成都行　262
　　五、马可·波罗成都之旅　264

第十五章　明代成都

　　一、蜀藩文化　266
　　二、恢复与重建　268
　　三、文化教育的发展　270
　　四、王府与地方　270
　　五、张献忠据蜀　271
　　七、江口之战　273

第十六章　清代成都

　　一、城市的重建　277
　　二、修建贡院　279
　　三、文化的发展和戏剧的繁荣　280
　　四、曲艺　281
　　五、书院教育　282
　　六、维新思想与救国志士　285
　　七、刘光第与杨锐　287
　　八、四川保路运动与清朝的倾覆　288

专题一　成都的音乐文化
　　一、西蜀音乐传统　292
　　二、唐代音乐的发展　294
　　三、前蜀的音乐文化　295

专题二　花间词
　　一、温庭筠　299
　　二、韦庄　300

专题三　益都多名画
　　一、宫廷、寺庙对绘画的需求　303
　　二、花鸟画　305
　　三、绘画史的兴起　308

后记　310

鸣谢　312

第一章
三星堆博物馆

　　三星堆博物馆距成都38公里，位于广汉市西北鸭子河岸边台地。20世纪30年代起，此处陆续发现大量玉器；1986年，挖掘出两个祭祀坑，出土1700余件文物，包括金杖、金面罩、金虎、金箔鱼形器等金器及玉器和青铜器物；2020—2022年又发掘出另外6个文物埋藏坑。三星堆出土文物包括青铜立人、青铜头像、青铜面具、青铜神树、青铜神坛、青铜龙、金面具、金权杖，以及丝织物残迹等等。三星堆出土文物造型奇特，与同期的中原文物风格迥异，显示出浓厚的地方

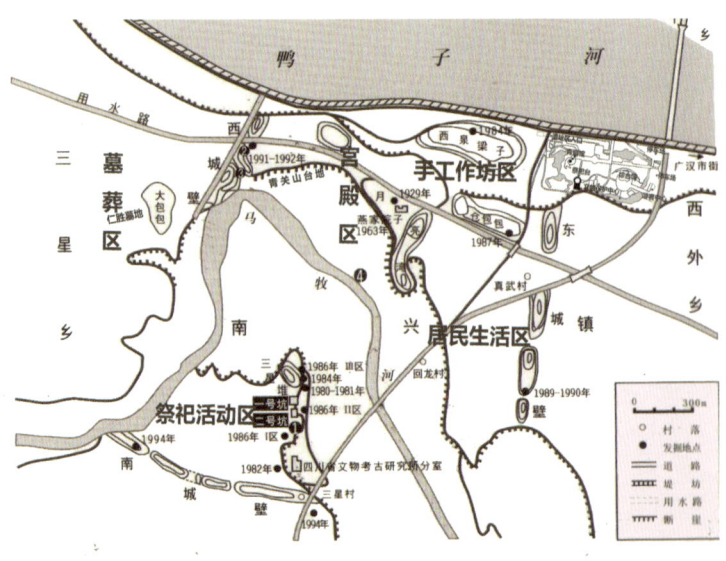

◎三星堆遗址示意图

特色。目前发现的城墙、房舍、宫殿和手工作坊等遗址，表明三星堆是那个时期东亚大陆的一个大城邦。

三星堆出土文物上有一些类似象形文字的符号，但没有系统的文字出现，因此我们对这个神秘古文明的历史知之甚少。专家们认为三星堆文明相当于传说中古蜀先民的"鱼凫王朝"时期。三星堆出土的铜鸟可能就是鱼凫王朝的部族图腾。凫是源于东方"以鸟师而鸟名"的少昊鸟族，鱼凫氏推测应为以鱼和凫为图腾崇拜的两个部落族群的联合。

《蜀王本纪》称："蜀之先称王者，有蚕丛、柏灌、鱼凫、开明。"在中原殷墟和周原的卜辞中有"蜀受年""征蜀""至蜀有事"的记载，显示商朝曾经与古蜀国爆发战争，商王因此占卜，问吉凶对策。《华阳国志》记载周"武王伐纣实得巴蜀之师"，年代大约是公元前1046年。这显示古蜀国时而与中原的商朝廷为敌，时而又参与商朝讨伐他国，但商末，古蜀国参与了周武王灭亡商殷的战争，而且还在洛阳参与诸侯峰会，并送上礼品。"成周之会……蜀人以文翰。"（《逸周书·王会》）

◎爬龙柱形器

◎三星堆博物馆鸟瞰

◎青铜纵目面具

一、遗址概貌

三星堆遗址核心面积约 3.6 平方公里，古城建于公元前 1600 年左右，与商朝的开始同期，其被毁或被放弃大约也与商代的灭亡同时。遗址东、西、南、北的土埂为夯土城墙遗迹（东城墙残长约 1100 米，西、南城墙残存约 800 米，鸭子河岸边的北城墙残长 210 米、残宽约 15 米、高 1～1.5 米），构成一个东西长约 1600~2100 米，南北宽约 1400 米的城池。经推测，梯形城墙底宽 40 余米，顶宽 20 余米，高 8~10 米；城墙外的壕沟宽约 20~25 米，深约 2~3 米。

遗址地表以下，发现了 4 个不同时期的文化遗层，最早约为 4500 年前，最晚约为 2800 年前，延续 1700 余年。一期的堆积物属于新石器时代晚期，二至四期系青铜时代。两个祭祀坑发掘出的金器、青铜器、玉器和象牙等属于商代晚期（距今 3250~3100 年）的物件。

三星堆古城内现仍可见西泉坎、月亮湾、真武宫、三星堆几处台地。湔江的支流马牧河以"几"字形流经城区。大城内的月亮湾台地经西城墙、马牧河和月亮湾城墙另形成一个内城，疑为宫殿区。青关山台地发现 200 了平方米左右的长方形木结构房屋基址，可能是神庙或者宫殿主建筑。宫殿区的东北方是手工作坊区，发现有陶窑及石壁。三星堆遗址还出土了石矛、石坠、石斧、石刀、石杵、锄形器、盘状器、纺轮等农具，以及可能用于酿造、贮藏和饮用的酒具。古城东南部居民生活区有大片房舍遗迹。南部马牧河对岸的三星堆台地是祭祀区，现已发掘 8 个文物埋藏坑。内城宫殿区西墙外是墓葬区。三星堆都城周边 12 平方公里的范围内有 10 多处古村落遗址。

◎三星堆祭祀坑出土文物

二、青铜文明

成都平原业已发现距今4700～2800年的八座古城遗址。其他七大城池都属于石器文明,三星堆标志着古蜀文明进入了一个新时代,即青铜文明时代。三星堆青铜器包含铅、锡、铜三种成分,采用范铸法和分铸法制成。一些青铜人头的面部和器物表面覆盖了黄金薄片。

三星堆迄今发掘出数千件青铜器,包括2.6米高、180公斤重的青铜立人,3.8米高的青铜神树、纵目大耳的青铜人像面具、金面具、金杖、青铜龙、铜鼎、铜戈等等。8个祭祀坑的出土物中有不少青铜熔渣结核、金块、金箔片、翻模铸造用的泥芯(内范)、厚胎夹砂坩埚。这些都表明,三星堆城内显然有青铜器工场。三星堆出土的金器估计是由从川西高原河流得来的沙金锤打展延制成。

三星堆30公里开外的湔江上游地区据说有铜矿,但截至目前尚未发现古代铜矿的遗迹。川西南、四川盆地边缘,如芦山、天全、荥经(古称严道县)、雅安等地却自古富产铜。雅安荥经县的严道铜矿离成都200多公里。2016年,在紧邻的洪雅县瓦屋山发现了先秦时期的大型铜矿冶炼场。史料记载,公元前312年秦惠文王置严道县,公元前328—前313年筑临邛(邛崃)到严道县城的大道,即"严道"。公元前175年,西汉文帝恩赐邓通于严道铜山冶铜铸钱。

三星堆的铜料有可能是从云南东川运来的。东川到广汉之间也有古道相通。另外,云南铜矿普遍为氧化铜矿共生铅、锡等成分,这也就是说,冶炼更为方便,不用费周折先获得纯铜,再加入锡或铅,炼出铜合金。《汉书·地理志》曰:"益州郡……贲古县……北采山出锡,西羊山出银、铅,南乌山出锡。"云南西羊山冲子皮坡发现了青铜时代冶炼遗址,遗址内也发现含铅、锡、铜的矿渣。

沿金沙江往下,自古就有一条将云南青铜原料运

◎三星堆出土青铜大立人像

入北方的道路。一般是从东川陆旱运至金沙江边的巧家蒙姑乡，再沿金沙江到宜宾（叙州），过泸州顺长江而下，经湖南、湖北和江西到黄河流域。清代开启了一条经长江中下游过武汉到扬州，北上沿京杭运河由通州入北京的"滇铜京运"路线。明清时期，云南东川府产铜占全国一半以上，年产六七百万斤。与云南毗邻的贵州盛产铅、锡。

从宜宾有一条"南方丝路"进入成都平原，史书记载秦朝（首都长安）筑五尺道，通朱提（昭通）达味县（曲靖）至滇池。三星堆是成都平原往北经秦岭，顺渭河平原往东入中原的通道上的一个重要节点。也可能就是因为地处要道，受到多个地区的文化影响的缘故，三星堆人完成了从石器时代向青铜时代的飞跃。

紧邻云南的四川盐源盆地皈家堡新石器时代遗址，发现了距今4600年的铜鼓、编钟、短戟、长剑等，该遗址是四川除三星堆和金沙之外的第三大考古遗存丰厚的地点。盐源老龙头墓地出土了蛇蛙铜俎、三女背水铜杖首、铜蛇尾杖等青铜器物。

地处横断山区中部的盐源盆地位于从黄河上游的甘肃、青海地区经川西高原南下进入云贵的通道上。从遗址出土的器物可以推断出，古蜀先民在5500年前走出茂县营盘山等集聚地，一部分人可能一直沿着横断山脉南下，进入了盐源盆地一带。距今4600年前，川滇通道仍然存在，是云南北部、川西高原和中国西北交流通道的一部分。南方的盐源青铜文化是有可能影响三星堆的。

三星堆青铜器的化学检测结果也给出了另一个可能性：三星堆的青铜器有可能是由江西、湖北的工匠带着青铜原料和技术来到三星堆制作出来的。江西赣江畔的新干

◎三星堆出土青铜兽面具

大洋洲商墓和湖北盘龙城遗址都发现了与三星堆造型相同的青铜器,而且这些青铜器年代还稍早。

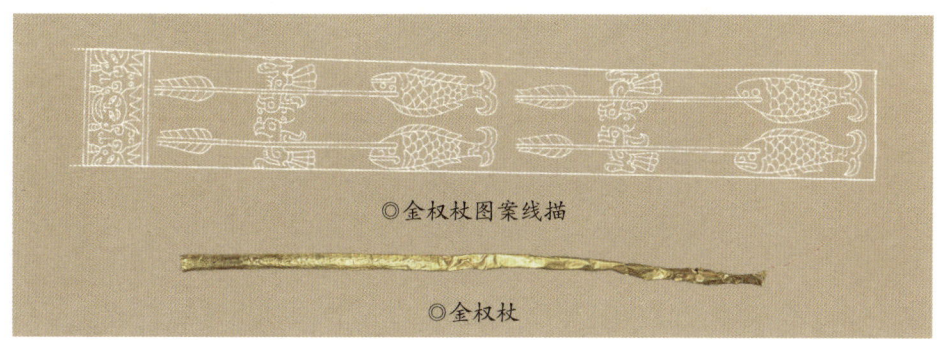

◎金权杖图案线描

◎金权杖

金正耀、曾中懋、苏荣誉、崔剑锋、吴小红和梅建军等人的研究发现,三星堆青铜器采用组合陶范法铸造成型,大型器物采用分铸和铸接;"其工艺技术从体系上论,与中原和长江中下游的商代青铜器是完全一致的,这反映了三星堆青铜文化与这些地区存在密切的联系"。

梅建军发现三星堆青铜器中铅含量较高,化学分析显示为地质上罕见的"高放射性成因铅"。这种特殊铅料不仅见于三星堆出土的青铜器,也见于安阳殷墟和江西新干出土的青铜器,由此似乎可以判断"不管是三星堆文化特色的铜像等还是中原文化的尊、罍等都是同一矿料来源",而且很可能来自同一铸造地或由同一批工匠铸造完成。三星堆大部分青铜器"可能是外地工匠携带着金属矿料来到三星堆后在很短时间内铸造而成的"。证据是这些青铜器表面都较为粗糙,似乎未经打磨。

三、祭祀器物透露出的自然观念

三星堆八个坑中出土的器物大都与祭祀活动有关。出土的50余件青铜人头像、10余件面具,龙柱形戈、大型青铜立人像、神坛、神树和太阳形器等,构成了世所仅见的一套远古人类祭祀器物,从中我们也得以窥见他们的精神世界和原始宗教崇拜观念。

三星堆人崇拜太阳、高山和大树。许多器物上有山的形体存在,如神树立于山形座上;一件"边璋"也刻有四组祭山图,共祭神山16座;"神树"造型寓意太阳鸟

◎金面罩

栖息于岷山之巅的若木;"神坛"可能描述的是太阳落岷山而宿于若木。

三星堆几个祭祀坑面对西山,即玉垒山。此山被认为是古蜀羌人祖先所在地。《华阳国志·蜀志》载蜀王鱼凫于西山仙去,杜宇隐于西山。玉垒山即九顶山,在茂县南汶川县东。青铜"神坛"第一层饰有通天地的灵物,二层为人间,三层为天地间的天梯即山界,第四层为天。这可能也寓意巫师借助灵物,通过山这一上天下地的阶梯在天人之间沟通。这个想象类似于古希腊人将奥林匹亚山想象为众神居住之地。九顶山被视为神山。后来,巴蜀流行的先秦典籍《山海经》中有大量描述上古宗教神话观念的篇幅,可能就是由这些神话演变而来的。

◎三星堆出土玉璋

◎三星堆出土玉璋线描图

◎三星堆出土神树

◎三星堆出土神坛

　　三星堆出土的3.96米高的青铜神树,表现了古蜀先民对神鸟和不死树的想象。神树有3簇树枝,每簇3枝,上有27种果实和9只神鸟,树侧有一龙缘树逶迤而下。这棵树就是后来神话传说文本中的扶桑树。"金乌"是太阳的图腾。《淮南子》曰:"不死树在其(昆仑)西。"人通过服食不死树等神物,可以获得永生。这些出土器物表现了三星堆人所理解的超自然世界。

四、阶级分层

三星堆文化中，统治者极可能是祭司或首席巫师，2.6米高的青铜立人像可能就是其写真。神像可能被置于神庙的中心。祭司或巫师，可能会藏身于宽1.38米的青铜纵目面具后，宣读神谕。青铜纵目面具也可能象征蜀人先祖蚕丛。统治者借祖先崇拜来礼仪化自己的权威。

出土的那根纯金包皮金杖（长1.43米、直径2.3厘米）可能为祭司或酋长所用，上面刻有人头像、神秘纹饰、两只相向的鸟和两背相对的鱼，在鱼的头部和鸟的颈部压一箭状物。这可能反映出三星堆先民濒临大河，以鱼为食，对灵巧捕鱼的鱼鹰的崇拜。金杖包金薄片展开面积达1026平方厘米。金皮锤制平整。三星堆黄金制品运用了包卷、粘贴、模压、雕刻、镂空等工艺。

离三星堆大约60公里的温江鱼凫城可能是该王朝的早期聚落。三星堆古城极可能是这个传说中的"鱼凫王国"的最终都城。三星堆古城所濒临的湔江水量比岷江小，洪灾的威胁也相对较小，交通更为便利。考古显示使用与三星堆文化相同器物的聚落从成都平原北部的沱江冲击扇形区，一直到重庆峡江地区和鄂西地区都有分布，极可能也延伸到越南和缅甸北部，并有通往印度的贸易通道。川东三峡地区盛产食盐，巴人常溯江而上贩售食盐。传说，蜀王鱼凫曾派一支军队驻扎在瞿塘峡以西地区，以阻止巫、巴的纷争，保证盐运畅通，并采盐、制盐，以确保古蜀国的食盐供给。人们还未在三星堆发现文字，因此我们对三星堆古城为什么被废弃，知之不多。

◎三星堆出土铜巫师像

金沙遗址博物馆

金沙遗址在成都西二环与西三环之间（距清代成都老城区西北约5公里）。2000年以来的发掘发现，这是一个包含大型建筑、宗教祭祀区、居住区、手工作坊和墓地等功能划分明确的类似都邑的遗址，其内出土了太阳神鸟金箔片、金面具、金冠带、青铜立人、石虎、石人等千余件文物。研究表明，这处都邑极可能就是由从三星堆迁徙出来的一批人建立起来的。

金沙遗址出土的千余件文物很多与三星堆文物相似，这显示出两个文化存在继承关系。金沙遗址金带上的符号与三星堆出土的金杖上的符号一致，青铜人像的造型风格也与三星堆青铜人像一致。

三星堆出土金杖上雕刻的图案和花纹中有一张弓、一条鱼、一只鸟，鱼被弓箭贯穿而入。金沙出土的金冠带上的鸟、鱼、箭和人头的组合图案与三星堆金杖上的图案几乎完全相同。

◎金沙遗址出土金冠带及其线描图

一、金沙城邑

金沙遗址南北长约3千米，东西宽约2千米。摸底河由西向东蜿蜒流过遗址中部，把遗址分为南北两半，北为黄忠村，南为金沙村。遗址南面1.5千米外是清水河，北侧是郫江故道。

黄忠村宫殿区和金沙村祭祀区隔摸底河相望，相距800余米，布局与三星堆古城颇相似。黄忠村宫殿区发现了一片90米长、50余米宽，包含8座房屋的建筑群，最大的房屋约500平方米，附有门房、厢房、前庭等，疑为大殿。墙体为木骨泥墙，屋顶覆盖茅草。这个西南地区发现的先秦时期最大建筑群为西北—东南走向。金沙遗址的南部、中部、北部和西部有10多个居住区域，包括70余座房址。房址周围，有水井、灰坑、陶窑等遗迹。遗址中部和东部还有几处大型墓地。

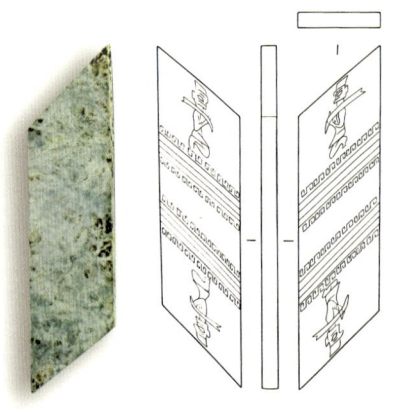
◎金沙遗址出土扛象牙人玉璋及其线描图

祭祀区在摸底河南岸的古河道滩地，其中有一座人工堆砌的长方形台地，面积约1.5万平方米。这个祭祀区是商周时期都城遗址中最大的祭祀区，出土器物的年代为商代晚期至春秋早期。祭祀物的掩埋堆积有"浮沉""瘗埋""血祭""毁器""刚玉"5种方式。祭品包含象牙、石器、玉器、铜器、金器、陶器、野猪獠牙、鹿角等。在建造长方形土台前，祭祀品主要以石器、象牙为主，之后大量使用金器、铜器和玉器。

二、宗教与艺术

金沙遗址出土器物种类繁多，包括金器、玉器、铜器、石器、象牙器，以及大量的象牙、陶器等等。金器中金面具、金王冠带、太阳神鸟金箔、蛙形金箔等最引人注目。铜器大多为小型器物，包括铜立人像、铜牛首形饰、铜戈、铜璧形器、铜眼形器、铜铃、铜贝饰等。玉器有玉琮、玉璧形器、玉斧形器、玉钺、玉戈、玉贝等。石器包括石跪坐人像、石虎、石蛇、石龟、石钺、石璋、石璧、石斧等。

◎金沙遗址出土金箔（左一、左二）
◎金沙遗址出土青铜器（左三、左四）
◎金沙遗址出土石器（右一、右二）

　　金沙太阳神鸟金箔片是商周时期难得的艺术精品。太阳神鸟金箔片上，日轮、神鸟并存，反映出古蜀人把鸟视为人和太阳联系的神物的观念，鸟的眼睛被认为是人日沟通的媒介。太阳神鸟金箔片用2毫米厚圆形薄金片，采用锤揲、切割、镂空等工艺制作。图案外圈四只神鸟逆时针飞翔；图案内圈太阳发出齿状光芒，顺时针旋转，神鸟围绕着顺时针旋转的太阳逆时针飞翔，极富动感。整个图案造型精致简洁，有19世纪欧洲现代主义和印象主义所具有的那种想象力。

　　在中国古代，圆及圆中的图案常被用来图示宇宙模式，阴阳太极图就是一例。古代有"金乌负日"的传说，据传天上有10个太阳，每天由金乌轮流背负，从东方的扶桑飞向西方的若木。太阳神鸟金箔片不仅吻合这个观念，其中的4只飞鸟可能还另有含义，象征一年四季，太阳12道光芒可能象征12个月或12个时辰。像后来的道教哲学一样，西蜀古人的想象力一直都极为宏大，囊括宇宙。青羊宫等道观中就有类似的把想象中的宇宙模式与十二生肖合在一起的图案。

　　金沙遗址发现的八件蛙形金箔饰片体现了《淮南子·精神训》所载"月中有蟾蜍"以蛙为月之象征的观念。金沙遗址出土了很多青铜眼形器，显示了三星堆以来古蜀文明信仰体系的继承和延续。这两个时期器物中的太阳和鸟类的刻画表现手法也十分相似。

　　三星堆祭祀坑有大量持礼器举行仪式的人像；金沙祭祀坑也发现了数个跪坐石人、石虎、石蛇，石虎虎口与人胸相对，这可能是祭祀场景的再现。

　　金沙遗址的一些礼器带有中原文化烙印。金沙古尊在某种程度上是对中原礼器的模仿和重构。金沙的高足尊、高足罍、Y形射部的牙璋、三角戈、有领玉璧等礼器，几乎都能在华夏其他区域文化中找到类似的母本。金沙的玉钺、玉戈等与二里头、殷

◎金沙遗址出土太阳神鸟金箔

◎金沙遗址出土玉琮

墟等地出土的同类器物相似。兽面纹玉钺上阴刻的连体兽面纹,与西周早期铜鼎上的兽面纹基本一致。

金沙遗址出土的多节玉琮,特别是人面纹玉琮,鼻上细如发丝的阴刻线纹,不论形制还是雕刻技术均与良渚玉琮相同。金沙遗址出土的条状玉凿、玉箍形器也与良渚文化类似物件相似。金沙文化显然受到华夏大地其他区域文化的影响。

◎金沙遗址出土蛙形金箔

◎金沙遗址出土金面具

◎金沙遗址出土玉神人面像

◎金沙遗址出土兽面纹玉钺及其线描图

三、阶级分化

三星堆祭祀坑64件青铜人像发型主要有两种:一种是长辫子拖在脑后,即"辫发";另一种头发卷起来,用笄系在脑后,称"笄发"。"笄发"花样颇多,或扎蝴蝶结,或把头发盘在前额像羊角一样耸起。1号祭祀坑出土辫发铜像9个,笄发铜像4个;2号祭祀坑出土辫发铜像38个,笄发铜像13个。由此可推断,笄发青铜人可能是祭祀活动的执行者。

青铜大立人也梳着"笄发",其双手举在胸前,头戴鸟头冠,下穿鸟足裤;青铜神坛上四个"笄发"力士身着太阳彩衣,手攥神秘树枝。

"笄发"人可能代表与神联系的神权群体。辫发青铜人像则可能代表世俗权力的阶层。三星堆祭祀坑中,辫发铜像的数量远超笄发铜像。地位最高的4个戴黄金面罩的青铜人像,两个梳辫发,两个梳笄发,似乎代表了王权和神权的平衡。

金沙遗址出土的人像不再有三星堆时期掌控神权的"笄发"群体的形象。金沙遗址青铜小立人像的脑后编有一条下垂的麻花长辫,平头顶,戴日芒形头冠,应是"辫发"

◎金沙辫发人像

◎三星堆铜人

◎三星堆笄发青铜大立人

阶层的后裔。小立人右手向上、左手向下,显示他正握持某物进行奉献,与三星堆象征巫师的"笄发"大立人姿态相似,应该也是祭司或巫师。这可能显示金沙时期辫发群体已不仅掌控了世俗权力,也掌管了宗教事务。

四、三星堆与金沙文明

祭祀主持由"笄发"人转为"辫发"人,可能是族群斗争的结果,也许这就是导致三星堆衰落、族群迁往金沙的原因。《华阳国志》记载周"武王伐纣实得巴蜀之师",

◎成都市彭州竹瓦街出土
蟠龙盖兽面纹罍

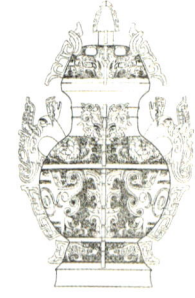
◎成都市彭州竹瓦街出土象首兽面纹罍及其线描图

据此也许可以推测：约公元前1046年，古蜀王国如《尚书》所记载，组织起了一支军队参与周灭商的战争。当这支主要由世俗辫发群体构成的远征军离开后，"辫发"群体的实力大减，三星堆社会内部的权力平衡被打破。辫发群体遭到笄发祭司阶层的更大压迫。商朝被灭亡后，这支军队开始回归，出于遭到报复的恐惧心理，"笄发"祭司阶层于是烧毁三星堆，匆忙逃亡他处。回归的兵士于是与"辫发群体"离开三星堆，来到金沙建立起新的聚落。2023年6月，科研人员用2号、3号和8号祭祀坑出土的文物部件拼接成了完整的"铜兽驮跪坐人顶尊铜像"等多件文物，进一步说明三星堆遗址的8个祭祀坑是同时形成的。

1959年和1980年，在成都市彭州竹瓦街发现了两处青铜器窖藏，包括青铜兵器，青铜尊、罍等酒器。1959年窖藏中发现了8件青铜容器和13件青铜兵器，其中两件有铭文的青铜觯，从器物的风格和铭文判断，应是蜀人参与周人灭商后所得。1980年发现的窖藏中有4件青铜容器和15件青铜兵器，埋藏时间是西周晚期，其中一件西周象首兽面纹铜罍纹饰生动，构图精巧。

金沙人继承了三星堆人的祭祀习俗，但更为理性。金沙祭祀坑中的青铜立人等祭祀品体量远比三星堆小。"笄发"祭司阶层可能就是从中原和长江中下游带着铜料过来的工匠构成的。他们的离去也使得青铜原料的运输成为问题，所以金沙的铜器体量都很小。

◎金沙生活想象图

◎鹤鸣山景区

第三章
道源圣地鹤鸣山

　　成都平原和邻近山区是道教的发源地。鹤鸣山被称为"道源圣地"。这是因为道教祖师爷张道陵就是在此山创建了道教。鹤鸣山位于成都市大邑县城西北10余公里的鹤鸣镇，距成都70多公里，距青城山40公里许，因山形似鹤、山藏石鹤而得名。传说老聃后人隐士李傕曾隐居于此，养鹤为伴，弈棋悟道。鹤鸣山三面环水，葱茏挺秀；林中鸟声啁啾，宫观依山而建，有堪舆学"山环水抱，冲阴和阳"之势。古代有"鹤鸣双涧透龙泉"之说，据称山上有大洞二十四，应二十四气，小洞七十二，应七十二候（五日为一候，三候为一气）；另有大、小炼丹池及访仙岩、龙津、仙泉等诸名胜。

　　民间信仰认为仙鹤是凡人脱化飞升、得道成仙的瑞祥之物。道教创始人张道陵听闻鹤鸣山常有神仙高人聚会，于是来到此山修道，并于汉顺帝时在鹤鸣山创"正一盟威道"。

　　141年，张道陵作道书二十四篇，自称"太清玄元"，又著《老子想尔注》，把"道"说成是化生万物的本原，并把"道"与老子相提并论，把长生不死和成仙尊为最高境界，也遂行符箓斋醮之类的活动。

　　张道陵吸收改造了巴蜀民间神话传说和信仰观念，既把民间俗神，如

◎青羊宫三清殿内张道陵塑像

◎鹤鸣山大殿

◎鹤鸣山道观庭院

盘古、女娲等纳入道教神仙谱系，也把巴蜀的巫鬼变为道教的仙官。道教也吸纳方仙道，鼓励崇拜神明，追求长生不死、得道成仙，也宣扬贵生、逍遥避世，提倡阴阳协调、天人合一。道教又吸收儒家伦理，提倡"尊道贵德""忠孝仁义"，并济世救人，把道德践履说成是修仙的途径之一，积极劝善。

一、道法自然

道教宫观最常见的图案——阴阳太极图，模式化了道教宇宙观念。老子《道德经》称"有物混成，先天地生……独立而不改，周行而不殆，可以为天地母"。张道陵的《老子想尔注》阐释说"道者，一也。散形为气，聚形为太上老君"。在道家的眼中，道是宇宙的本源，也衍生出原初物质"气"，又是其生成的法则和模式，也人格化为太上老君。

"道法自然"是道家哲学的基本信条。"人法地，地法天，天法道，道法自然"，意思是说人类的生存模式要适应地理环境，自然环境随气候变迁；天气依据道而变，这就是世界运行的本来面貌。这里包含了人类的生存要顺应自然及其规律的意思，与自三星堆文化以来的西蜀文化中的自然观念不谋而合。

◎鹤鸣山道观

道教在某种意义上是巴蜀的原始宗教观念和自然崇拜思想的发展延续。道教宣扬无为的人生观，为生活在动乱和民不聊生的社会环境中的人提供了精神慰藉。长远来看，道教也为官员和士大夫在社会动乱无道时选择与世无争、退隐山林提供了一个哲学理论基础。

二、建筑与庙会

民间传说，142年正月，太上老君乘仙鹤降临鹤鸣山，授张道陵三洞众经、金丹秘诀、雌雄二剑及都功印，命其为天师，兴道化众。鹤鸣山天谷洞曾发现一通高约1米的钟乳石古碑，碑的正中刻有"正一"两字，右边镌刻"盟威之道"，左下方镌刻"张辅汉"三字，"张辅汉"即张道陵别名。

自清康熙朝开始，鹤鸣山道观即为全真龙门丹台碧洞宗道场，但主祀祖天师张道陵却从未变更，每年农历五月初五是鹤鸣山最隆重的庙会——"天师圣会"，有来自全国各地朝真礼圣的道友和信众。

近2000年来，无数高人隐士、名流墨客，如唐代著名法师杜光庭、后晋道教宗师陈抟、明代张三丰等都曾驻足鹤鸣山，留下胜迹。明嘉靖皇帝曾将鹤鸣山定为全国"祈天永命大醮"五大醮坛之一。鼎盛时，鹤鸣山有四十八庵、一百零八寺。汉唐宋所建宫观殿宇、亭台楼阁在战乱中大部被毁，现存建筑和古迹多始于明清。现除修复了紫阳、斗姥二殿，又新建了迎仙阁、延祥观、三圣宫、天师殿等。

◎鹤鸣山凉亭

◎鹤鸣山天师殿

◎青羊宫山门

第四章
青羊宫

青羊宫是川西"第一道观",中国八大道教宫观之一。道教在东汉发展成型,但从战国起"方仙道"就在四川流行,西汉则有"黄老道"。道教的初心是修炼成仙,鹤鸣山和青城山这样幽深秀绝的山岳,很容易成为修道养生之地。东汉顺帝(126—144)年间,在祖师张道陵的推动下,道教教义和经文文本逐步成型,其组织开始体制化,一个主要步骤就是建立"二十四治",在人口众多的成都设立了"玉局治"。汉代的《蜀王本纪》已记载青羊观的存在。而根据传说,周代,此处已有名为"青羊肆"的庙观。

一、历史传说

青羊宫有与老子相关的历史传说。传说老子离开洛阳,西过函谷关,遇关令尹喜问道。老子授尹喜《道德》二经,并约定千日后在成都青羊肆相会,然后在尹喜宅南小山上升天。昭王二十七年,老君"敕青帝之青童,化羊于蜀国;乘紫云于紫府,降瑞于王宫"。老君降临人间后在青羊肆为尹喜说道,不久就赴西域和印度去教化胡人。青羊肆由此被认定为传说中的太上老君的再次降生地和传道圣地。

古代帝王居处称"宫"，侯迎天神之所称"观"。青羊肆改名为青羊宫与唐僖宗避难成都有关。杜光庭《历代崇道记》载：唐僖宗于中和二年（882）八月二十九日夜与道士李无为到玄中观"混元降生旧地"设醮，祈求太平，见一道虹光从东南竹林中出来，跳跃闪入西南梅树下地面。此地下三尺，后来挖得一块玉砖，上有花纹和篆字，篆字凑成一句谶语："太上平中和灾"。"太上"指的是老子，"中和灾"指的则是黄巢之乱。

◎青羊宫铜羊雕塑

不久，黄巢起义被剿灭，僖宗于是认为是太上老君显灵，帮助平定了叛乱，返回长安后下诏，赐内外库钱二百万，在玄中观大兴殿堂，落成后改称青羊宫。唐代《西川青羊宫碑记》描述此时的青羊宫气象说："楼台显敞……牵剑阁之灵威……簇峨眉之秀气，半入都城。"

明末战乱，青羊宫殿宇大部被毁。清康熙年间重建，经乾隆、嘉庆和光绪朝增修，形成现有格局。现存建筑仅斗姥殿为明代建筑。

◎唐王殿

◎三清殿前四川巡抚张德地碑

二、灵祖殿到八卦亭

青羊宫是全真道观,与北京白云观、西安八仙庵、终南山楼观台、武汉长春宫和沈阳太清宫等的格局相似。青羊宫原占地300多亩,现有六重殿宇,沿一条中轴线排列,自入口起为山门、混元殿、八卦亭、三清殿、斗姥殿、紫金台、降生台和说法台等。

◎混元殿

第一重殿宇灵祖殿与山门合为一体,高约20米,面积约400平方米。金字横匾"青羊宫"高悬山门上方,字为乾隆时成都华阳县令安洪德所题。墙顶盖琉璃瓦,右边塑有土地神、青龙像各一尊,明代正德十二年(1517)立的皇恩九龙碑一座。楼上供奉"先天首将王天君"像,称"雷火总司"。

第二重大殿是混元殿,供奉道教三清天尊之一的太清道德天尊即太上老君。太上老君也被奉为"混元上帝""混元祖师"。混元殿于清光绪年间重建,占地面积616平方米,有石柱26根,木柱2根。柱上雕刻有镂空的鹿、凤凰望月、双狮戏球等图案。殿内老君塑像手持混元乾坤圈。圈拉伸便是"一"字,象征老君开天辟地,使"道生一,一生二,二生三,三生万物"。后殿供奉"慈航真人",佛教称"观音大士"。

八卦亭在混元殿之后,为同治、光绪年间重建。四方形台基和圆形亭身,象征天圆地方之说。道教称"天圆,地方,阴阳相生,八卦交配成万化"。八卦亭高约20米,宽约17米,为石柱木亭。八根外檐石柱浮雕镂空滚龙抱柱,亭内悬挂一条铁铸飞龙,整个亭有81条飞龙,象征老子"八十一化"。传说,老子母亲怀胎八十一春生老子。八卦亭南向正门有十二属相太极图浮雕。亭内供奉老子骑青牛塑像,上悬"紫气东来"匾额。相传老子过函谷关前,关令尹喜见紫气自东而来,知有圣人过

◎青羊宫八卦亭

关,不久就见老子骑青牛而至。"紫气东来"意为祥瑞即将降临。

三、三清殿和青羊的传说

八卦亭之后的三清殿是主殿,重建于1669年。殿基正方形,边长40米。《封神演义》描述,老子骑在青牛上吟诗曰:"先天而老后天生,借李成形得姓名。曾拜鸿钧修道德,方知一气化三清。"殿前,左边有一尊重约3000公斤的明代铸造的钟,称"幽冥钟";右有一应鼓,每逢大年初一、十五和吉庆大典便击鼓鸣钟。殿内八根木柱象征道教八大天王,二十八根石柱代表天上廿八星宿。

三清殿内供奉道教最高极尊之神三清,即玉清元始天尊、上清灵宝天尊、太清道德天尊(太上老君)。大殿两厢塑十二金仙:道行天尊、清虚道德真君、太乙真人、广成子、赤精子、黄龙真人、惧留孙、燃灯真人、文殊广法天尊、普贤真人、慈航道人、玉鼎真人。《封神演义》载有十二金仙故事。

三清殿大门两侧是青羊宫的镇馆之宝:单角青羊和双角青羊。青羊宫原有一只高2尺、长3尺的铜铸青羊,张献忠毁城时丢失。

◎青羊宫三清殿及殿前的"十二生肖太极图浮雕"

单角青羊为清代雍正朝大学士张鹏翮在北京购得，后捐赠给青羊宫。传说张鹏翮见到这只怪兽，疑为青羊宫旧物。另传此铜羊为南宋左宰相贾似道府邸"半闲堂"所置熏香炉。现青羊底座铭文云："京师市上得铜羊，移往成都古道场。出关尹喜似相识，寻到华阳乐未央——信阳子题"，信阳子乃张鹏翮之号。单角青羊包含十二生肖的特征，有猴头、龙角、鸡眼、鼠耳、马嘴、羊须、牛身、兔背、狗肚、猪臀、蛇尾、虎爪。旧时习俗，每年的二月十五日老君诞辰日，求医治病的百姓头天夜里便赶到大殿坐守，名为"坐香"。次日清晨，便摸铜羊与自己的身体相似的部位，如肚子疼摸肚子，脸不舒服摸脸，据说病兆便会消失。

双角铜羊是清道光九年（1829）成都信徒张柯氏请云南匠师陈文炳、顾体仁铸造，然后献给青羊宫以配独角铜羊。三清殿台基前还有一石刻"十二生肖太极图浮雕"。

四、斗姥殿和后苑三台

出了三清殿，便来到斗姥殿（元辰殿），该殿为一楼一底式建筑。殿长约10米，宽约9米，是青羊宫仅存的明代建筑。殿内供奉的斗姥，原名紫光夫人，是道教的一大女神。传说她生了九个儿子（九皇）：玉皇、紫微、贪狼、巨门、禄存、文曲、廉贞、武曲、破军。斗姥神像慈容，是一位掌人间生死罪福的天神，有三目四首八臂。

◎斗姥殿明代雕塑

斗姥塑像右侧供奉女仙之首王母娘娘。左侧祀奉的是后土皇地祇，为执掌阴阳生育、万物之灵与山河大地的女神。两边分别塑有南斗六星、南极长生大帝（寿星）和北斗七星。由此足见此殿的极尊。

玉皇楼在斗姥殿后，于1821—1850年间建造，殿内楼上供奉玉皇大帝。玉皇大帝是地位仅次于三清的尊神。楼下殿堂前供奉三官大帝，后供奉四御之一的中天紫微北极大帝和真武大帝（玄天上帝）像。相传每年阴历三月三日为蟠桃盛会，也是王母娘娘的生日，各路神仙来此祝寿。

玉皇楼之后是建立在小山坡上的后苑三台，中为紫金台，左为降生台，右为说法台。

◎青羊宫藏经楼

◎老子说法台

轴线正中的紫金台又名唐王殿,建于1662—1772年间。殿内供奉唐高祖李渊夫妇和唐太宗李世民,右侧为尉迟敬德、秦叔宝;左侧为魏徵、李靖。唐王殿记录了唐僖宗曾驻跸观中,赐内外库钱扩建殿堂,改"观"为"宫"的事迹,殿内立有唐僖宗改玄中观为青羊宫的诏令石刻碑。

降生台建于1662—1722年间,殿内塑有"太上无极圣母"(太上老君之母)神像和老君降生像。道教传说,老子升天后又分身再降生于成都李太官家。老子再生变儿童时期,一只青羊总是伴随其左右。尹喜千日依约,来蜀寻老子,在成都见牵羊神童,知是老子点化,于是随其回家。进门后,李太官家庭宇立即变得高广,庭中突现一莲花宝座,神童站于其中,身披离罗陂,戴玉冠,头发已变白。尹喜知道其是太上老君化身。

每年农历二月十五日,相传就是老子的生日,这一天也是青羊宫的"花朝节",如今隔壁的文化公园每年都举办花会。说法台重建于清康熙年间。殿内原塑有老子为关令尹喜说法塑像,以纪念老子在成都现身为关令尹喜讲经说法。殿内现有太上老君神像。

五、二仙庵

青羊宫东侧的二仙庵是道教仙人的专祠,原为青羊宫花园,占地约七十亩,因传说吕洞宾、韩湘子二位仙人在此显迹,于是在康熙年间(1662—1722)增建庙宇以作纪念。

二仙庵后来成为全真龙门派碧洞宗的祖庭,是西南地区唯一具有传戒条件的十方丛林。二仙庵现存建筑沿一条与青羊宫并列的中轴线排列,从山门往后依次为文昌殿、

◎二仙庵山门

吕祖殿、二仙殿和斗姥殿。

　　吕祖殿内供奉纯阳祖师吕洞宾塑像。二仙殿为一双重檐建筑，殿内有吕洞宾、韩湘子塑像，左右两侧塑张道陵天师、虚靖天师神像。

　　青羊宫收藏有不少珍品，包括清代光绪三十二年（1906）所刻《道藏辑要》梨木经版13000余块，每块双面雕刻。

　　青羊宫现有一支道教乐团，不时举行道教音乐表演。道教音乐源远流长。东汉兴起的五斗米道便有斋醮音乐。早期，道教的乐师们主要使用钟、盘等打击乐器；唐代起，增加吹管乐器；受西域音乐的影响，又加入弹拨、弓弦乐器。道教斋醮活动宛如一场音乐会，有独唱、齐唱、散板式吟唱、鼓乐、吹打乐以及合奏等多种形式。

　　道士们吟咏古老的经文，也传唱民间传说。青羊宫和都江堰、青城山、老君山、鹤鸣山等处的道观中演奏的多是静居派乐曲。道士们头挽髻，身道服，乐曲古朴淡雅。在乡间街道的民间道场和法事则多由散居家中的行坛派道士来演奏，他们的演奏常以唢呐吹奏为主，配以大锣、小锣、大钹、堂鼓等打击乐器，乐风热烈粗犷，音色洪亮，著名曲牌有《人有缘》《醉花阴》等。民国时期，成都主城区的行坛派道士常演奏的曲牌有100余首。

◎《道藏辑要》印版

第五章 武侯祠

承载蜀汉三国厚重历史记忆的武侯祠，无疑是成都最重要的名胜之一。武侯祠始建于西晋末年，初与祭祀刘备的昭烈庙和惠陵相邻，后经历代修缮，最终变成由汉昭烈庙、武侯祠、惠陵、三义庙四部分组成的建筑群。

唐代，武侯祠就已成为全国名胜。1041—1048年，宋枢密直学士蒋堂知益州，在修建铜壶阁时，曾想砍伐惠陵的柏树，后折毁刘禅祠，取其木材而用。1391年，蜀献王朱椿对武侯祠和汉昭烈庙进行整修，废除原在汉昭烈庙西侧的武侯祠，把诸葛亮像移入汉昭烈庙内刘备像东侧，关羽、张飞像列于西，北地王刘谌、诸葛亮之子诸葛瞻和镇守关口奋战至死的傅佥也陪祀庙内。

明末，祠庙毁于兵燹。1671年，清川湖总督蔡毓荣倡导，四川按察使宋可法、抚蜀大中丞罗森、四川督学使张含辉、四川布政使金儁等官员捐资，对武侯祠进行修复。除惠陵

◎ 武侯祠

◎武侯祠正门

外,祠庙现存主要建筑均为那时重建。三义庙原在提督街,为清康熙初年四川提督郑蛟麟所建,建筑和匾额系1821—1850年间建造,1998年迁建至武侯祠。锦里为当代复建古街区,于2004年对外开放。

汉昭烈庙大门外有红色照壁。大门门厅上为歇山式屋顶,分成内外两间。大门上方悬朱红匾额,上书"汉昭烈庙"金色大字。大门前两侧各有一尊明代石狮。大门内庭院矗立着六通石碑,两侧各有一碑廊,其中最大的一通"蜀汉丞相诸葛武侯祠堂碑"为唐宪宗元和四年(809)所立。

史载,807年,四川战乱,唐朝廷派相国武元衡任剑南西川节度使。抵蓉后,武元衡与僚属来武侯祠拜谒。事后,节度府掌书记裴度(后为唐朝宰相)撰文,请书法家柳公权之兄柳公绰书写,名匠鲁建镌刻,制作成一通高3.7米的石碑,立于此处。石碑因文章、书法、镌刻精湛绝伦,被称为"三绝碑"。

"三绝碑"碑文共22行1000余字。裴度景仰诸葛亮,在碑文中他颂扬诸葛亮有"事君之节""开国之才",懂"立身之道"和"治人之术",在汉末群雄纷争、士人择主而动之际,高卧隐居,以待明主;受刘备三顾之请,《隆中对》以"一言而定其机势"。出山后,"结吴抗魏,拥蜀称汉",施行教化,使蜀地政令划一,道德风行,成为殷富的强国,拥能征善战的劲旅。裴度最后总结说,从诸葛亮治蜀兴川可以发现:"地无常形,人无常性",皆可以振兴。碑文还抚今追昔,评述诸葛亮因失街亭而斩马谡,突出诸葛亮的法治思想。

步入武侯祠二门,可见庭院内两边的文臣武将廊。东面文臣廊有庞统、简雍、吕凯、傅肜、费祎、董和、邓芝、陈震、蒋琬、董允、

 ◎文臣廊（局部）
 ◎武将廊（局部）

秦宓、杨洪、马良和程畿14人塑像，西面武将廊塑有赵云、孙乾、张翼、马超、王平、姜维、黄忠、廖化、向宠、傅佥、马忠、张嶷、张南和冯习14人塑像，皆蜀汉栋梁。每尊塑像前有其生平事迹介绍。

一、刘备殿

武侯祠中的刘备殿坐北朝南，为传统单檐歇山式建筑，面阔七间，进深四架。前檐柱上撑弓，雕有彩绘敷金的祥兽图案。二门上方悬"明良千古"匾额，意为"明君良臣，千古垂范"，为清初四川提督吴英所题。刘备坐像高3米，贴金，冠冕九旒，双手执圭，

◎刘备殿

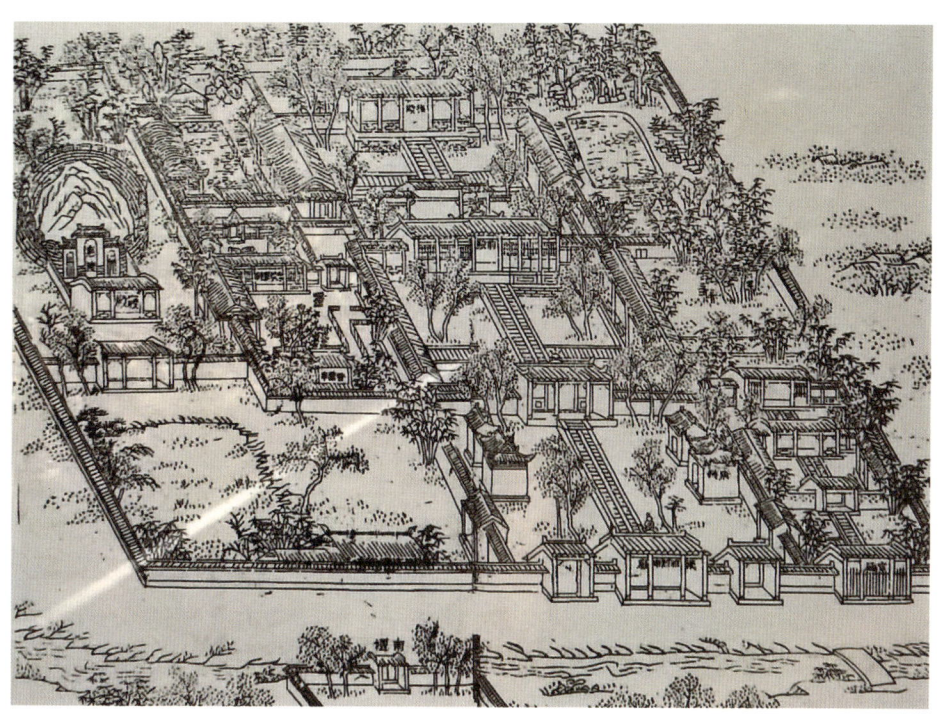

◎清代武侯祠

端坐大殿正中。左右侍者分别捧传国玉玺和尚方宝剑。塑像前立"汉昭烈皇帝"牌位。东偏殿为关羽和其子关平、关兴等的陪祀塑像,西偏殿是张飞及其子张苞、其孙张遵的塑像。

穿过刘备殿,便来到由过厅、东西厢房、孔明殿及东西两边的钟楼和鼓楼围合而成的诸葛武侯祭祀区。祭祀区面积虽仅为刘备殿的一半,但柏树森森,殿宇宏伟,再加上两侧的钟鼓楼,另有一番景象。顺中间通道,可见单檐歇山式屋顶飞檐翘角,中堆为火焰宝珠、二龙戏珠,腰花饰弥勒佛像。

殿外石阶前是一尊明代凤鸟纹四足香炉,两侧石栏杆望柱上立有石刻动物。殿宇屋檐下有雕花撑弓檐柱8根和蛛网花格门。殿内神龛内,诸葛亮身披鹤氅,羽扇纶巾,端坐其中。神龛上方悬"静远堂"匾额。塑像两侧书童各持兵书和宝剑。再旁边两侧是诸葛亮儿子诸葛瞻、孙子诸葛尚塑像。

大殿里,有一块公元207年刘备三顾茅庐时,诸葛亮分析天下大势和战略构想的《隆中对》石刻。碑曰:"自董卓已来,豪杰并起,跨州连郡者不可胜数。……今操已拥百万之众,挟天子而令诸侯,此诚不可与争锋。孙权据有江东,已历三世,国险

◎三义庙大门

而民附,贤能为之用,此可以为援而不可图也。……益州险塞,沃野千里,天府之土,高祖因之以成帝业。……将军既帝室之胄,信义著于四海……若跨有荆、益……内修政理;天下有变,则命一上将将荆州之军以向宛、洛,将军身率益州之众出于秦川……则霸业可成,汉室可兴矣。"

诸葛亮大殿后墙上刻有前后《出师表》。《前出师表》写于227年,系诸葛亮北上伐魏、进军洛阳前呈给后主刘禅的表文。表文以陈述自己精忠报国之心开头:"臣本布衣,躬耕于南阳,苟全性命于乱世,不求闻达于诸侯。先帝不以臣卑鄙,猥自枉屈,三顾臣于草庐之中,咨臣以当世之事,由是感激,遂许先帝以驱驰。后值倾覆,受任于败军之际,奉命于危难之间,尔来二十有一年矣。"

《后出师表》写于228年诸葛亮第二次北伐临行之际,表达了诸葛亮"鞠躬尽瘁,死而后已"之心。奏章曰"至于成败利钝,非臣之明所能逆睹也",显示诸葛亮明知无绝对把握,但仍要勉力而为。几百年后,杜甫造访武侯祠,写下著名诗句:"出师未捷身先死,长使英雄泪满襟。"

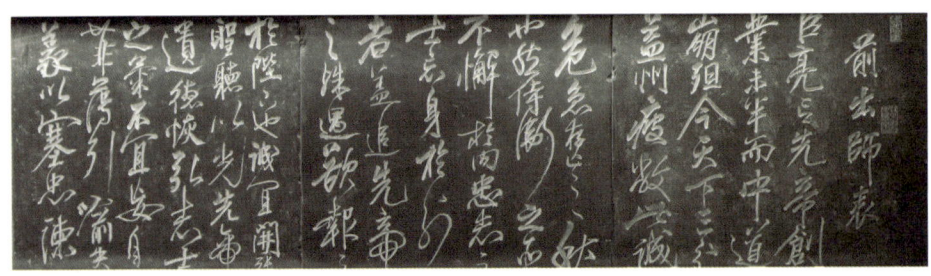

◎前出师表(局部)

二、惠陵

刘备为报东吴杀关羽、占荆州之仇，于221年起兵伐吴，却在夷陵几乎全军覆灭。223年4月，刘备在白帝城驾崩。223年5月，刘备灵柩启程运往成都。诸葛亮身穿丧服，将士披麻戴孝，伴随梓官丧船，溯江而上，经重庆、泸州，在宜宾转岷江，过武阳（今彭山）沿府河回到成都。

8月，治丧首日，百官身着素衣，哭临寝殿阶下。然后，太史令握哀册在前，司礼官手捧谥册在后，丞相和文武百官伴随刘备灵柩，行往西南城外。惠陵墓前刘禅跪地迎候，丞相诸葛亮宣读谥册，谥刘备为"昭烈皇帝"，葬于惠陵。刘禅生母甘夫人棺木已由南郡迁葬于墓中。

245年，穆皇后去世，也被葬入墓中。蜀汉设昭烈帝庙令和惠陵园邑令二官守卫，并有若干驻军。按礼制，每年正月刘禅率文武百官前往惠陵和昭烈庙祭祀。蜀亡时，刘禅之子北地王刘谌劝谏刘禅勿降，未果，愤而在惠陵前全家自杀。

惠陵由沿南北中轴线排列的照壁、山门、神道和寝殿等组成。山门悬"汉昭烈陵"匾，神道的享堂上悬"千秋凛然"匾额；再后的阙坊中嵌"汉昭烈皇帝之陵"墓碑。墓高12米，周长180米，有灰色砖墙环绕。惠陵有通向武侯祠的红墙夹道。

◎惠陵享殿

◎锦里

三、锦里

　　20世纪80年代,位于古代锦官城外的武侯祠仍然"柏森森",刘备和诸葛亮殿东面,数百株参天柏树形成一片小森林,掩映着武侯祠的红墙。20世纪90年代,利用武侯祠内的柏树林和墙外的一条通向锦江河岸的小巷,成都武侯祠博物馆斥资重建了"锦里"。万里桥西面南岸的锦官城自古就称锦里,汉代起即以织锦之城区名闻天下。《华阳国志·蜀志》描述说:"夷里桥南岸道东边……有女墙。其道西城,故锦官也。锦工织锦,濯其中则鲜明,他江则不好,故命曰锦里也。"

　　如今的锦里,曲折的小街巷长500多米,两旁的店铺、茶楼和酒家,飘逸着三国和西蜀民俗文化之风。街区与南郊公园相通,小桥流水,楼台亭阁,别有一番川西古街情调。自锦里开放后,"拜武侯、泡锦里"成为游客体验三国文化的一项必要的活动。锦里被联合国科教文组织评为"全球最美街区",为中国唯一的"全球最美街区"。

　　历代无数的诗人曾造访锦里,留下了名篇佳句。前蜀宰相韦庄《河传·锦里》把

◎锦里街巷

◎锦里园林

当时锦里的繁华描写得如人间天堂:"锦里,蚕市。满街珠翠,千万红妆……不知今夜,何处深锁兰房,隔仙乡。"

柳永在他的《一寸金》诗中讴歌:"锦里风流,蚕市繁华,簇簇歌台舞榭。雅俗多游赏,轻裘俊、靓妆艳冶。"现在,在锦里吃火锅、看川剧,回味古代诗人的意境也着实令人向往。

◎锦里古街

◎锦里戏台

第五章　武侯祠

第六章
成都文庙

◎华阳县文庙大成殿,李约瑟拍摄于20世纪40年代

　　成都文庙、文翁石室位于成都文庙街,西汉始建,文翁石室旧址上在不同历史时期设有文庙、书院等,是四川文脉的源头和儒生的精神家园。史书记载,汉初,巴蜀文化落后于中原。公元前143—141年文翁任蜀郡太守,在城南设文学精舍讲堂,发展教育,四川的文化教育由此进步迅速,不久就与文化发达的齐鲁地区比肩。汉代班固评论说:"巴蜀好文雅,文翁之化也"。公元前124年,汉武帝下令全国效仿文翁,兴办地方学府。文翁石室因此可以被视为中国最早的官办学府之一。

一、文翁石室

文翁去世后,石室设文翁塑像以作祭祀。东汉安帝时发生火灾,石室遭到了严重破坏。公元194年,蜀太守高氏命人加以修复,把石室改为益州州学,另建祭祀周公的礼殿。唐代,此处再增建文庙,设祭祀孔子的大成殿。

此后,文翁石室成为成都名胜,唐代诗人如卢照邻、岑参,宋代诗人李石等都曾来此造访,赋诗留念。岑参诗云:"文公不可见,空使蜀人传。讲席何时散,高台岂复全。丰碑文字灭,冥漠不知年。"

◎成都文庙泮池望棂星门(1914年)

◎成都文庙大成殿(1914年)

五代后蜀,此处建石经堂,994年后,开始在石室刊刻石经,历14年,刻儒家经典10种立于室内,北宋时继续补刻,增刻儒家经典3种,前后历时187年,直到宣和年间才将十三经全部刻完,共得石经碑1000多块、130多万字。宋末元初的战火中,石经碑遭毁,现仅存残碑10块,石碑拓片200多页。元代又在此处兴建石室书院。

元末费著在《成都周公礼殿圣贤图考》中记述说此处还有南宋时期的石经、版画、壁画。明人何宇度描述说"文翁礼殿,今学官即其故址。云汉文翁立学作石室,绘三皇、五帝、仲尼、七十二贤,及两汉君臣像于其中祀之,至唐已漫灭。宋嘉祐中,重为摹写,增至一百七十三人。今学官止有孔门诸弟子石刻"。明代曹学佺撰写《蜀中名胜记》时,文翁石室历代所存碑刻"皆不存",仅剩"孔门七十二贤像"。

二、成都文庙和府学

明代是庙学、书院建筑格局形成的重要阶段。1526年,明世宗将《敬一箴》颁示天下,提倡对孔学的专一敬业，规定全国文庙均须在明伦堂后西北角建"敬一亭"，亭内竖立嘉靖皇帝御题的"敬一箴"碑刻。文翁石室所在的成都府学中立有《程子四箴》《程子听箴》《程子言箴》《程子动箴》《范氏心箴》五块石碑。明末，文庙和书院被毁。

◎崇州文庙讲学雕塑

清初，四川府学在文翁石室旧址建成。1663年，在文庙旧址上重建文庙。修建时，曾于废墟中出土元明时期的铭刻。1704年，四川按察使刘德芳在此建锦江书院。1873年，张之洞到四川就任学政。次年，返乡的工部侍郎薛焕与15位学者上书四川总督吴棠和学政张之洞，请求再创办一所书院，以继承文翁之教，培养学贯古今的通达之士。张之洞与吴棠联衔上奏清廷，获准，于是筹措资金，在文庙西街西首兴建。

◎崇州文庙大成殿　　　　　　　　◎崇州文庙尊经阁

  1875年春，尊经书院落成，规模甚为宏大，中门匾额上书"石室重开"。书院落成当年就在全省3万多生员中选拔100余名优等生入学。清代成都诸书院中，尊经书院对天府文化的贡献最大。在维新派官员的影响下，尊经书院学术氛围开放。学政张之洞视尊经书院为延续西蜀文脉的重地，将办学宗旨概括为"绍先哲、起蜀学"。在《四川省城尊经书院记》中，他盛赞汉以来蜀地人才辈出，称司马相如、扬雄、陈子昂、李白、杨慎等为蜀人气节、经济和文章的典范。

  1901年，清廷废书院，改革科举教育，四川总督岑春煊将锦江书院和尊经书院等合并，创办四川省城高等学堂，地址选在原南较场"尊经书院"旧址，此为四川大学前身之一。不久，在文翁石室和锦江书院旧址上，又设成都府中学堂，1911年后改称成都联合县立中学。1994年为修体育场，文庙大成殿被拆，在金堂赵镇文化局大院复建。

第七章 琴台

琴台路位于百花潭北、锦江河畔,是为纪念曾引领汉代文风数百年的蜀中才子司马相如而兴建的复古街区。司马相如与卓文君不拘礼教、追求自由和幸福的爱情故事,在成都千古流传,引无数文人墨客缅怀。

◎琴台路仿古街区牌坊

一、司马相如与卓文君

相传,蜀中才子司马相如20余岁就因才气在洛阳为官,作梁孝王的宾客。梁孝王去世后,司马相如回到蜀郡,生活清贫。

临邛令王吉邀相如到临邛。临邛富人卓王孙设宴结交司马相如。司马相如仰慕卓王孙的女儿卓文君才貌,于是即兴弹奏一曲《凤求凰》:"凤兮凤兮归故乡,遨游四

◎凤求凰

◎西昌唐园司马相如雕像

海求其凰。……何缘交颈为鸳鸯。"借此表达对卓文君的爱慕之意。卓文君也早已为司马相如的气质才情所吸引。两人遂通过侍婢转达爱意。

卓文君决意私奔,深夜逃出家门,与相如来到成都。卓王孙怒女儿违反礼教,而不予生活资助。夫妻俩在成都度日艰难,后又回到临邛,卖掉车马,开了一家酒肆。文君当垆卖酒,夫妻恩爱传为佳话,卓王孙最后原谅了女儿,送来衣被,分给文君奴仆百人,铜钱百万。卓文君和司马相如不久后回到成都居住。

二、琴台佳话

汉代成都是琴歌发展的沃土,文人雅士皆喜抚琴而歌。司马相如爱琴弦之音,喜赋诗吟咏,家藏绿绮之琴;卓文君也常鼓琴唱歌,曾作琴歌《白头吟》。汉代扬雄曾撰《琴清英》,备述琴人逸事。司马相如以一曲琴歌,向卓文君表达爱意,两人婚后又经常一起在琴台弹琴吟唱。

唐代诗人张祜《司马相如琴歌》诗云:"凤兮凤兮非无凰,山重水阔不可量。梧桐结阴在朝阳,濯羽弱水鸣高翔。"两千年来,寻访司马相如和卓文君的故宅、琴台一直是文人雅士的爱好之一。

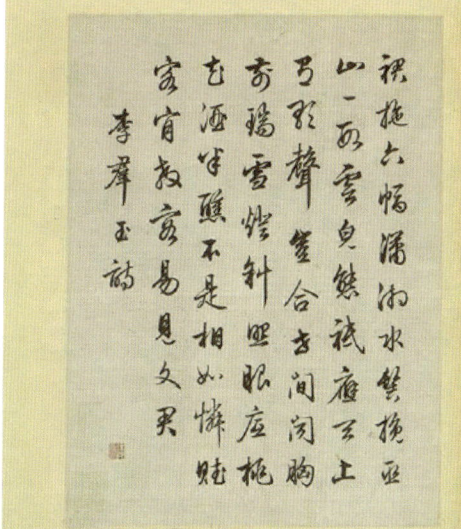

◎清代赫达资《画丽珠萃秀册》之文君当垆卖酒图

第八章
万里桥（南门大桥）

万里桥堪称成都第一桥，因诸葛亮送费祎出使东吴，临别时，费祎叹曰"万里之路始于此桥"而名垂千古。唐李吉甫《元和郡县图志》称："万里桥架大江水……蜀使费祎聘吴，诸葛亮祖（饯行）之。祎叹曰：'万里之路始于此桥。'因之为名。"万里桥始建于公元前256—前251年间，为蜀郡太守李冰修建的七桥之一。《华阳国志》载，成都"西、南两江有七桥……南渡流曰万里桥"。元代，马可·波罗到访成都，对成都人文地理景观印象最深的就是锦江和万里桥，万里桥由此世界闻名。美国汉学界的泰斗费正清在他的东亚历史名著中也把20世纪60年代的南门大桥作为插图之一。

一、人文景观

历史上，万里桥紧邻锦里和南市，北接成都南城门，是成都最繁华的水陆码头和交通要口。此处江面宽阔，明代华阳县令何宇度记述，"江从灌口来，夏秋水涨，阔盈里许"。锦江（检江）上常常万千船舶，货来物往。

◎南门大桥外河流

◎万里桥（历史照片）

◎南桥夜景

  李白诗中"濯锦清江万里流，云帆龙舸下扬州"生动描述了唐代万里桥的繁忙情景。万里桥也是成都人乘舟东航的启程处。唐代岑参《万里桥》诗曰："成都与维扬，相去万里地。沧江东流疾，帆去如鸟翅。楚客过此桥，东看尽垂泪。"

  万里桥是成都人文景观的地标性建筑。文人墨客无不骄傲地述说自己住在万里桥。杜甫介绍居处，"万里桥西一草堂"；刘禹锡写下了"江头蜀客驻兰桡。凭寄狂夫书一纸，家住成都万里桥"；薛涛曾在万里桥畔居住，写下了"万里桥头独越吟，知凭文字写愁心"；前蜀开国皇帝王建写薛涛，"万里桥边女校书，枇杷花下闭门居"。

旧时，到成都的游客首先要寻访的地方也是万里桥到浣花溪风景名胜带。曾写下千古名篇《枫桥夜泊》的唐代诗人张籍（约766—约830）在《成都曲》中介绍说："锦江近西烟水绿，新雨山头荔枝熟。万里桥边多酒家，游人爱向谁家宿？"苏轼晚年为官在外，也独对万里桥魂牵梦绕，写下诗句"我欲归寻万里桥，水花风叶暮萧萧"。

二、万里桥到浣花溪

古时，万里桥畔风光旖旎。陆游《晓过万里桥》描述了万里桥西锦江水雾迷蒙、柳树婆娑的情景，"晓出锦江边，长桥柳带烟"。那时，万里桥上可远眺川西雪山峰顶，杜甫赋诗曰："西山白雪三城戍，南浦清江万里桥。"清代张谦宜的《万里桥上望浣花溪》描述说："万里桥头路向西……雪山高压白云低。"可见那时，成都的生态环境极好，一目千里。

万里桥码头是成都通嘉州（今乐山）经叙府（今宜宾）、下重庆、入长江、通往江南的水路码头。963—968年，西川转运使沈伦给万里桥修筑了排灌分水工程——石鱼鲗水五道，并在桥上修建桥廊。陆游的《游万里桥南刘氏小园》赞曰："朱桥架江面，栏影摇波光。"

万里桥西沿锦江而上二里许就是浣花溪。古时，浣花溪水势猛，涛声大。陆游曾写《夜闻浣花江声甚壮》："壮声每挟雷雨横，巨势潜借鼋鼍骄。梦回闻之坐太息，铁衣何日东征辽？"

明代钟惺的《浣花溪记》描述了万里桥西到浣花溪的旖旎风光。出成都南门，左边是万里桥。沿清澈的锦江水岸往西行三四里便到了青羊宫。浣花溪、锦江和百花潭形成一个风景区，溪水时远时近，岸边江畔翠竹葱柏掩映。溪水汇流处有三座桥，相距不到半里。一桥通往都江堰，另一桥通向溪水中梭状的沙洲。桥边小亭题词曰"百花潭水"。过此桥，经梵安寺，便到了杜工部祠（杜甫草堂）。跨过另一座桥往左，溪流边时而是浓荫密林，时而可见溪水对面的茅舍，农夫缚柴编竹，农妇携儿带女。再顺"缘江路"行一里许就是柏树葱郁的武侯祠。

第九章
宝光寺

◎宝光寺山门

◎舍利塔

　　宝光寺位于成都新都区，是成都地区历史风貌保存最好的一座佛教寺庙。历史上，曾与成都文殊院、镇江金山寺、扬州高旻寺并列长江流域"四大丛林"。宝光寺始建于东汉，在隋唐时已有相关文献记载。《集神州塔寺三宝感通录》记载，隋朝蜀王杨秀时，此寺掘得大石，住持知诜禅师于是在大石上建九级森林塔，旱涝时，民众常在此祈祷，据说屡屡奏效，塔因而名"福感塔"，寺名则为"大石寺"。

　　1996年出土的唐代施衣功德碑显示：741年，寺庙已称宝光寺。845年，唐武宗灭佛，国内4万多座寺庙被拆毁，宝光寺亦未能幸免。847年，宝光寺复建，但宝光塔未重建。

　　881年，受黄巢起义影响，唐僖宗入蜀避难，路经新都时曾驻跸宝光寺，此后在寺后修建行宫，行宫的两个柱础现仍在七佛殿前廊柱下。僖宗到成都后请彭州高僧知玄（悟达国师）随驾。传说，883年三月初八晚，僖宗在寺内散步，忽见宝光塔废墟霞光迸射，问悟达国师，回应称："舍利放光，为祥瑞之兆。"僖宗叫人挖掘，在塔地宫内发现石函，内有佛舍利十三粒，于是，命悟达国师重建宝塔，扩充佛寺。建好后的宝塔取名为"无垢净光宝塔"，佛寺仍名宝光寺。

　　临济宗十一代祖师佛果克勤（宋高宗赐号圆悟国师）于1109年住持宝光寺，寺院扩建，宋徽宗赐宝光寺新名"大觉寺"。清道光年间的《宝光禅院创建重修端末记》碑刻称："宋圆悟禅师修持说法，接众数千。"宋末元初，寺庙遭到破坏。明正德年间（1506—1521），新都籍首辅大学士杨廷和与翰林院修撰杨升庵父子二人捐资扩

建寺院，宝光寺殿宇极为宏丽。

明末清初战乱，宝光寺再遭毁坏。1670年，破山和尚派弟子笑宗印密禅师来宝光寺重开道场，在新都知县毕成英及地方缙绅的支持下重建寺院。康熙到光绪200多年间，宝光寺不断增修扩建，逐渐成为与文殊院、昭觉寺、草堂寺并列的成都府"四大精蓝"。民国时，宝光寺以遵行禅门清规闻名。峨眉山僧人半数以上是在宝光寺受戒。在此后的动乱中，宝光寺的殿堂、佛像、匾联、书画等文物古迹基本无毁损，由此宝光寺成为国内保护相对完整的一座佛教寺院。

◎杨廷和

◎杨升庵

一、天王殿到藏经楼

宝光寺四面经墙环护，绿树萦绕，主要建筑由一塔、五殿、十六院组成。寺庙中轴线上，依次为福字照壁、山门殿、天王殿、舍利塔、七佛殿、大雄殿、藏经楼、紫霞山；两旁分立钟楼、鼓楼、客堂、斋堂、戒堂、罗汉堂、禅堂、东方丈、西方丈，呈现"寺塔一体、塔踞中心"的布局特征。

宝光寺现存建筑大多建于清代，山门修建于乾隆年间，内供设法神、金刚力士和明代首辅杨廷和杨升庵父子塑像。天王殿建于1799—1830年，供奉弥勒佛和四大天王，殿檐悬"一代禅宗"匾额。殿后是1413年的明代石刻《尊胜陀罗尼咒》经幢，此殿因而又名"尊胜殿"。

天王殿与七佛殿之间是舍利塔，始建于唐僖宗中和年间。塔高约20米，为密檐式十三级四面塔，每级翘悬铜质风铃4个，四面各嵌佛像3座。全塔有铜、石、玉佛像140尊，藏有舍利子13粒。塔顶为金铜宝顶，塔底层正面龛内塑释迦牟尼坐像。

七佛殿为单檐歇山式，1861年由真印和尚募捐修建。殿前檐柱下两个浮雕盘龙石础为唐僖宗行宫遗物。明代状元杨升庵有诗云："唐帝行宫有露台，础莲几度换春苔……王气遥从骆谷来……五更风雨杜鹃哀。"

殿内三龛供世间庆大威德自在光明如来、多宝如来、宝胜如来、妙色身如来、广博身如来、离怖畏如来、阿弥陀如来等七佛立像。佛龛前的缅甸汉白玉卧佛为1991年缅甸佛教徒捐赠。

◎天王殿

◎大雄殿内

◎七佛殿

再后是大雄殿，由清初笑宗印密主持修建，乾隆年间恢章和尚改建，道光年间妙胜和尚重建。全殿以42根石柱支撑，殿中供奉释迦牟尼佛。

舍利塔两旁立迦叶、阿难尊者，殿悬一款联："世外人法无定法，然后知非法法也；天下事了犹未了，何妨以不了了之"，昭示佛教哲理，劝信徒排解人生磨难和纠纷。

藏经楼为全寺最大殿堂，高17米，石柱支撑，由清道光年间妙胜和尚主持修建。上为藏经楼，藏有43册敦煌经书，22册房山石经，以及《北藏经》和《频伽藏经》。殿中供千手观世音菩萨像。四壁绘诸天画像，画工精细。藏经楼楼下为历代方丈说法堂。

极乐堂后的念佛堂高10米，宽九楹，系清同治年间真印和尚建。堂中有一座高5.5米、直径2米的舍利塔，由3块巨石镂空雕成。塔呈六方宫殿式，玲珑剔透，内有与释迦牟尼佛故事相关的人物、花卉、飞禽走兽浮雕，6根石柱雕有飞龙，据传是由清代3位著名工匠历时3年刻成的。寺院住持常在此做道场。

◎罗汉堂大门

◎藏经楼

二、罗汉堂

　　罗汉堂是宝光寺内一座罕见的佛教雕塑艺术殿堂，建于清咸丰元年（1851），内有佛、菩萨、祖师塑像59尊，罗汉塑像518尊，以及康熙、乾隆塑像。雕塑彩绘贴金，千姿百态，是中国现存四大罗汉堂（另有北京碧云寺、苏州西园寺、武汉归元寺）中规模最大的，而且以塑像奇巧多姿扬名天下。

　　呈正方形的罗汉堂九进九楹，内有4个天井，平面因而呈"田"字形。罗汉堂中央穹隆状屋顶下，矗立一尊高约6米，有28个头、196只眼、56只手的观音菩萨像。田字形回廊内外四层以十字回廊相连，回廊两侧排列塑像。

◎罗汉堂

进门正中的孔雀明王、中央的观音菩萨和里壁的三身佛，形成中轴线。从三身佛左侧的"第一阿若桥陈如尊者"数起，由外到内，可数到"第五百愿事众尊者"，再加上居于"十"字线上的三佛、六菩萨、十八罗汉、五十祖师，罗汉堂塑像总计577尊。

五百罗汉的来历也有说法。相传，唐代，四川青神县中岩高僧罗讵那，带五百弟子到浙江天台山说法。五百弟子后来造化为人间罗汉。按小乘佛教的说法，罗汉是人通过修行而得到的果位，所以罗汉仍在人间。罗汉堂对联曰："即此是天台，像显阿罗五百；俨然真佛国，堂开法界三千。"

◎千手观音

罗汉堂塑像千姿百态，栩栩如生。塑像形态迥异，或喜笑颜开，或满面愁容，或和善慈祥，或瞪眼横眉，憨厚、滑稽、狡黠、老练，姿态各异。有的正襟危坐，合掌参禅；有的怡然自得，托腮闭目，若有所思，人物形象极为贴近现实生活。罗汉堂也有一些造型奇特的塑像，如长臂罗汉中的妙臂尊者会捉飞鸟，罗喉罗多能摘太阳，法上尊者可捞月亮。宝光寺罗汉塑像包含了佛教流行区域内的各色人种，有皮肤黝黑、须发卷曲的印度人，有身材高大、高鼻深目的西域人，还有东南亚人。

◎罗汉堂塑像

◎罗汉堂塑像

三、写实主义风格

　　罗汉堂的雕塑展现西蜀雕塑浓烈的写实主义风格特征。各尊塑像衣着款式、色调、纹饰差别有异，但造型准确，头、躯干、四肢比例正确，肌肉、骨骼也符合解剖结构。这些雕塑代表了中国古代雕塑艺术的巅峰。塑像中的五十祖师雕像，据称为禅宗初祖——南北朝的菩提达摩以后的历代祖师。不少塑像按照其真容画像塑成。

　　雕塑家不避讳保留重现真实人物形象特征。禅宗临济正宗第三十代祖师明代密云定慧禅师（1565—1641）的塑像，显示其晚年面容清癯，生癞疮近乎秃顶。清代宝光寺方丈月容则面目浮肿，身材矮小。正是由于这种追求写真的创作理念，雕塑师所创作的塑像不仅细节逼真，而且容貌神情栩栩如生，少有一般佛像的神秘感。

　　长期以来，在罗汉堂数罗汉预测自己的近期境遇和未来，成为成都民俗，类似在庙里算卦。罗汉堂的塑像反映了性格不同的人的境遇。例如第九十八位法王菩提，光头赤脚，放荡懒散。第一百二十位西域胡僧，远离家乡，只好自己缝补破损僧衣。第二百零七位罗汉皱纹满面，生活清苦。

　　清道光年间，宝光寺妙胜禅师主持罗汉堂塑像时，聘请了三批泥塑工匠：北派的陕西帮、南派的川西帮和川东帮。川西帮领班师傅姓周，中年无子，但在塑完罗汉后，

◎罗汉堂塑像

他即得贵子。川东工匠领班师傅黎广修为绵竹县人,自幼聪明好学,跟随父辈以塑像为业,青壮年时即成名,近60岁时应昆明筇竹寺住持四川僧人梦佛之邀,率徒五人前往该寺塑五百罗汉,历时7年。黎广修精通佛理、诗文、书法、绘画,他的塑像不仅能传递佛教文化精髓,而且生活气息浓郁。

川西和川东工匠所塑罗汉头部比例准确,表情自然,造型不似一般菩萨像,而更多显现为现实生活中的人。陕西工匠所塑罗汉则承袭北方传统,塑像大多肥头大耳,造型奇特。正由于广纳能人,博采国内南北艺术风格,罗汉堂雕塑才成为现存的中国古代雕塑罕见的殿堂。

宝光寺文物众多,有刻于公元540年的南朝梁武帝时的千佛碑、741年唐代开元年间的施衣功德碑、元代金银粉书《华严经》、明代《尊胜陀罗尼咒》石幢、清代《大藏经》,以及"镇寺三宝"——舍利、贝叶经和铜优昙花。1906年泰国国王所赠的贝叶经,从斯里兰卡求回的藏于石塔中的4粒舍利子,176块殿堂金匾,24块碑刻,76幅石柱楹联,400余件艺术品和名人字画,包括唐伯虎、祝枝山、竹禅和尚、张大千等名家的绘画,均收藏于宝光寺。

◎山门大殿屋脊雕饰

第十章
东华门遗址公园

◎蜀汉皇城想象图（周波、赵薇可绘图）

东华门遗址公园在成都旧城中心，后子门到四川省展览馆和天府广场那片区域。同北京的故宫一样，它是两千多年来成都的政治中心，蜀汉皇宫、前后蜀的皇宫、明蜀王府都曾在此处。东华门遗址公园正在规划建设之中。遗址发掘出前后蜀的宫苑湖泊——摩诃池的湖畔小径、庭院遗址、水井，以及一段明蜀王府的水渠、桥基和水岸梯道。

一、蜀汉皇宫

蜀汉三国定都成都时，刘备曾将原益州府的衙门及其建筑作为蜀宫。刘禅称帝后建"新宫"。蜀汉皇宫位置，一说是在大城北城墙外，背靠武担山（现新华西路原成都军区大院东南角）。文献中有刘备"即皇帝位于成都武（担之）南"和"营南北郊于成都"的记载。

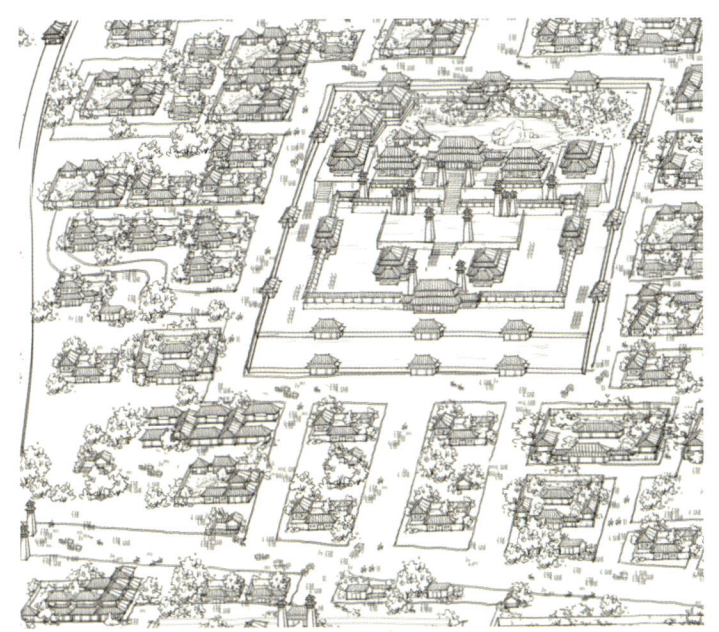

◎蜀汉皇宫想象图（罗希路绘图）

但迄今对武担山江汉路一带的发掘，没有发现汉代遗址堆积，说明那时此处属于荒郊野外。目前在蜀汉大城外侧发现的最早文化堆积是唐及五代的，这印证了秦汉旧城到唐代才在高骈扩筑罗城后扩大范围、囊括了此处地域的历史记载。此外，征战博弈的三国时代，应该不会把皇宫修建在城外。文献中的"营南北郊于成都"，可能是指在南北郊修天坛和地坛。

另一说在秦汉大城北部，即今省展览馆一带。西晋左思《蜀都赋》描述刘禅"营新宫于爽垲……结阳城之延阁"。"阳城"，即少城东门，在今成都文庙后街临近汪家拐处。萧梁时李膺《益州记》称："少城有九门，南面三门，最东曰阳城门。"可见，皇宫内的廊阁与少城东门"阳城"门连接，应在大城之内。

在对天府广场东北侧四川大剧院地基的发掘工作中，发现了蜀汉至西晋时期的文化层，包括倾倒的石犀，绳纹瓦、涂朱瓦当、铺地花纹砖，一个南北残长39.5米、东西残宽22.9米的夯土台基，上面有3排9个柱础坑。根据建筑材料判断，这处建筑基址的修筑年代约在东汉末或稍晚，废弃年代则大约在三国末年。

涂朱瓦当和模印"富贵昌""爵禄尊""宜宫堂""寿万年"等吉祥用语和纹饰的铺地砖，一般是在高等级建筑上使用的。这些文物有利于佐证蜀汉皇宫在此处的说法。根据《三国志·钟会传》等文献推测，蜀汉皇宫和益州州府、蜀郡郡府距离很近。石犀极可能就摆放在州府或郡府等建筑的大门外。明代，在今天府广场北边修建蜀王府时，曾"以蜀先主旧城水绕处为外垣、中筑王城"。

《蜀都赋》刘逵注说，蜀汉新皇宫有多重宫门，尤以武义、虎威二宫门，以及议殿、爵堂两座新殿堂著称。皇宫内千庑万屋，轩堂飞榭高耸，推窗可见山（假山或武担山）以及江流。汉代，成都一些建筑已经可以修到4层，建立在高台之上的蜀汉皇宫殿宇楼阁，应该能看得很远。

二、前后蜀宫苑

908年，前蜀皇帝王建按照都城的形制将子城改为皇城，节度署改为皇宫，子城内成都府署"移在子城外"；将原隋朝蜀王府大衙门改名宣德门，大厅改名会同殿，球场门改为神武门，蜀王殿改名承乾殿，清风楼改为寿光阁，摩诃池改名龙跃池。罗城和子城的城门也按皇都京城体制重新命名；万里桥门改为光华门，笮桥门改为坤德门，又在子城西南新筑得贤门。

915年，宫城失火，旧宫被焚，又重建新宫。第二年九月，"蜀新宫成，在旧宫之北"。王衍继前蜀国皇帝位后，皇宫改建继续进行。919年，改龙跃池为宣华池，并将河水引入，还环绕宣华池建造宣华苑。921年建成的宣华苑"延袤十里，有重光、太清、延昌、会真之殿，清和、迎仙之宫，降真、蓬莱、丹霞之亭"。前蜀宫城所在地是后世历代成都城的中心。

三、摩诃池

隋炀帝四子杨秀镇守成都时，扩建成都，在原大城内中心位置取土筑城，形成了一个"人工湖"。唐《成都记》记载："隋蜀王秀取土筑广此城，因为池。"一位西域僧人云游此地时称"摩诃宫毗罗"（梵语），意思是说这里广大有龙，于是得名"摩诃池"。清朝李元的《蜀水经》称，流江向"东为金水河，入成都县城，汇为摩诃池，又东酾为解玉溪，又东穿华阳县城而出，入油子河"。城西岷江支流流江的活水，为摩诃池注入新鲜流水。蜀王杨秀又在摩诃池上建造散花楼，用于游宴取乐。

摩诃池初期面积约500亩，最深处接近7米。唐代将郫江水引入摩诃池后，水量更加充足。后蜀扩建摩诃池，面积增至千亩。唐中叶，此处成为公共风景区，此后文人雅士在此流连，写下无数诗句。西川节度使高骈颂"画舸轻桡柳色新，摩诃池上醉青春"；杜甫赞摩诃池景色旖旎，"莫须惊白鹭，为伴宿清溪"；苏轼云游时想象"蜀主与花蕊夫人夜纳凉摩诃池上"的场景；陆游惊叹摩诃池的美，令他"一过一销魂"。

苏轼的一首《洞仙歌》使摩诃池名扬千古。后蜀皇帝孟昶与其嫔妃花蕊夫人在这里演绎了一出刻骨铭心的爱情故事。孟昶为花蕊夫人在摩诃池上建筑了一座避暑的水晶宫殿，大殿以楠木为柱，沉香木作栋，珊瑚嵌窗，琉璃窗为墙。夏夜时，两人常在此缠绵。孟昶写下了《玉楼春》描绘良辰美景。苏轼以此写了《洞仙歌》："冰肌玉骨，自清凉无汗，水殿风来暗香满。绣帘开，一点明月窥人。……起来携素手，庭户无声，时见疏星渡河汉……夜已三更……但屈指、西风几时来，又不道、流年暗中偷换"。夏夜炎热，盼望天气早点转凉，又恐美好时光流逝不再。

摩诃池水域后来逐渐缩减。明洪武十八年（1385），大半个摩诃池被填平，以修建蜀王府。1665年，在蜀王府废墟上建起贡院，仅西北隅残留少许水面。1914年，剩余的摩诃池水面被填平成了演武场。近年来，在东华门遗址内的成都体育中心发掘出摩诃池岸、隋唐卵石拼花小径、水井和水榭遗址。

四、明蜀王府

明代开国后，明太祖朱元璋封第十一子朱椿为蜀王。朱椿的母亲是元末起义军领袖郭子兴的女儿郭惠妃。1382年，朱元璋下诏，在成都城中心以南京皇宫为蓝本，缩小规制筑蜀藩王府。蜀府长史兼国子监助教陈南宾监工。历时8年，耗费大量人力和物力，这座担负着威震边疆使命的蜀王府于1390年建成。

蜀王府的建造早于北京紫禁城，后者于明永乐年间在燕王府的基础上扩建。竣工后的蜀王府是西南最雄伟的建筑，也是明代最富丽的藩王府之一。朱椿为第一代蜀王。

蜀王府外墙（萧墙）南门在现天府广场前的东西御街一线，北沿在羊市街和玉龙街一线，东沿和西沿在现东华门街和西华门街。蜀王府萧墙周长2500多米，墙内面积达38万平方米，几乎占去当时成都城内总面积的1/5。

萧墙南门外金水河上有桥三道。金水河南面广场有一条宽30多米宽的御道，往南600余米处，是一堵高3丈、长20余丈的红色砖影墙，称红照壁。蜀王府之西，

是世子府，即西府。城南还有另一座壮丽建筑锦官驿，用于接待来往使节。洪武年间的各藩王中，只有燕王府和周王府比蜀王府占地规模大。

除外墙（萧墙）外，蜀王府还有内、中两重城垣。蜀王府内城设四门，即体仁门、遵义门、端礼门和广智门。内城中轴线自南向北排列着承运殿、端礼殿、昭明殿三重宫殿，金碧辉煌。蜀王理政的承运殿系楠木修建。寝宫外是精致的宫苑。宫城前门的端礼门旁有乐亭、表柱和石狮等。宫墙外蓄水为御河，御河外再环以高1丈5尺的萧墙。

萧墙内除各种宫廷附属建筑，还有糅合北方恢宏风格与南方幽谧特征的宫苑，茂林修竹，亭台水榭，垒石假山。宫殿前按照"左祖右社"布局。社稷坛以西有旗纛庙，内藏皇帝赐予蜀王的旗纛。在旗纛庙东南有宗庙；宗庙以东为驾库，内藏蜀王出行时各种仪仗。

蜀王府坐北朝南，一改历代成都城市主轴偏心格局，首次确立正南正北的中轴线格局。直到20世纪60年代，成都民众都称蜀王府所在地为"皇城"，昔日蜀王府前的广场称为"皇城坝"。1939年9月，梁思成和刘敦桢访问成都，蜀王府遗址内还能看到南边残缺的三个门洞、石栏桥、宫墙、石狮。在明末焚毁的废墟上改建的贡院中，依稀可辨"承运门"和"承运殿"台基，以及宫殿间的踏道。宫墙外的御沟直到20世纪60年代都还在，被称为"御河"，后来为备战，改建为防空洞，后又成为地下商场。

近年的考古揭示了蜀王府的建筑细节。考古人员在后子门发现了蜀王府宫墙遗址。天府广场西北也发现了明蜀王府宫城的西南角遗址，四川大剧院地下发现了蜀王府东

◎蜀王府水道遗址

◎ 蜀王府建筑构建

◎ 蜀王府模型

南角遗址。宫墙的基槽宽十六七米，深十三四米，是先打下粗榉木桩，再以鹅卵石、瓦砾、黏土，加入糯米浆，一层层夯实，再建墙体。

东华门街18号也发现了蜀王府御河河道遗址，窄处宽8米，阔处宽约13米，深度超过3米，河堤用暗黄色黏土夯筑，外侧再砌红砂石条石。河道两岸的红砂石桥墩上应为拱桥。岸边红砂石石阶，为乘船或汲水之处。河岸以西，有一条宽达11米的青砖道路。河岸边有水榭亭台遗迹。

五、王府仪仗队

朱椿被封为蜀藩王后，于1385年受命驻凤阳。1389年，朱元璋赐朱椿及蜀王府银30多万锭，命1840名军士随从，浩浩荡荡前往成都就藩。

1372年，明太祖就规定亲王府设三护卫，包括左、右、中、前、后五所，掌防御和出行护卫，监管宫殿修缮。蜀王府三护卫军士总数一度曾达到14700人，在明初诸藩王中人数最多。明成祖推行削藩，蜀王府护卫减至4000多人。蜀王府兵丁夜晚巡夜，每隔一个时辰要打更放炮铳，市民颇感惊扰。1430年成都总兵陈怀上奏朝廷后，此规矩被取消，蜀王府护卫军二卫也归还给了朝廷，仅留左护卫军。

蜀王府设有典膳、典服、典仪、良医、工正、奉祠、广备仓库、左护卫和仪卫司等王府机构。蜀王出行时，前有数百人的仪仗队，众多校尉持经幡、权杖、乐器、刀斧、蒲扇、香炉、椅凳、水罐等。蜀藩王世子、王妃、郡王、郡主也有仪仗队。凤凰山蜀献王世子朱悦廉墓和龙泉驿十陵僖王陵墓都曾出土数百件陶俑、陶马组成的仪仗队，队伍中有将军、文官、武士、乐工、女官和侍女，展现了蜀藩王出行的盛大气势。

蜀藩王的禄粮，由封地的政府直接拨付。明太祖规定："亲王每岁合得粮储，皆在十月终一次尽数支拨"。藩王禄米岁支约五万石，钞二万五千贯。此外，蜀王府还拥有田庄、商税、渔课、盐店等收入来源，无需交税。据称成都近郊约70%的土地在蜀王府名下，"天下王府惟蜀府最富"。彭山江口镇发现张献忠战败落下的金银财宝中，就包括明朝藩王的金册、郡王的银册，大量的金簪、金手镯、金戒指等首饰，以及明朝官银，其中相当大一部分是来自"二百七十年富庶之藩封"的蜀王府。

◎明陶俑仪仗

六、贡院

　　明末战乱，成都全城被毁，蜀王府成了一片废墟。1665年，四川巡抚张德地奏请清朝朝廷批准，在蜀王府旧址上修建贡院。次年即大体建成，开始在此举行乡试。1862年，贡院发生大面积坍塌，官府筹款重修，1864年7月完工。贡院正门，即南门在明代蜀王府端礼门所在地，上方高悬匾额"天开文运"。贡院南大门有三个门洞，两边立石狮；东、西、北面分别为东华门、西华门和后子门。广场南石牌坊上书"为国求贤"四字。

◎蜀王府3D想象图（Constantine 绘图）

第十一章
文殊院

文殊院是成都旧城内保存最为完整的佛教寺院,清代曾为川西四大佛教禅宗丛林之一。文殊院殿堂楼阁飞檐翘角、石柱木拱雕饰玲珑。梁思成曾称赞:"堂殿廊庑,精洁整饰,远过他刹。"

◎文殊坊牌楼

一、历史传说

◎文殊院塔

文殊院始建于隋朝大业年间,相传是隋文帝之子蜀王杨秀的宠妃"圣尼"信相所建,故称信相寺。唐代,寺院内曾有《高骈创筑罗城记》石碑,碑文系王徽奉唐僖宗之命而作,碑已遗失,但碑文收在《全蜀艺文志》中。五代至宋初,文殊院也被称为"妙圆塔院",宋代称信相寺,明末清初战乱,信相寺建筑遭焚毁,仅存10尊铁铸护戒神像和两株千年古杉。

1681年,慈笃禅师来到古寺废墟,在两棵千年古杉之间建茅屋,苦行修持。慈笃禅师因德行高洁声名远播,康熙皇帝听闻后,三次下诏邀请慈笃禅师进京,遭婉拒。慈笃禅师圆寂火化时,火光中显现文殊菩萨像,于是信众认定慈笃禅师为文殊菩萨化身,便将信相寺改称"文殊院"。

1702年,康熙皇帝御赐"空林"绢本横幅,派专使送达文殊院。于是文殊院名声大振,信众纷纷捐资重修寺庙。清嘉庆年间(1796—1820)文殊院在方丈本圆法师主持下重

◎ 前院

建，采办82根石柱，山门及大殿多处亦用石材。1830年本圆方丈又亲赴云南采购精铜，铸成释迦佛，迦叶尊者，阿弥陀佛，大悲观音，海岛观音，观音、文殊、普贤三大士，接引佛，大肚弥勒，地藏菩萨和韦驮菩萨等佛像。此后，成都城内佛教法会多在文殊院举行。

二、殿宇

文殊院坐北朝南，照壁写有"文殊院""睿泽深天地，宗风越古今"联幅，相传为慈笃禅师手书。文殊院殿宇重重，共有房舍190余间，建筑面积2万余平方米。进山门后，依次是天王殿、三大士殿、大雄宝殿、说法堂、宸经楼，东西两侧有钟楼、斋堂、廊房。殿堂之间有长廊密柱相连。

天王殿为第一进殿，与山门合为一体，为单檐悬山式建筑，建于1706年。大殿

◎ 钟楼　　　　　　　　　◎ 大雄宝殿

正中供奉弥勒菩萨，殿内门口左右立有金刚力士坐像各一尊，殿中左右彩塑天王各二尊，殿后供奉阿弥陀佛立像一尊。

之后为三大士殿，供奉观音、文殊、普贤三大士。

大雄宝殿为第三进殿，高10.56米，为单檐歇山顶式建筑。殿中供奉释迦牟尼佛铜坐像一尊；左为迦叶，右为阿难尊者铜像。

大雄宝殿后是说法堂尊青铜像，为古信相寺遗址中心所在地。堂中砖砌戒坛镶嵌有康熙手书"空林"二字；堂内宝盖下方供奉药师佛，左右有十二尊药叉大将塑像。说法堂后的宸经楼，高15.84米，收藏经藏及重要文物。

再后面是文殊阁，于1997年修建。第一层是"空林讲堂"，第二层是空林佛教图书馆，第三层是万佛殿。文殊院内还建有钟鼓楼、祖堂、准提殿、圆通殿、玉佛殿、三圣殿、五观堂、千佛和平塔、放生池，以及东西花园。

三、收藏

文殊院文物荟萃，供奉来自国内外的铁铸、铜铸、木雕佛像300余尊，上可溯至

◎圆通殿

梁代，还有两尊缅甸玉佛。寺内珍藏许多书画珍品，有郑板桥、张大千、丰子恺等人的书画作品，以及用舌血写成的《华严经》《楞严经》和《法华经》等经书。

宸经楼收藏的"田妃袈裟"（田衣绚彩）是明崇祯皇帝宠爱的田妃所绣，共绣有248尊佛像。"发绣披珍"是清代嘉庆、道光年间陕甘总督杨遇春之女用自己的秀发，以金刀割分后，在白缎上绣成的水月观音像，长104.4厘米，宽41.2厘米。佛陀舍利和玄奘法师顶骨舍利为文殊院最重要的文物。佛陀舍利藏于宸经楼密龛中，系20世纪20年代能海上师访问印度菩提伽耶时带回。玄奘法师顶骨舍利，系20世纪40年代在南京报恩寺发现并请回的一份，也藏在宸经楼。

◎宸经楼

◎宸经楼玄奘法师顶骨舍利塔

◎宸经楼佛骨舍利塔

第十二章 大慈寺

◎大慈寺山门

　　大慈寺始建于魏晋之际。宋代普济《五灯会元》载，印度僧人宝掌"魏晋间东游此土，入蜀礼普贤，留大慈"。唐代大慈寺规模极盛，为"震旦第一丛林"，占地千亩。1435年大慈寺遭火灾，1481年修复，但北界大为缩减。

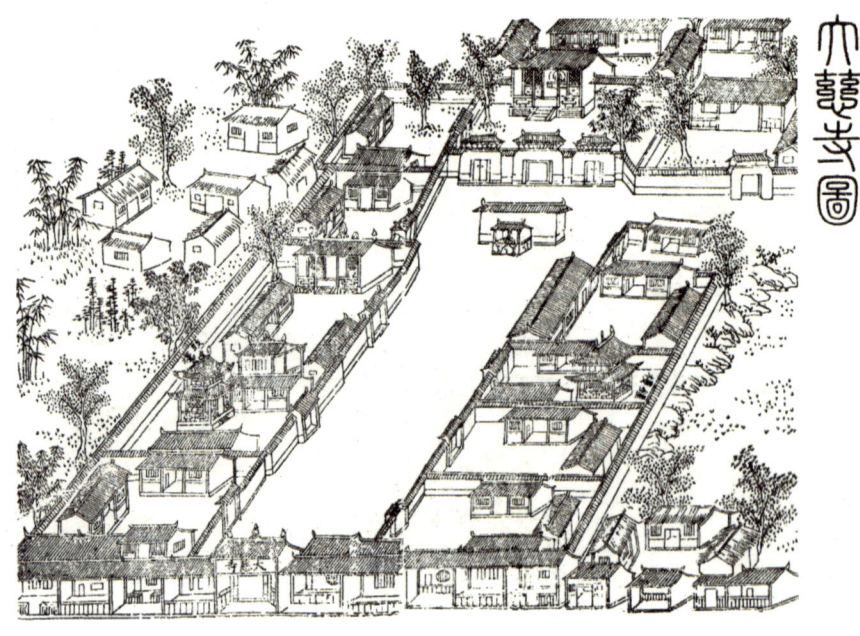

◎清代绘大慈寺

◎藏经楼

◎大雄宝殿

◎观音殿

◎大慈寺

◎山门大殿

◎药师殿

明末，成都全城被焚，大慈寺未能幸免。康熙十四年（1675），阆中丈雪法师主持修复大慈寺，先建方丈寮，委派弟子懒石觉聆（1616—1694）任大慈寺方丈，负责全面重建大慈寺。康熙二十三年完工，成都知府冀应熊为大慈寺书匾额"大慈寺"。

1867年，高僧真印再修大慈寺，1878年完工，形成山门殿、弥勒殿、观音殿、

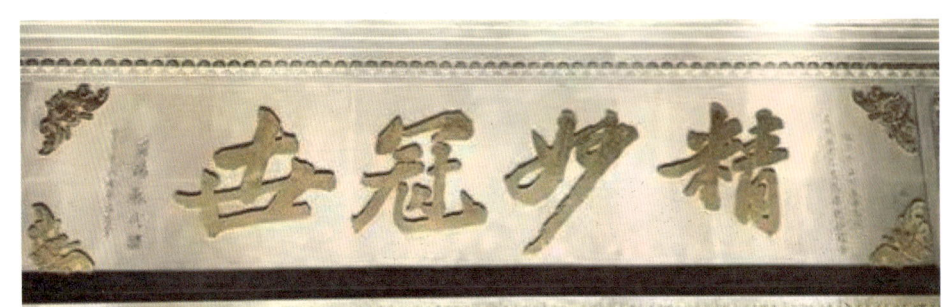

◎大慈寺照壁

大雄宝殿、说法堂、藏经楼,中轴线两旁的客堂、斋堂、禅堂和戒堂的基本格局,但面积已大为缩小,仅占地四十余亩。大慈寺鼎盛时期,曾占成都东城之小半。

相传,大慈寺普贤铜像下有海眼,如把普贤像移走,海水将涌出把成都淹没。普贤像原来在大慈寺第五重殿后,高二丈五尺,背刻"永镇蜀眼李冰铸",为唐代韦皋所铸普贤像,铭文疑仿古而作。1958年因开辟东风路而被拆毁。现在大慈寺山门殿上方的"古大圣慈寺"石匾,为四川按察使黄云鹄1880年所书。抗战期间,大慈寺曾为南迁的故宫国宝收藏之地。

一、唐三藏学法大慈寺

著名法师唐玄奘(602—664)于618年从长安到成都,随宝暹、道基、志振法师学习佛教经论。4年后,玄奘成都受戒并坐夏学律,开始在大慈、空慧等寺讲经。不久,玄奘经三峡,过荆州至长安,赴西天取经。英国国家图书馆收藏的20世纪20年代斯坦因从敦煌盗

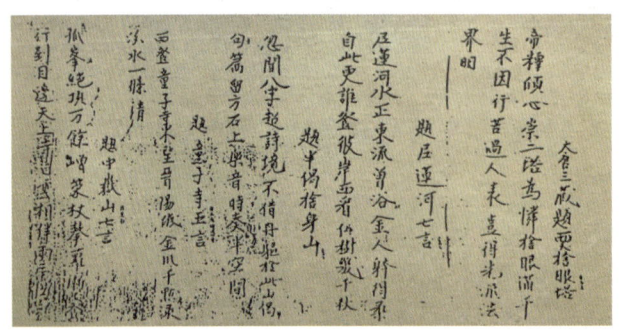

◎英藏敦煌文献中的玄奘诗抄本

◎大慈寺藏玄奘行脚图

走的文献中有唐玄奘所写诗五首,《题中岳山》诗生动描述玄奘跋山涉水去往西天取经的场景:"孤峰绝顶万余嶒,策杖攀萝渐渐登。行到月边天上寺,白云相伴两三僧。"

二、皇家寺院

756年,唐明皇避难成都,一日到大慈寺礼佛,见僧人英干在街头施粥济贫,为国祈福,于是赐田一千亩,钦点在大慈寺的新罗王子无相禅师监督扩建寺庙,并敕书"大圣慈寺"匾额。完工后的大慈寺有96个院落,阁、殿、塔、厅、堂、房、廊共8524间,面积占东城一小半。801年,剑南西川节度使韦皋扩建大慈寺普贤阁,开凿解玉溪流经大慈寺。

822年,高僧知玄(悟达国师)在普贤阁讲经,听众每日达万余人。845年,唐武宗全国灭佛,大慈寺因有唐玄宗题额,逃过此劫。

三、唐宋画廊

唐代两位皇帝(唐玄宗、唐僖宗)先后幸蜀,画师聚集成都。大慈寺一度成为国内最大画廊。宋代李之纯《大圣慈寺画记》称:大慈寺画有"诸佛如来一千二百一十五,菩萨一万四百八十八,帝释、梵王六十八,罗汉、祖僧

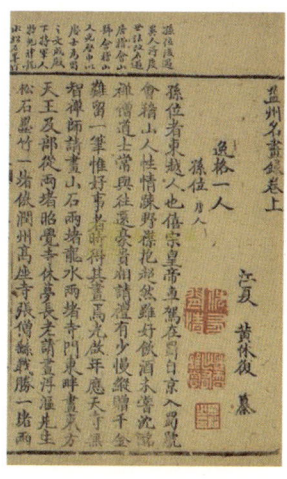

◎《益州名画录》书影

◎唐代雕版刻印《金刚经》

一千七百八十五,天王、明王、大神将二百六十二,佛会、经验、变相一百五十八堵";另外还有山水、花鸟、龙虎、台阁等画,加起来有15 500壁以上。

壁画多出自名家之手,李之纯描述:"画手或待诏行在,或禄仕两蜀,皆一时绝艺。"宋代黄休复《益州名画录》、范成大《成都古寺名笔记》记载,卢楞伽、范琼、赵忠义父子、黄筌、文与可、常重胤、孙知微、李升等76位知名画家均在大慈寺留画。李之纯说:"举天下之言唐画者,莫如成都之多;就成都较之,莫如大圣慈寺之盛。"

唐宋大慈寺鼎盛时期的壁画和藏品随着大慈寺多次被毁而消失。其中的一幅,即五代时贯休和尚所画《渡海罗汉图》因被收录进上海有正书局1934年出版的《中国名画集》而保存下来。原画题记:"蜀僧贯休临唐卢棱伽过海罗汉图,藏在成都大圣慈寺六祖院内罗汉阁"。

四、苏轼和陆游

大慈寺庄严神圣,而且清幽宽敞,是文人墨客、士族显贵造访胜地,史载:"明德元年(934)六月,(后蜀皇帝孟知祥)幸大慈寺避暑,观明皇、僖宗御容已,宴群臣于华严阁下。"

宋代著名诗人苏轼与父亲苏洵、弟弟苏辙常从眉山来成都,在大慈寺观画礼佛。苏轼崇信佛教,雅好佛画艺术,与大慈寺胜相院住持宗兄惟简(1012—1095年)为莫逆之交。1055年,苏轼、苏洵和苏辙来成都拜谒知州张方平、大慈寺高僧惟度和惟简。

苏轼为大慈寺胜相院写的《中和胜相院记》记载,胜相院壁间绘有唐僖宗和随驾的75位文臣武将画像。1056年,苏轼、苏辙再游大慈寺极乐院观赏壁画,对唐代画家卢楞伽的作品倍加赞赏,称其"精妙冠世",并留题。苏轼还写有画论《书蒲永升画后》,评大慈寺寿宁院中孙知微的画。

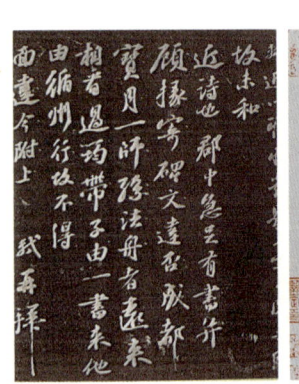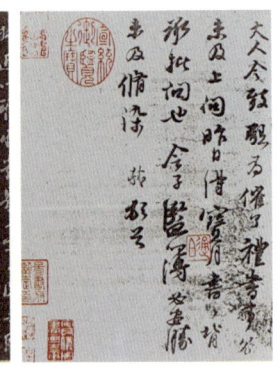

◎苏轼《法舟帖》及《宝月帖》

1067年,苏轼为弟弟苏辙送给惟简的摹本《兰亭序》写跋语。父亲苏洵辞世后,苏轼、

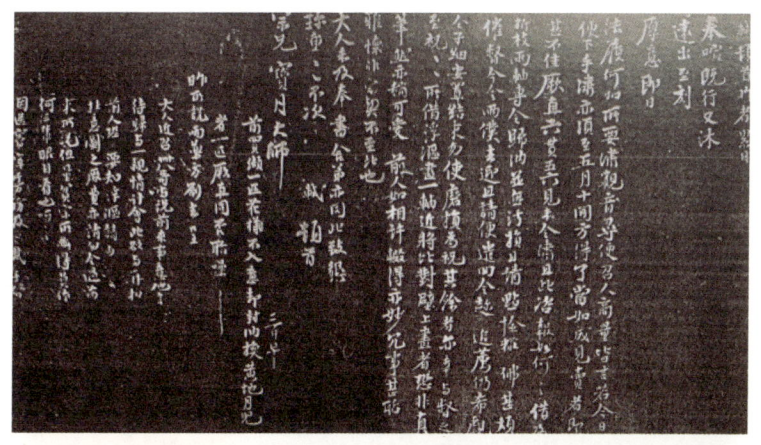
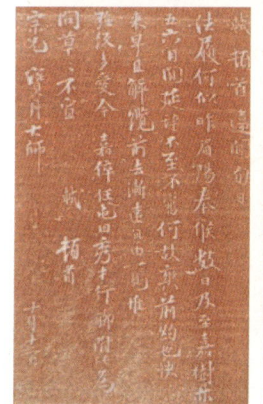

◎苏轼致宝月大师信函

苏辙兄弟来到成都,向大慈寺捐赠父亲苏洵视为至宝的吴道子所绘四菩萨像,苏轼还撰《四菩萨阁记》叙述四菩萨像的来历,捐5万钱建造"四菩萨阁",用以珍藏画像。1080年,苏轼应宝月大师惟简邀请撰写《胜相院经藏记》。1095年,宝月大师圆寂后,苏轼又应邀写了《宝月大师塔铭》。《苏轼全集》中保留了苏轼致高僧惟简的五封书信。

大慈寺壮丽恢宏的高楼,千回百转的九十六院,万千壁画、庙堂间回荡着的念经声,周边街市不绝的车马,使其成为达官贵人和普通百姓流连忘返之地。他们或来此听经礼佛、游寺观画,或在周边商肆购物、饮酒品茶。文人雅士月明时登楼赏月,夏日在此避暑纳凉。洪迈《夷坚志》描述说:"(大慈)寺据一府要会,每岁春时,游人无虚日。"后蜀孟昶、成都知府张咏、田况等常造访大慈寺。

每逢节庆,大慈寺皆有佛事活动并施粥。郭印《超悟院记》描述唐宋大慈寺"地居冲会,百工列肆,市声如雷"。周边还有季节性庙会,如灯市、花市、蚕市、药市、麻市、七宝市等。蚕市、药市、七宝市，号为"成都三市"，最为繁华。成都知府田况《七月六日晚登大慈寺阁观夜市》描写大慈寺前解玉溪两岸夜市人流如织，灯火万千，桥头灯笼与星空争辉。《方舆胜览》等也描述了夜市的盛况。

著名诗人陆游旅居西蜀期间，也曾多次造访大慈寺，与南禅院的勤长老建立了深厚友谊。在《长歌行》中，他写道："成都古寺卧秋晚，落日偏傍僧窗明。"《观华严阁僧斋》注解中他写道："四月初至七月末，日饭僧数千人。"《客多福院晨起》诗中，陆游慨叹："四到锦城身愈老，更堪重入少年场。"他一生奔波，壮志未酬，唯有进香事佛，"万里西来了宿缘"。《饭保福》《乾明院观画》以及《梦入禅林有老宿方升座或云通悟禅师也》等诗记录了他在寺院的活动。"乐哉梦见德人容，巍巍堂堂人中龙"，对高僧的仰慕和对佛教哲理的领悟缓解了他对山河破碎的忧伤。

五、国际影响

唐宋时期，大慈寺名扬海内外。新罗国王子无相（684—742）于728年来到长安，受唐玄宗召见，后入蜀在资州（资中）德纯寺拜高僧智诜的高徒处寂禅师为师。玄宗入蜀避难，无相应邀到行宫。大慈寺扩建时，玄宗命无相督建。在成都20多年，无相禅师还督建了净众寺、菩提寺和宁国寺等庙宇。他也在大

◎无相禅师入蜀习禅地资中德纯寺

慈寺讲经说法，传播"无忆、无念、莫妄"的禅宗佛法。79岁时，无相禅师在大慈寺坐化。

大慈寺另外一位具有国际影响的高僧是道隆禅师（1212—1278）。兰溪道隆生于涪州，13岁在大慈寺出家，受戒后到苏杭一带修习禅法。1246年，道隆禅师带着弟子东返日本。道隆禅师到日本后，先驻锡于镰仓寿福寺。在他的影响下，镰仓幕府的北条时赖皈依禅宗。1262年，北条为道隆建造"建长兴国禅寺"，寺额曰："天下禅林，海东法窟"。

◎道隆禅师像

道隆不久后受到嵯峨天皇的召见，嵯峨下诏敕迁建仁寺，命其住持。道隆后来回建长寺，被奉为开山祖师。1278年，道隆圆寂，天皇敕赐"大觉禅师"谥号，这是日本禅师有谥号之始。在日本的32年，道隆收徒众多，影响堪与唐代鉴真和尚相比。道隆在传播宋代理学和茶道上贡献颇大。他传授禅法，常借用儒家经典"四书"的思想，通过说禅，把宋儒的哲学思想杂糅到佛法禅学中。道隆禅师之后，日本"直指人心，见性成佛"的禅法大盛。大慈寺因而是日本禅宗信徒寻根拜祖的祖庭。

道隆禅师的书法造诣很高，其风格受到镰仓幕府官员及日本僧众的推崇，很快就取代了当时日本流行的晋唐书法，形成了镰仓时代的禅僧书风。《日本书道史》称："以道隆为首的宋僧，创立了有宋代书风的'禅宗体'，在日本书道史上应有引人注目的地位。"

◎日本镰仓建长寺

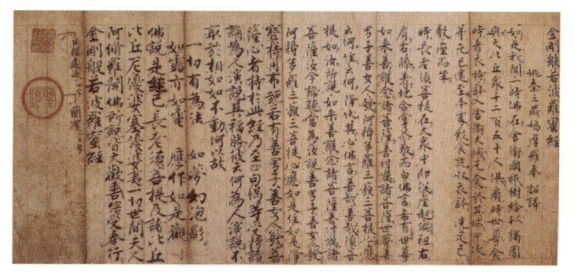

◎道隆禅师墨迹

◎杜甫雕像

第十三章
杜甫草堂

◎杜甫草堂杜甫像

杜甫草堂位于成都市青华路，是为纪念在此旅居4年的"诗圣"杜甫（712—770）而修建的公园式园林。759年冬，杜甫携家小由陇右辗转来到成都，在此处结茅为屋，此地古代为西郊，浣花溪和锦江流经此处，风景宜人。765年，杜甫携家离开成都，经三峡出川。因杜甫曾被授"检校工部员外郎"之衔，故此处后又称作工部祠，本地人称草堂寺。保留明清格局的杜甫故居，是中国诗学史的一块圣地，也是知名度最高的杜甫行踪遗迹地。

"自古诗人例到蜀，好将新句贮行囊。"唐代著名诗人几乎都造访过成都。李白、杜甫、白居易、刘禹锡、陈子昂、高适、岑参、李商隐、韦庄与巴蜀都有不解之缘。蜀地之于诗人，不仅是躲避战乱的避风港，也是成就其诗名的地方。白居易就感叹，"诗家律手在成都"。许多诗人都为四川的山水雄奇而震撼，这些风景也激发起诗人的灵感。人文成都给诗人们留下了难以磨灭的印象，岑参感叹说："数公各游宦，千里皆辞家。言笑忘羁旅，还如在京华。"

杜甫在"万里桥西""百花潭之北"营建茅舍。761年春，茅屋及园圃落成后，杜甫写下了"万里桥西一草堂，百花潭水即沧浪"。杜甫走后不久，766—779年，草堂的大部分被时任四川节度使崔宁的爱妾任氏（浣花夫人）作为宅邸，后荒废。唐倾覆不久，前蜀宰相韦庄寻得草堂旧址，"思其人而成其处"，重建茅屋。宋代又重建，并绘杜甫像于壁间，始成祠堂。此后草堂屡兴屡废，古代最大的一次重修在明代（1500）。明末，成都全城被毁，草堂也未幸免于难。清代，康熙、雍正、乾隆、嘉庆朝再次对草堂进行重建和修缮，奠定了今日之格局。民国后期，草堂成为川军马厩和医院，祠宇门窗、亭台水榭、楹联匾额受损严重。成都解放后，此处辟为公园，1997年重建了杜甫的茅草屋，但实际上，杜甫的整个茅舍及其周边园圃面积比如今的草堂更大。

◎草堂盆景园凉亭

◎茅屋故居

◎柴门

第十三章 杜甫草堂

一、草堂胜迹

草堂主要建筑排列在一条中轴线上，依次是照壁、正门、大廨、诗史堂、柴门、工部祠，两旁有回廊。工部祠东侧是"少陵草堂"碑亭。周边园林竹树掩映，溪水淙淙，小桥回廊，典雅而幽深。

正门"草堂"二字匾额为清代康熙皇帝第十七子，雍正帝的弟弟果亲王允礼所题，门两侧有杜甫对自己住处的描述："万里桥西宅，百花潭北庄"。"大雅堂"原是草堂寺的大雄宝殿，北宋黄庭坚写有《大雅堂记》。门上匾额"大雅堂"系唐代书法家颜真卿真迹。

茅屋为1997年恢复重建。柴门原本是杜甫茅屋故居的院门。工部祠为一屋三楹，建于高台上，花窗格门。祠内有明、清石刻杜甫像。1602年所刻杜甫半身像，是草堂现存最早的石刻像。清代将黄庭坚、陆游配祀于杜甫像旁，此处故又称三贤堂。堂中壁间嵌有清代石刻"少陵草堂图"。

"少陵碑亭"以茅草做顶，内立"少陵草堂"石碑，为雍正十二年（1734）果亲王送达赖经成都进藏，拜谒草堂时留下的手迹。园中"花径"是一条红墙夹道小径，杜甫曾诗云："花径不曾缘客扫，蓬门今始为君开。"

过诗史堂，经水槛，穿月洞，便来到草堂西北角的梅园。梅园原是一处私家花园，如今划归草堂。曲桥横跨湖上，湖畔耸立四层砖塔，塔影倒映，曲桥回旋，月洞门成为游人最喜欢的取景框。草堂东面楠木林中的万佛楼重建于2005年，呼应古代成都"东有崇丽阁，西有万佛楼"的风貌。凭栏远眺，可揽草堂及周边景色。

◎草堂盆景园

◎工部祠

草堂博物馆珍藏2000余件文物,包括宋、元、明、清历代杜诗精刻本、影印本、手抄本及近现代铅印本,还收藏有齐白石、徐悲鸿、傅抱石、潘天寿、刘海粟、吴作人、李苦禅等绘制的"杜甫诗意画"。草堂正门西侧为一处唐代民居遗址,有墙基、水井、水沟、灶台以及陶瓷器皿等遗存。现已无从考证此处与杜甫故宅的关系。

二、杜甫建茅屋

756年,唐明皇因安禄山叛乱而赴蜀避难。玄宗离蜀两年多后(759),杜甫来到成都。杜甫父亲曾任兖州司马,祖父是武则天朝著名诗人。杜甫抱"会当凌绝顶,一览众山小"的壮志,却在科举考试中屡试不第。747年,玄宗诏天下"通一艺者"到长安应试,杜甫参试,结果发现是权相李林甫编导的一场"野无遗贤"的闹剧,参试者全部落选。杜甫客居长安十年,郁郁不得志,在贫困的生活中,写下了《兵车行》《丽人行》等名篇。

755年,杜甫被授予右卫率府胄曹参军。十一月,杜甫回奉先(陕西蒲城县)省亲,刚进家门就见小儿饿死,家人哭泣。杜甫悲切地写下了那篇著名的《自京赴奉先县咏

◎少陵碑亭

怀五百字》。不久，安史之乱爆发，杜甫投奔唐肃宗，途中被叛军俘虏，与诗人王维一起被押至长安。757年五月，杜甫被唐肃宗授为左拾遗，后因营救大臣房管触怒肃宗被贬。长安收复后，杜甫回到长安，仍任左拾遗。758年六月，杜甫被贬为华州司功参军。758年和759年，杜甫到洛阳探亲，目睹了唐军与叛军在河南交战，百姓流离失所的惨状，遂写下了著名的"三吏"（《新安吏》《石壕吏》《潼关吏》）和"三别"（《新婚别》《垂老别》《无家别》）。

759年，关中大旱，杜甫放弃华州司功参军职位，几经辗转，携家来到成都，先在浣花溪畔的寺庙寄居，后开始建造茅舍。他的诗记下了筹措建房的经过。杜甫请县令萧实赞助他一些桃树苗，因为"河阳县里虽无数，濯锦江边未满园"；他向绵竹县令韦续要竹子，因为"江上舍前无此物，幸分苍翠拂波涛"。这后来种下的100亩竹子，成为他家庭生计的来源。他还向绵谷县尉何邕要可栽10亩地的桤木苗，因为"草堂堑西无树林，非子谁复见幽心"。杜甫也不揣冒昧地向大邑县尉韦班要松树苗和大邑瓷碗，向剑南西川兵马使徐知道要果树苗。诗人回报他们的就是这一首首流传千古的诗句。

◎杜甫草堂

761年春,草堂终于建成。在《堂成》诗中,杜甫不无自豪地描述了掩映在笼竹、楷木林中的江畔新居:"旁人错比扬雄宅,懒惰无心作《解嘲》。"从他的诗里,我们知道杜甫的草堂坐落在濯锦江边的浣花村,房屋周边栽满桃树,种楷木树10亩,周围还有百亩竹林,竹枝垂到江面。

三、杜甫在成都的生活

在蜀期间,杜甫生活清苦,"厚禄故人书断绝,恒饥稚子色凄凉";"痴儿不知父子礼,叫怒索饭啼门东"。761年八月,暴雨如注,秋风劲吹,茅屋被吹破,一家人浑身湿透,杜甫写下了流传千古的《茅屋为秋风所破歌》,期望能得到"广厦千万间,大庇天下寒士俱欢颜"。

◎杜甫草堂唐代遗迹

生活困顿,但成都自然生态的勃勃生机,人文景观的秀丽,与友人的交往,还是给诗人以一种解脱,这些都在他的诗歌创作中表露出来。761年,杜甫写下了描写成都自然生态的名篇《春夜喜雨》:"好雨知时节,当春乃发生。随风潜入夜,润物细无声。野径云俱黑,江船火独明。晓看红湿处,花重锦官城。"诗人的心灵在感悟大自然的美和生机中得到些许慰藉。

杜甫与邻居朱山人泛舟浣花溪,品"白沙翠竹江村暮"。当他们在柴门惜别时,一弯新月已挂上树梢。这些,他都写在诗里。接济杜甫的有一位是被称为"边塞诗人"的高适。玄宗幸蜀时,高适跟随而来,先任蜀州(今崇州)刺史,后任剑南西川节度使。那一年正月初七,杜甫到崇州看望高适,离别后,高适写

◎杜甫诗

下《人日寄杜二拾遗》:"人日题诗寄草堂,遥怜故人思故乡。"

在成都,杜甫总共写下240余首诗词,记录了他对成都人文风物的感受,以及与诗友的交往情谊。诗人是下凡的神仙,他们对大自然和人生的诗情画意有特有的灵感。在诗圣杜甫的笔下,成都的勃勃生机、四季脉动、闲适又充满人文气息的场景在诗词中得到升华并永远留存下来。他感叹"锦城丝管日纷纷,半入江风半入云。此曲只应天上有,人间能得几回闻"。

764年,剑南西川节度使严武举荐杜甫任节度参谋、检校工部员外郎,协助处理军事并出谋划策。锦城繁华,但梁园虽好,终非久居之地。765年正月,杜甫辞官回家。在江畔草堂中写下了"窗含西岭千秋雪,门泊东吴万里船"的诗句,他的眼光已开始延伸到巴蜀以外。成都虽好,但思乡之情却难舍。

四、杜甫对成都的影响

765年四月,杜甫依依不舍离开成都。766年,他到达夔州(今奉节)。在夔州都督柏茂林的关照下,杜甫代管公田100顷,买下果园40亩,雇了农夫,在此暂住。两年间杜甫又作诗430多首,占现存作品的30%。767年秋,诗人登高,望着空旷寂寥的远山和滚滚长江,写下了"无边落木萧萧下,不尽长江滚滚来"

◎草堂花径

的千古绝唱。768年,杜甫携家乘舟出三峡,在湖南一带辗转漂泊。770年冬,"诗圣"在一条船上溘然辞世,时年59岁。

杜甫生活在唐朝由盛转衰的时期,他的诗"沉郁顿挫",具有极强的忧患意识。杜甫与李白年轻时就相识。杜甫诗充满家国之情,李白诗洒脱浪漫,诗风迥异。745年李白、杜甫在齐鲁相遇。杜甫赠诗:"余亦东蒙客,怜君如弟兄。醉眠秋共被,携手日同行。"李白回赠诗曰:"秋波落泗水,海色明徂徕。飞蓬各自远,且尽手中杯!"

杜甫的诗兼备众体,五古、七古、五律、七律外,还写了不少排律、拗体。杜甫的诗学手法丰富多样,无论是咏怀、羁旅,还是宴游、山水,他都运用自如。杜甫继

◎杜甫草堂

承了汉魏乐府"感于哀乐,缘事而发"的精神,也是新乐府诗体的开路人。中唐以后元稹、白居易等都受其影响。杜甫的诗作现实主义风格浓郁,影响了皮日休、曹邺、聂夷中、杜荀鹤等诗人的创作,也形成一个独具现实主义风格的诗歌流派,在晚唐诗坛独领风骚。宋代还出现了以杜甫为宗的江西诗派。

  杜甫在成都的旅居和文学创作成为成都人文历史的一段佳话。杜甫草堂这座成都人为纪念诗人而修建的庙堂,展示了成都人对诗歌的热爱。杜甫的故事已成为成都文化生活的一部分。770年,漂泊中的杜甫重读友人高适的诗篇《人日寄杜二拾遗》,写下《追酬故高蜀州人日见寄》:"今晨散帙眼忽开,迸泪幽吟事如昨。"清咸丰年间,四川学政何绍基特地在元月初七人日这天,进草堂撰联:"锦水春风公占却,草堂人日我归来"。如今,人日游草堂已成为成都民俗。杜甫曾在草堂养鱼植荷。成都人还年年在草堂举办梅展、荷花艺术展,纪念杜甫的梅花情和荷花情。草堂听琴也是成都文化人的雅性追求。杜甫有诗云:"弹琴视天壤","风波空远涉,琴瑟几虚张"。

◎ 崇丽阁

第十四章 望江公园

望江公园位于锦江九眼桥下游一里许,四川大学望江校区旁,为纪念唐代女诗人薛涛(770—832)而修建。这是成都第二个为纪念诗人而设立的公共风景区。

一、建筑

望江公园始建于明清,现存建筑有崇丽阁、濯锦楼、浣笺亭、五云仙馆、流杯池和泉香榭等。望江公园内绿树掩映,高39米的崇丽阁耸立锦江河畔,别称"望江楼"。楼临江而建,飞檐翘角,雕梁画栋,屋脊和雀替饰有泥塑禽兽和人物,阁顶为鎏金宝顶。

◎ 吟诗楼

登楼远眺,锦江春色尽收眼底,历来为游人的览胜之处。无数诗人曾登楼观景,触景生情,写下大量诗篇。紧邻的吟诗楼四面开敞,三叠相依,旁边的两层濯锦楼状如舟船。

◎望江楼

望江公园锦江河段古代称为"玉女津",是离蜀之人告别、送行亲友的地方。楼阁与毗连的五云仙馆构成极富西蜀风格的园林建筑群,是成都现存为数不多的古代园林佳作。

◎望江公园中庭

二、薛涛

薛涛生于长安,其父由外地入川为官。16岁不到,薛涛父母先后辞世,生活所迫,薛涛应召为剑南西川节度使韦皋侍酒赋诗,入乐籍。薛涛聪颖,能诗善文,与唐代诸

◎薛涛诗意画

◎薛涛石刻像

多著名诗人,如张籍、刘禹锡、元稹、杜牧、白居易等写诗唱和,结下诗谊。789年,薛涛得罪韦皋,被流放到川西高原苦寒之地松潘居住,途中薛涛写下了《罚赴边上韦相公二首》以及《十离诗》,终使韦皋感动,得以返蓉,并脱离乐籍。808年,新任剑南西川节度使武元衡欣赏薛涛的才华,奏请朝廷授薛涛校书郎职衔。薛涛因而也被称为女校书。

809年,诗人元稹以监察御史的身份来到成都。从白居易那里,他已听说薛涛才貌双全,经司空严绶安排,两人相会,一见倾心。薛涛在《鸳鸯草》中,描述了她凄苦人生中这唯一的一段爱情:"绿英满香砌,两两鸳鸯小。但娱春日长,不管秋风早。"然而,薛涛这段充满希望和愉悦的时光并没有延续多久,就在同年七月,元稹便调往洛阳,两人自此分别。

薛涛难舍思恋,给元稹送去了亲手制作的粉红色诗笺,写下了"芙蓉新落蜀山秋,锦字开缄到是愁。

◎假山阶梯

◎薛涛井

◎薛涛墓

闺阁不知戎马事,月高还上望夫楼"诗句。元稹感动万分,回赠《寄赠薛涛》诗,把薛涛比拟为卓文君:"锦江滑腻峨眉秀,幻出文君与薛涛。……别后相思隔烟水,菖蒲花发五云高。"元稹后来调往浙江,移情别恋。薛涛却终生难忘这段恋情,写下了许多忧伤的诗篇。在《寄旧诗与元微之》中,薛涛"月下咏花怜暗淡"。薛涛晚年皈依道观,闭门隐居。她一生写下500余首诗,流传至今仅90余首,清末经人收集,以《洪度集》发行。

薛涛大部分时间住在成都城西北角的碧鸡坊,晚年可能住在万里桥边。薛涛死后葬于九眼桥下游的锦江河畔。望江公园内现有薛涛的土冢和薛涛井。薛涛曾制作精致的粉红色小笺,世人后来称之为"薛涛笺",历代多有仿制。明代,蜀王朱椿为了纪念薛涛,在此处打井建作坊,仿制薛涛笺。现井旁立有碑石,上书"薛涛井"三字,为清代成都知府冀应熊手迹。乾隆年间,文人周厚辕题写薛涛井诗碑。《成都府志》描述说:"薛涛井,旧名玉女津,在锦江南岸,水极清,石栏周环。为蜀藩制笺处,有堂室数楹,令卒守之。每年定期命匠制纸,因为上进表疏。"

薛涛爱竹,望江公园内曾一度有人面竹、弥勒竹、方竹、观音竹等多达数百种佳竹。20世纪90年代砍伐部分竹林,腾出空间修建顺江路前,望江公园竹海幽深,斑竹遮天蔽日,徜徉林间小路,颇有乡野之感。如今公园仍可感受翠竹夹道,特别是在江边的石栏小道漫步,看江对岸的人间,回味薛涛哀婉的身世,别有一番体味。

◎王建墓甬道

第十五章 王建墓

王建墓（永陵）位于城西的永陵路，是前蜀（907—925）给成都留下的一座"皇帝陵"。前蜀开国皇帝王建于918年病逝，葬于此处。王建儿子王衍在位期间曾数次拜扫。后蜀皇帝孟知祥也曾遣官培修此墓。

史书关于永陵的记载相对较少，宋代欧阳修《新五代史》说王建死后葬于永陵，南宋陆游称永陵在成都大西门外。清代，王建墓土堆被误认为是司马相如和卓文君"弹琴说爱"的琴台，得以地处闹市而没被破坏。

1940年，为躲避日机轰炸，在王建墓一带修防空洞，发现了排列整齐的砖砌墙体，在四川大学教授冯汉骥请求下，陵墓暂时被封闭。四川博物馆成立（1942）后正式发掘王建墓，发现了王建石像、玉哀册、银钵、兔头龙身谥宝、琥珀、银猪等文物，棺床上发现了完整的唐朝宫廷乐队形象——二十四伎乐浮雕。

一、地上皇陵

永陵墓冢封土直径80余米，高约15米。封土下墓室平地用14层红砂岩石块起券为肋，砌成半圆形房屋，长23.4米，用5万块大型青砖构筑了墓室两侧的直墙和叠

◎王建墓室　　　　　　　　　　　　◎棺床乐伎浮雕

压在上面的双层券拱。这种纵列式护拱结构的建筑样式，为我国古代建筑史上的一大杰作。墓室坐南向北。永陵为一座地上皇陵，墓室建在地表，可能是因为成都地下水位高，怕淹没地宫。墓冢底部，夯筑了一层厚1米的黄土台基形成防水层；防水层的中、上部有两层由北向南略微倾斜的小卵石层作为疏水层。墓室无墓道。

墓室分为前、中、后三室。墓室券顶涂天青色，直墙涂朱色。三室之间由木门间隔，门上尚存铺首、泡钉等鎏金铜质饰片。前室券额残存宝相花纹红绿彩绘。

王建的棺木置于中室须弥座式棺床上，上铺珉玉，棺椁置于3层木台阶上。棺内有水银和随葬品。棺床东、南、西三面有24名彩绘浮雕乐伎，东西两面各10人，南面4人，分别是舞女2人、乐伎22人，周边有精美的着彩鎏金龙、凤、云纹、花卉图案。

棺床两侧置半身石雕"十二力士"（十二神）作扶抬棺床状。后室御床上摆放96厘米高王建石像。石质御床前端浮雕龙狮形兽，两侧放谥册匣和哀册匣。石像脚下置放一油缸和"长明灯"。

◎鎏金铜铺首

◎玉带

◎谥宝

墓内随葬品还有墓门镏金铜钉、银剑鞘、玉片、镏金弓形铜扣、墓册合银扣、银盒、银圈、银搔首、玉哀册、银盘、银扣饰、玉环、玉大带等文物。银剑鞘长28厘米。银钵直径15厘米。白玉兔头龙身谥宝纯净温润,长约11厘米,宽约10厘米,高约11厘米,龙身贴金鳞甲,嘴腹红色,前面刻凤,两侧刻龙,后面为兽形纹及云纹,谥宝下面刻"高祖神武圣文孝德明惠皇帝谥宝"。

王建墓是前蜀为成都留下的罕见古迹,有助于了解当时前蜀朝廷礼制、服饰、宫廷乐队等情况。

二、二十四乐伎

永陵也为研究唐代中国音乐史、乐器史提供了宝贵的实物资料。王建墓棺床基座二十四乐伎浮雕,再现了宫廷乐舞的演奏场景。24位乐伎身着唐服,两袖下垂,衣着飘逸。其中有舞伎2人,乐伎22人,均身着圆领上衣,华袂广袖,长裙系于上衣外胸以下,衣裙均为锦缎制成。出土时,乐伎的上衣隐约呈现为红色,裙皆杏黄色,但独领及华袂上的颜色不同,在红、绿、黄三色中变换。

◎王建墓棺床浮雕线描图

唐和五代时期，妇女上自皇亲国戚，下至平民百姓，都喜好黄裙，成为一种风尚。杨贵妃也好服黄裙。唐朝前期流行窄袖，后期被广袖所取代。二十四乐伎所着的衣服也都为广袖，两位舞伎身着锦缎制成的轻盈衣衫，舞蹈时便于挥舞衣袖。唐代吸收融合了许多域外舞乐形式，跳舞时，有时会模仿胡人服装、舞姿和音乐。

二十四乐伎中，22位乐器演奏者盘膝而坐。2位舞伎鞋底前部上翻，似飘浮的云彩，这种鞋被称为云头鞋，由锦缎成。舞伎和乐伎，均身披云肩。二十四乐伎的发髻梳法基本相同，额前的头发略卷起来向后梳，但缩髻的方法各不相同。棺床南面的2个舞伎，以及东面第1、5、7个乐伎，西面第6、7个乐伎等均为双鬟髻，而东面第4个、西面第4个乐伎则是鬟髻的变式。唐代中后期，以胖为美。二十四乐伎体态略显丰腴。

◎王建墓棺床乐伎浮雕

第十六章
上莲池与赵廷隐墓

成都老城城南的上莲池街,是古代成都城内一大风景区,古称"江渎池"。中国文学史上极其重要的诗集《花间集》的编辑者赵崇祚就曾在此居住。在前后蜀大放异彩的"花间词"是唐诗向宋词演化的一个必不可少的阶段。

一、赵崇祚故居

赵崇祚在后蜀掌管文物政令,文化修养很深,其父赵廷隐为后蜀开国功臣,初为中书令,后官至太尉,位列"三公"。这样的家世和时代环境解释了何以赵崇祚能够从文化学的角度去诠释当时那个时代流行于西蜀声色场合和达官贵人饮宴作乐时演唱的"曲子"词作品。赵崇祚收录编辑的500首花间词文集,成为中国文学史上的不朽名作。

高骈筑罗城后,郫江水道改流,在现上莲池街附近故道淤塞形成一个广数十亩的大池。湖水清澈,湖中有岛,沿岸满是竹林和树丛。夏日清幽,官吏百姓常泛舟池上,或"临池张饮,尽日为乐"。北岸是祭祀江神的江渎庙,此处因而被称为江渎池。

赵崇祚的父亲赵廷隐在这个风景区修建了别墅"崇勋园"和南北精舍学堂。当时,建筑千梁万栋,奢华艳丽。赵崇祚就在这里长大。后蜀灭亡后,这里是避暑胜地,陆游游览此地,曾感叹莲花盛开,月明如水。南宋后期,陆游曾夏夜游江渎池,留下了"微径荒城曲,丛祠野水边。月能从我醉,风欲驾人仙"的诗句。上莲池北临成都文庙、石室和成都府学,古代应是文庙等成都重要文化场所的前庭广场。

◎赵廷隐石像

二、赵廷隐墓

赵崇祚父亲，后蜀宋王赵廷隐墓，前些年在成都市成华区十陵镇修建街道时被发现，我们由此得以窥见赵氏家族的生活场景。赵廷隐墓位于十陵镇青龙村一条街道的十字路口地下。这是一座坐西向东、占地面积近500平方米的大墓。走过一条长20米的下行墓道，是一座

◎赵廷隐墓出土宅院陶模型

高大的砖砌拱形墓门，上面依稀可见卷云、草叶状彩绘纹饰。穿过墓门，是一个15米长、18米宽、近270平方米的墓室，内壁全部彩绘壁画，有凤鸟、鸳鸯、人物和卷云等装饰图案。一座7米长、3米宽的棺台置于墓室中央。

主墓室与后室间发现了一个1.2米长、1米宽、0.3米高的陶庭院，墓主人像穿红色官服端坐庭院，周边5个服侍俑。耳室和后室发现50多个神态各异的随葬俑，包括文官俑、武士俑、伎乐俑，神怪俑等。陶俑彩绘，身高0.5～1.4米不等。有的陶俑甚至穿外域服饰。后室还有10多个衣饰华丽的乐伎俑，其衣服和乐器均鎏金。她们手中的乐器包括排箫、笛子、琵琶和笙鼓。墓志铭载，赵廷隐出生于甘肃天水，有3位夫人，3个儿子、7个女儿，赵崇祚是长子。可惜的是，墓现被回填，墓址上方是一街心花园。赵廷隐墓是天府文化鼎盛期的一个罕见的遗存。陶庭院为我们展现了那个时代的房屋建筑样式、乐伎及各类人员的服饰。

◎赵廷隐墓出土乐伎俑

◎陆游祠

第十七章
陆游祠、罨画池和崇州文庙

陆游祠位于成都主城区之外的崇州,与紧邻的罨画池和崇州文庙一起,是成都平原现存不多的古代建筑群。罨画池、陆游祠和崇州文庙相对独立。

一、陆游祠

陆游祠始建于明初(1368),纪念曾任职西蜀的诗人陆游。陆游生活的时代,宋朝由盛转衰,山河破碎。陆游一度在南郑(今汉中)抗金前线为官。南宋乾道九年(1173),陆游出任蜀州通判,住罨画池南岸怡斋。在西蜀为官9年,陆游两度出任蜀州通判。陆游祠所在地也是原蜀州官衙所在地。

陆游祠现存房舍为仿清建筑，川西四合院书院布局，建筑自西向东沿轴线安排。进入大门，两庑廊陈列陆游诗文及诗意画。过厅以"梅馨千代"命名。序馆"香如故堂"，有陆游遗像玉石碑、陆游手迹碑。

正殿"放翁堂"正中为陆游坐像，殿内有其代表诗作手迹文物。陆游任锦城参议时，常与在蓉的范成大等诸多诗人饮酒酬唱，因此被讥为"恃酒颓放"，陆游索性自号为"放翁"，自云："门前剥啄谁相觅，贺我今年号放翁。"

放翁堂南的文物厅陈列了崇州的历史文物。放翁堂的右侧是祠堂的后院"风月轩"，以陆游故居为名，传说陆游64岁，罢官回乡，题诗《予十年间两坐斥罪虽擢发莫数而诗为首谓之嘲咏风月既还山遂以风月名小轩且作绝句》。风月轩展示陆游时代宋朝的瓷器等文物，陆游追怀杜甫、诸葛亮的诗词石刻。放翁堂后的梅园，遍植梅花，园内有吊梅阁、同心亭、驿楼等建筑。

◎陆游祠正厅门

◎陆游祠庭院

陆游任职蜀州通判时，曾多次登临城外西北隅的凤栖山，造访山上古寺，如今山上有梅花寨，传为放翁驻足之地，与陆游祠遥相呼应。据信，陆游著名诗篇《卜算子·咏梅》中的"驿外断桥边，寂寞开无主"的景象，可能就是在今梅花寨旁，昔日山道断桥边，梅花在黄昏风雨中寂寞开放，芳香仍浓的景色，现今已为千亩梅花替代。

陆游有一段与才女唐琬缠绵悱恻的爱情，陆游祠陈列了陆游与唐琬沈园相会、互相唱和的《钗头凤》。"诗韵室"陈列南宋抗金史册、宋金战争形势图，陆游的宗谱身世、著作和手书拓片，南宋玉石和铜镜等。墙上悬挂着名家创作的陆游诗意画和书法作品。

在蜀期间，陆游遍游西蜀山川名胜，写下100多首咏蜀的诗词，饱含忧国忧民的赤子情怀。成都的繁华富庶，难使诗人忘记山河破碎。诗人的一句"王师北定中原日，家祭无忘告乃翁"抒发一腔热血难挽南宋颓势的无奈。陆游在成都"清愁自醉"。

陆游的《怀成都十韵》记录了他在这片历史荟萃之地的"文化之旅"：在青城山"青溪看鹤"，"摩诃池上追游路"，在西郊纵马花海。他的近百首词记载了他对学射山、海云寺、武担山、锦江、浣花溪、碧鸡坊、锦里、大慈寺、青羊宫和武侯祠等地的造访和心路历程，为我们留下了那时的"此情此景"。

在《成都行》中，诗人"倚锦瑟，击玉壶，吴中狂士游成都"。闹市郊野无处不在的海棠花，使他如痴如狂，感叹"成都海棠十万株，繁华盛丽天下无"。他的游武担山诗展示了北门郊野的场景，"一径松楠遥见寺，数家鸡犬自成村"。离蜀后，陆游多次"幽梦锦城西"。

北宋末年蜀州为蜀国公赵构潜藩，赵构即皇帝位后，升蜀州为崇庆军，又升为崇庆府。元代撤府为州。

二、罨画池

紧邻陆游祠的罨画池始建于唐代，为中国少数几处保存较好的唐宋衙署园林。罨画意为彩色的画。唐时，罨画池及其东南一带是蜀州州署的郡圃，又称为"东亭"。

唐时蜀州风气"尚侈好文，俗好歌舞"，东亭为蜀州地方官待客、游赏的衙署园林。760年冬，蜀州刺史王缙幕僚裴迪送客东亭，写诗一首寄杜甫，杜甫写下《和裴迪登临蜀州东亭送客逢早梅相忆见寄》，诗中有"东阁官梅动诗兴"一句。

五代时取土筑蜀州城，形成西湖与东湖。北宋赵抃来游时，东湖已称罨画池。

◎罨画池园林

1041—1048年，赵抃任蜀州江原知县，官员杨瑜邀请其入园游览，赵抃作《蜀杨瑜邀游罨画池》，诗曰："占胜芳菲地，标名罨画池。"北宋政和年间，苏轼之孙苏符任蜀州知州，扩建罨画池。明代在罨画池园内建纪念陆游、赵抃的赵陆公祠。

罨画池呈"L"形，分为内池和外池，外池东南角向南延伸入内池，中间三折廊桥分隔。池中岛屿建有罨画亭。罨画池外池池岸用钟乳石砌筑，池畔亭阁廊桥古朴，山石曲径幽深，花木千姿百态。环池步道隐于假山之间，假山上有望月楼和野趣亭等。

罨画池外池景色开阔疏朗，内池景色精致宜人，与建筑疏密对比。内池以西的琴鹤堂庭院钟乳石假山是四川现存最大的假山之一。

陆游两任蜀州通判期间，与文人雅士在此垂钓、观燕、戏鱼、捉蝶、饮酒赋诗。罨画池"三千官柳""百亩湖竹"，小楼、朱阁、怡斋、小桥、曲径和画船掩映其中，旖旎的风光给陆游留下难以磨灭的印象。离蜀后，陆游写下了"小阁东头罨画池，秋来长是忆幽期""万里西湖惊断梦，二年东阁忆幽期"等诗句。

罨画池畔的赵陆公祠相传建于明洪武年间，祠门悬"琴鹤梅花"匾额，"梅花"象征陆游的气节，"琴鹤"代表赵抃的清正廉洁（据说赵抃入蜀为官，随身仅带一琴一鹤）。

乾隆五十五年至光绪年间，罨画池不断修葺扩建。1882—1888年园林建筑重建时，

第十七章　陆游祠、罨画池和崇州文庙

◎罨画池钟乳石假山步道

◎罨画池

浙江绍兴人孙开嘉任崇庆州知州,再造园林,糅合了江南园林的精致和川西园林的疏朗风格。

建在罨画池南土台上的尊经阁,与罨画亭位于崇州文庙轴线上,是全园的制高点,置身其上,罨画池、文庙、陆游祠景色尽收眼底。

琴鹤堂建筑群为罨画池园林精华,由琴鹤堂、庭院、望月楼、野趣亭、飞虹桥、云墙曲巷、荟萃园等组成,景致虚实疏密,步移景易。庭院东纳内池,北临外池,西同尊经阁相邻,南面为陆游祠入口甬道。

◎罨画池

三、崇州文庙

罨画池南的崇州文庙始建于明洪武四年（1371），明末毁于战乱，清顺治十六年（1659）重建，是四川地区保存最完好的文庙建筑群之一。文庙殿宇巍峨，雄冠西川。

文庙南起文庙街，北至罨画池南岸，建筑沿长约一里的南北轴线布置，由南到北排列有万世师表牌坊、外泮池、万仞宫墙、棂星门、内泮池、戟门、大成殿、钟鼓楼、启圣殿、尊经阁、敬一亭，两侧有道冠古今、德配天地坊，乡贤祠、名宦祠，东庑、西庑，钟楼、鼓楼等建筑。

◎崇州文庙

第十八章
昭觉寺

昭觉寺位于成都市二环路外青龙场，始建于唐代，被称为"西川第一禅林"，曾是西南地区最壮观的寺院。昭觉寺原址为汉代眉州司马董常的故宅"建元"，唐贞观年间改建为佛刹后，取名"建元寺"，唐僖宗后赐名为"昭觉寺"。

昭觉寺在中国佛教史上占有重要位置，12世纪两度住持昭觉寺的高僧圆悟禅师所写的《碧岩录》

◎昭觉寺旧貌

《圆悟心要》是中国禅宗临济宗的重要著作，被收入日本大正藏，影响日本禅学。圆悟禅师所著《茶禅一味》传入日本300余年，被日本茶道界奉为至宝。至今，日本和东南亚的许多佛教寺庙仍把昭觉寺视为祖庭。

现在的昭觉寺为20世纪80年代重建。昭觉寺大门上书"第一禅林"金字，沿中轴线依次是大山门、八角亭、天王殿、大雄宝殿、藏经楼，两侧是观音阁、御书楼、石佛殿（涅槃堂）、大师殿、先觉堂、钟楼、鼓楼、普同塔院、圆悟禅师塔、禅堂、客堂、僧房、斋堂、放生池等。

第一重殿天王殿供奉弥勒佛、四大天王像等，殿前是石桥，其后是大雄宝殿，供奉着"毗卢遮那佛""卢舍那佛""释迦牟尼佛"汉白玉佛像，两旁侍立阿难、迦叶立像。大殿两侧有十八罗汉像。大雄宝殿外有一尊"树包碑"，树为千年古树。

◎清代古刹门楣石刻残存

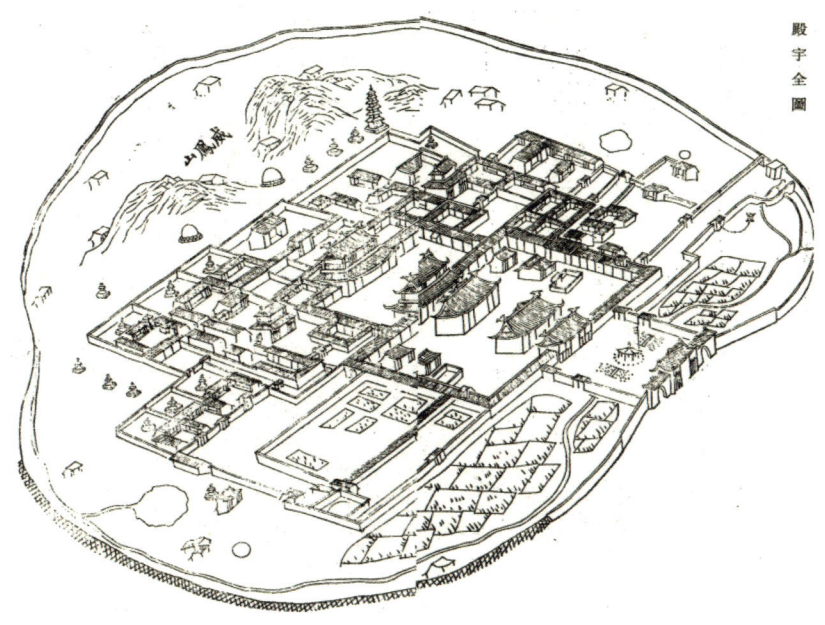

◎《重修昭觉寺志》载清代昭觉寺全景

一、唐宋庙观

877年，唐代禅宗曹洞宗传人休梦禅师任建元寺住持，开始扩建寺庙。休梦禅师住持昭觉寺23年，曾为僖宗说法，获僖宗赐紫磨纳衣三件和龙凤毯一件。王建据蜀期间，昭觉寺香火隆盛。昭觉寺殿堂后因战乱衰废，寺庙荒芜，"仅存房舍五间"。1008年，延美禅师住持昭觉寺，花30多年时间扩建殿堂，建大雄宝殿、唱梵堂、罗汉堂、六祖堂、翊善堂、列宿堂、大悲堂、轮藏阁等主体建筑。昭觉寺殿宇、房舍达300余间。李畋《重修昭觉寺记》记载："供食之丰洁，法席之华焕，时一大会，朝饭千众。"

1085年，禅宗临宗禅师纯白任昭觉寺住持，讲经说法，声名远播，听众来自海内外，"法席之盛，冠于西南"。宋徽宗及宋高宗年间，圆悟克勤两度任昭觉寺住持，1135年，在昭觉寺圆寂，至今寺内仍有圆悟禅师墓。

宋代，昭觉寺风景清幽，游人来此流连忘返。宋代名臣范镇游昭觉寺诗云："炎蒸无处避，此地忽如寒。松砌行无际，石房禅自安。鸳鸯秋沼涨，蝙蝠晚庭宽。登眺见田舍，衡茅半不完。"陆游《饭昭觉寺抵暮乃归》诗云："身堕黄尘每慨然，携儿萧散亦前缘。……静院春风传浴鼓，画廊晚雨湿茶烟。潜光寮里明窗下，借我消摇过十年。"

◎昭觉寺八景（载于《重修昭觉寺志》）

二、涅槃重生

1387年，朱元璋命蜀王迎接智润禅师任昭觉寺住持，并扩建寺庙。明末，昭觉寺毁于兵火。

清初，高僧破山和尚发起重建，他率众开荒种田，植树造林，修筑石堰7.5公里，以此解决生计，然后逐步重建寺庙。康熙二年（1663），丈雪法师在此结茅禅居，重建大雄宝殿、圆觉殿、天王殿、金刚殿、说法堂、藏经楼、八角亭等殿宇。

清代平西王吴三桂曾赞助昭觉寺重修。清同治年间所撰《成都县志·艺文志》载《重建昭觉寺法堂碑记》曰"赖平西亲蕃同刺史张公及司府文武共襄盛举"。那时昭觉寺正殿梁上有吴三桂题名，方丈室中有吴三桂爱妾陈圆圆赠丈雪法师的黄缎僧鞋。1673年，佛冤法师任昭觉寺住持，又修建先觉堂、御后楼、五观堂、客堂、钟鼓楼及寮房300余间。

◎昭觉寺残存石狮

◎圆通殿

1702年，佛冤年迈，派弟子去松潘迎请藏僧格西竹峰任昭觉寺方丈。竹峰在寺内设密坛，供蒙藏族喇嘛僧人修持密法。1703，康熙皇帝赐昭觉寺"法界精严"匾额，并题五言律诗赞曰："入门不见寺，十里听松风。香气飘金界，清阴带碧空。霜皮僧衲老，天籁梵音通。咫尺蓬莱树，春光共郁葱。"

乾隆年间，昭觉寺殿宇辉煌壮丽，冠于成都各大寺庙，大殿、禅堂、僧房、客舍达千余间。相传，大殿有一柱下不接地，成都人谓之曰"翘脚寺"。寺里还保有明代蜀王府太监张禹所铸铁燔炉和莲炬等遗物。

◎大雄宝殿

◎鼓楼

◎昭觉寺八景（载于《重修昭觉寺志》）

1975年，成都动物园在园林区域伐木取材建起各种场馆，并在原大雄殿和说法堂的遗址上开凿人工湖。1983年，国务院确定昭觉寺为全国重点佛教寺庙。昭觉寺大山门、八角亭、天王殿、地藏殿、观音阁、御书楼、韦驮殿、藏经楼、五观堂、石佛殿、普同塔、先觉堂等殿堂楼阁先后重建。

三、诗文收藏

昭觉寺历代文人高僧留下的诗文描述了旖旎的寺院景致。明代丈雪禅师《聚沙亭》写道："镇日风和太古弦，声前常见万峰攒。沙浮水面人初集，雨洗芙蓉露未干。径引小桥天上下，亭高半月锁琅玕。呼童漫把霜花叶，瀹著炊成诗一联。"

释印昌游昭觉寺赞叹："乘闲游胜地，杖策月明中。烟散山光淡，春深花木封。泉流分野色，溪度引长虹。难尽归欤兴，仍闻静夜钟。"曹礼先游昭觉寺留诗云："偶寻仙梵识华宫，小向山幽折桂丛。……高城云压千峰黑，野树霜酣万叶红。凭眺移时成小憩，微闻钟韵散松风。"

◎昭觉寺藏清代石碑

清代归一禅师《涅槃堂》传授人生哲理诗曰:"生死关头定不讹,伊谁解脱涅槃过。化身西向弥陀国,幻影南无法会罗。"《说法堂》诗云:"功德庄严佛殿庭,法堂说法响雷霆。"张大千也曾在昭觉寺住了4年,在昭觉寺留下珍贵手迹。

◎桂湖

第十九章
桂湖公园和杨升庵故居

新都桂湖公园在距成都主城区18公里的新都区，此处曾为明代著名学者杨慎即杨升庵的旧居，杨升庵曾在他的花园中，"沿堤遍种桂树"。园内有升庵祠，陈列杨慎著作4000多卷。中山堂存有清代篆刻的书法家墨迹石碑105件。桂湖占地面积约4万平方米。公园有桂花树环绕的湖泊、杨柳楼、澄心阁、绿漪亭。每逢中秋，园内桂蕊飘香，荷叶满塘。

◎新都桂湖公园

一、明代状元杨慎

杨慎是明代四川最为著名的学者,他博学多识,留下大量著述。杨慎出生在明朝首辅杨廷和之家。"翩翩公子生相门",书香门第的影响,使杨慎从小好学,"枕籍乎经史,博涉乎百家"。20岁考取成都乡试第一名,24岁京城殿试第一名,成为状元,官翰林修撰。杨慎"好学穷理",经史百家、宇宙万物无所不晓,赋闲也使他能随心治学,一生著述百余种,被《明史》称为明代"著述第一"。

◎杨慎像

杨慎父亲杨廷和曾是明正德皇帝朱厚照的老师。朱厚照死后无嗣,杨廷和以首辅主政国事40多天,并迎朱厚照堂弟,即兴献王之子,15岁的朱厚熜即皇帝位,是为嘉靖帝。杨廷和等老臣要嘉靖以前朝皇帝朱厚照的父亲为"皇考"(对父亲或曾祖的尊称),而不是自己的父亲,以示正统。而新进士张熜等则支持嘉靖皇帝"继统不继嗣"的主张。1524年三月杨廷和辞官回新都。

同年六月,37岁的杨慎因支持父辈老臣在宫前跪哭请愿,遭廷杖,并被判"永远充军烟瘴永昌卫",永昌卫即今云南保山。从京城金殿翰林生活的巅峰,流放到烟瘴的边陲,经历的坎坷使杨慎对人生体会极深,谪戍云南30多年写下大量的诗词,艺术造诣和情感表达达到极高水平。

入滇的路艰难而费时,"万里云南,九层天栈,千盘险",在《宿金沙江》中,杨慎万般怨愁,难以自拔:"驿楼东畔阑干曲。江声彻夜搅离愁,月色中天照幽独。……肠断金沙万里楼。"思乡离愁,眷恋故乡,他唯有在诗词中得到解脱:"千里有家归未得,可怜长作滇南客。……望断乡山音信绝。""近重阳。倍凄凉。强欲登高,携酒望吾乡。"

充军云南30多年,杨慎因学识、才华及家族关系,受到云、贵、川地方官吏的照顾,太守、知府和巡抚为其修建住宅,提供著述和讲学的机会。在地方官的庇护下,杨慎借"奉戍檄"名义曾多次返四川,他游嘉州、峨眉、青城,仍难减思乡之愁。在云南,杨慎以《望江南》词牌填写了9首"故园好"词,赞故乡山水,在想象中慰藉孤寂。

"故园好,最忆是毗江。"他忘不了新都毗江畔的故园:蜿蜒溪流环绕的竹林,鲜花争艳的湖中小岛，林中凉亭消夏的日子，夜雨时被茅屋的水滴声唤醒。

二、杨慎的诗学成就

◎杨慎塑像

杨慎的词情意绵绵，环转流畅，艺术境界很高，正如他的"论词"所述，诗词应"辞尚简要"，绘景传情，深含哲理，"取艳词"，但又"正而葩"。李谊辑校的《历代蜀词全辑》中收入杨慎的541首词，含他的妻子黄峨的54首词；《陶情乐府》也收录他的散曲作品200余首。这些诗词情感细腻、悲切，充溢着乡愁别绪，以及怀念过往、希望重新被认可又无法实现的愤懑与怨恨。他的《渔家傲》把愁肠万千写得决绝万分："伤远别……望断乡山音信绝……夜夜相思头欲白，心似结。"杨慎对绮丽山水的描写也达到极高造诣："携酒上吟亭，满目江山如画屏。""滇南春似锦江春。水鱼鳞。柳蛾颦。千树梨花，花底草如茵。晴日暖风浓胜酒，熏媚眼，醉游人。"

求释无望，白首回乡也无望，杨慎内心凄苦，无以复加。"年少风流还有。世事今成白首。归心已付东流。替人憔悴替人愁，笑煞长亭古柳。"万般怨愁，最后化作一首首感人至深的词赋。《临江仙》表现了诗人思想的升华："滚滚长江东逝水，浪花淘尽英雄。是非成败转头空。青山依旧在，几度夕阳红。　白发渔樵江渚上，惯看秋月春风。一壶浊酒喜相逢。古今多少事，都付笑谈中。"这首词后来成为电视连续剧《三国演义》的片头曲歌词，流传甚广。清代胡薇元《岁寒居词话》评价说："明人词，以杨用修（杨慎字）升庵（杨慎号）为第一"。

杨慎才华横溢，创作了大量各种题材的作品，有赋、诗、词、曲、弹词及杂文等。《四库全书》收录他创作的11卷赋及杂文、29卷诗、41卷杂记。杨慎编撰的《全蜀艺文志》以文献集成的方式展示了巴蜀文化丰富内涵。1541年，杨慎54岁，受四川巡抚刘大谟的礼邀，回川参与修撰《四川总志》。刘大谟计划重修1518年四川按察使熊相编撰的《四川总志》，邀请杨慎、王元正、杨名三位被谪戍的进士翰林参与编辑。杨名编修《建置》和《山川》等志，王元正修《名宦》和《人物》等志，杨慎修《艺文志》。《四川总志》于1545年刊行，杨慎编纂的《艺文志》64卷附于其后，别题为《全蜀艺文志》。

◎ 杨慎书法作品

《全蜀艺文志》收录作者631多人，诗文1873篇，140余万字。杨慎28天编辑出如此巨著，足见他对古文献的熟悉程度。

《全蜀艺文志》对巴蜀文化进行了分门别类的梳理，堪称巴蜀文化百科全书。西蜀历史上许多诗文正是赖杨慎的《全蜀艺文志》才得以留存下来。

杨慎盼望能获得皇帝赦免，回到故乡新都与夫人黄峨相伴，"万里家山路，三更海月楼。离怀脉脉思悠悠。何日锦江春水一扁舟"。日复一日，大赦佳讯从未来到，在1558年十月，杨慎还被从泸州押回永昌。悲愤的杨慎第二年就死于戍所。一直盼君归来的夫人黄峨从新都出发，一步一泪从泸州迎回阴阳相隔的夫君，令人扼腕。

◎《全蜀艺文志》

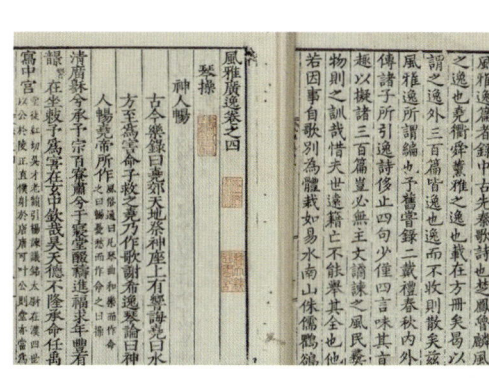

◎ 杨慎著作

第十九章　桂湖公园和杨升庵故居

第二十章
蜀王陵

"北有十三陵，南有蜀王陵。"成都龙泉驿十陵街道南侧正觉山麓及山前的青龙埂，有10座蜀王及王妃陵，分别是僖王陵、昭王陵、僖王赵妃墓、僖王继妃墓、黔江悼怀王陵、怀王陵、惠王陵、成王陵、成王次妃墓、半边坟郡王墓。墓群散布在正觉山坡地，前临青龙湖，以僖王陵和成王陵为中心，其他各陵依势在周围分布，形成指向湖心的掌状布局，与明十三陵和清东陵的树形布局不同。东风渠西岸青龙埂的成王陵规模最大。明十陵虽是地方王陵，比明十三陵和清东陵建筑规模小些，但其陵墓内的装饰却有过之而无不及。其中的僖王陵地宫就被誉为"中国古代陵墓中最精美的地下宫殿"。

◎蜀王妃墓

明代276年，共封了13位蜀王，在成都周边留下了300余座蜀王及其宗亲陵墓，目前发现了4个集中的陵区。年代最早的凤凰山陵区有蜀献王王妃与世子的陵墓；第二个发现的陵区在十陵，埋葬成王、昭王、僖王；第三个发现的陵区在三圣乡，埋葬怀王；第四个发现的陵区在黄龙溪，是四个陵区规模最大的陵园，占地面积达到七八十亩，可能是和王及定王的陵墓。

明制规定，明宗室成员死后，由朝廷负责丧葬。"亲王丧，辍朝三日。"1493年，明蜀惠王病逝，皇帝辍朝三天，太皇太后以及在京亲王齐聚祭奠。在藩王属地，则由"礼部奏遣官掌行丧葬礼，翰林院撰祭文、谥册文、圹志文；工部造铭旗，遣官造坟，钦天监官卜葬，国子监监生八名报讣各王府"。这种丧葬仪式烦琐复杂，后来礼部奏请由地方督造陵寝，主持丧葬仪典，明器改为委派下司制造，但也有破例。

一、僖王陵

僖王陵为第三代蜀王朱友堉之墓。僖王生于1409年，宣德七年（1432）袭封，

◎僖王陵

宣德九年（1434）病逝，享年26岁，在位1年9个月。

1979年，兴建石灵中学（现十陵初级中学）时，灌水发现水流凭空消失，由此发现僖王地宫。僖王陵地宫长28米、宽8.96米、高6.59米，倾斜的地面阶梯约44米，地宫深埋地9米，平面呈三进三重殿四合院布局。

墓室门内有一方石碑，上刻"大明蜀僖王圹志"。墓室内依次是前庭、前殿、中庭、正殿、后庭、后殿、棺室。仿照"生前寝宫"形式。

地宫尽头处另有一室，内有石质棺床。墓室中发现两具骸骨，一具是僖王，另一具可能是盗墓人。整个寝宫门、窗、

◎僖王陵龙盘

◎僖王陵墓门

◎僖王陵前厅

◎僖王陵中庭

柱等皆用石仿木做镂空雕刻，精美华丽。三道墓门高大而厚重，上有81颗门钉，五爪金龙图；墓室四壁有精美彩绘和雕刻。僖王陵发掘出土了500多件彩釉兵马俑和舞乐俑等文物。僖王陵后殿正壁中心镶嵌的圆形镂空描金彩釉双龙盘堪称明代艺术珍品。

二、昭王陵

昭王陵埋葬的是第八代蜀王朱宾瀚，为夫妻合葬墓。昭王逝于1508年，王妃刘氏逝于1519年。明末，昭王陵曾被张献忠军队挖掘。昭王陵原位于龙泉驿区洪河镇

◎昭王陵

白鹤村与十陵镇千弓村交界处，1991年迁建。

昭王陵墓室也仿蜀王府官殿。从墓室大门进入，依次为前庭、前殿、中庭。中庭后面分为左右正殿、后庭、后殿及棺室。陵寝内红墙绿瓦，雕梁画栋。左右棺室中央就是昭王和王妃的须弥座棺台。两个棺床间有一道隔墙，墙的中间有一门。

昭王陵中还有一个神秘的盘龙石碑。"靖难之役"中，蜀藩王曾助朱棣夺得皇位，朱棣后的明朝皇帝因此对蜀王恩赏不断。陵墓中的盘龙石碑，可能就是皇帝的特许恩赐。

◎昭王陵盘龙石碑

◎昭王陵墓室

第二十一章
凤凰山朱悦燫墓

◎凤凰山至真观

◎凤凰山出土陶象辂

　　成都北郊的凤凰山，因首尾相顾两个山头远观似翘首远望的凤凰而得名。山上有道教著名宫观至真观（通真观）。凤凰山原名石斛山，传说蜀汉末代皇帝刘禅曾在此山学射箭，故又称"学射山"。明代蜀藩献王之孙朱悦燫葬于此山南麓，始为禁区，清初辟为兵营。

一、学射山

　　晋孝武帝时，蜀道士张伯子居凤凰山学道，相传于三月三日在此升天。此处后兴建道观"至真观"。唐初道士黎元兴扩建宫观，学射山成为北郊名胜。宋代此山建有通真观、三清殿，供奉张伯子。凤凰山山势虽不高，但因离成都城区近，再加上有神话传说，因此每逢阳春三月张伯子得道升仙的日子，士庶倾城来此朝拜游玩。学射山上人如潮，旌旗数十里，道士沿途售卖符咒。山上有射箭比赛，官府"遣官妓记筹"，优胜者获奖。

　　学射山下有一处广袤十里的湖泊，称"万岁池"。游人以泛舟湖中为乐。节庆日，官府在湖畔张灯设宴，款待宾朋。陆游的《感旧绝句》诗，记述了他游览学射山、看官家围猎的情景:"十月新霜兔正肥,佳人骏马去如飞。纤腰袅袅戎衣窄,学射山前看打围。"豪气万丈的南宋成都知府京镗,上巳日游北湖,惊叹仿佛在西子湖畔,写下诗句:"棹歌声发,飞来鸥鹭惊散。……山围周匝,不尽青青岸。……只说此间奇观。句引游人,追陪佳客,三载成留恋。"岁月流逝,湖水已不见,至真观现有建筑为重建。

二、朱悦燫墓

朱悦燫(1388—1409)是第一代蜀藩献王朱椿的长子。1409年,朱悦燫病逝,明成祖因为与蜀献王关系好,而突破成例,在京城举行哀悼仪式,"上悼惜之,辍视朝三日,谥悼庄,遣官赐祭,命有司治丧葬"。明朝对亲王陵墓的占地范围有规定。明初诸藩首代亲王寝园的面积在百亩,其后减半,规定为"茔地五十亩,房十五间",但世子朱悦燫墓的地宫却比僖王陵长6米,比昭王陵长12米,中庭还建有僖、昭二亲王地宫所没有的一座寝殿。

◎朱悦燫墓室

朱悦燫墓在凤凰山麓，墓依山坡而建，总长约35米，由3个砖筑的纵列式筒拱券组成。墓室大门外有宽约6米的斜坡墓道。墓室模拟王府府邸，墓室大门象征王府正门；二门代表宫殿正门；二门内正殿前为正庭，左右为两厢；正殿为重檐庑殿式建筑，之后为中庭、圜殿；两庑也有左右二殿；后殿为寝殿，用石料砌成。墓室雕刻极为精美，使用大量的琉璃，石雕涂朱刷金。墓室共出土陶器、铁器、玉器、漆木器、铜器等器物550余件，其中最值得注意的是500余件陶俑。

◎朱悦燫墓中庭

第二十二章
宽窄巷子(满城)

宽窄巷子位于成都市长顺街附近，由宽巷子、窄巷子、井巷子组成，是成都现存少数几处清代风格的街区，有70多个院落、300多间房屋。宽窄巷子位于2000多年前就已存在的"少城"，由清初的八旗军队驻地"满城"演变而来。

◎宽窄巷子街景

◎宽窄巷子

◎宽窄巷子旧居

◎宽窄巷子庭院

一、人文历史

宽巷子原为满城的兴仁胡同，窄巷子原为太平胡同，井巷子原为如意胡同（明德胡同）。清朝灭亡后，满城的城垣被拆除，达官贵人开始购买满城旗人院落，改建公馆和民宅。民国知名人物于右任、田颂尧、李家钰、杨森、刘文辉等先后在此定居。

宽窄巷子是国内不多见的清代八旗城市军营建筑。现有建筑融合了八旗兵营、北方胡同风格，呈以西蜀天井为中心的院落格局。沿街的传统特色立面保存基本完好，每户大门有不同风格。

宽窄巷子最富标志性的门头之一便是"恺庐"，其拱形宅门门洞上方嵌有大篆阳刻"恺庐"石匾，石匾上方椭圆形图案象征"避邪镜"，有镇退妖魔、合家平安之寓意。宽巷子8号的德门仁里院落，小洋楼有罗马圆柱、欧式拱形门窗、木刻栏杆、中式雕花斜撑及挂落。相传抗战期间居住在此楼的王姓军人告别妻女，出川抗日，最终沙场捐躯，从此与妻女阴阳两隔，妻子苦等终生直至去世。

改造后的宽窄巷子现今散布着酒吧、餐厅，有西式轻便餐饮、艺术休闲、健康生活、特色文化主题店等等，成为市民游客闲散度日、享受时光的停驻地，体味昔日八旗子弟提笼架鸟、莳花弄草，民国达官贵人养尊处优、觥筹交错的生活，闲坐竹椅，享受清茶，别有一番韵味。

◎宽窄巷子茶室

◎宽窄巷子酒楼

二、满城

清代的满城城垣周长4里多,高1.38丈,设城门5处和城楼4处。范围北抵现红光路,东至现东城根街,南至南较场,西到同仁路。由于位于秦城少城遗址,所以又被称为"少城"。

清朝军制为"八旗制"。京师由八旗军队护卫,各省驻绿营兵,军事要冲由满蒙军队组成的旗营驻防。成都原为西南重镇,驻有满蒙八旗精兵,平定"三藩之乱"后,四川巡抚年羹尧于1709年奏准清廷批准,把湖北荆州八旗兵调防成都,开始在成都大城西的原"少城"区域筑"满城",作为八旗官兵军营和宿舍。满城后来又有来自西安的满蒙旗兵,官兵增至3500余名,加上家眷,满城居民约3万人。满城由成都将军管辖,官兵世袭。四川总督无权过问其内部事务,成都将军则有监督约束总督之权。

清代的满城街巷,按八旗兵制布局,共有八旗官街8条,披甲兵丁小胡同33条,建筑平面鸟瞰如蜈蚣形状。将军帅府居蜈蚣之头,满城北边的延康门为尾,南北向的大街——长顺街宛若蜈蚣身躯,左右两翼排列的42条胡同形如蜈蚣足,携家眷的将尉兵丁按级别分别居住在不同的胡同中。

满城的四座城门南为"安阜门",北为"延康门",东边是"迎祥门"和"受福门"。受福门城楼上有"少城旧治""既丽且崇"巨匾。满城布局疏密有序,生活设施齐全,与古代壁垒森严的兵营,略有区别。

满城内的将军衙门建筑原为副都统衙门,乾隆四十一年

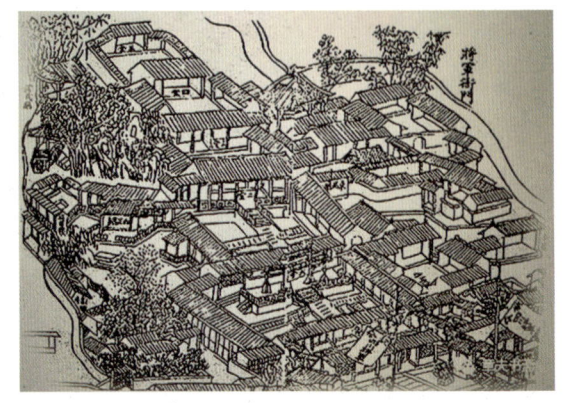

◎将军衙门

(1776)增设将军,此处遂作为将军官衙。同治七年,成都将军崇实对衙门进行了改建。清末,将军衙门头门匾额上书"帅府"。头门外东西辕门两旁由栅栏围护,头门前是照壁,两旁立数丈高桅杆。东辕门上的匾额书写"望重西南",西辕门上的匾额书写"声扬中外"。

东西辕门内有吹鼓楼,楼北是前锋营值班处。二门上写"仪门"。仪门内东为文巡捕房,西为武巡捕房。门内的大堂、二堂、三堂为办公地点,大堂前牌坊用满汉文字刻着"控驭岩疆"四字,彰显军事重镇性质。二堂旁是东西花厅。花厅外园林通幽,茂林修竹掩映假山叠石,园中清流回旋,瀑布激湍。四堂五堂为内室。衙门前后有八旗步兵营守卫。满城内还有副都统衙门、左司衙门、右司衙门,以及各旗的佐领、防御、骁骑校衙门等。

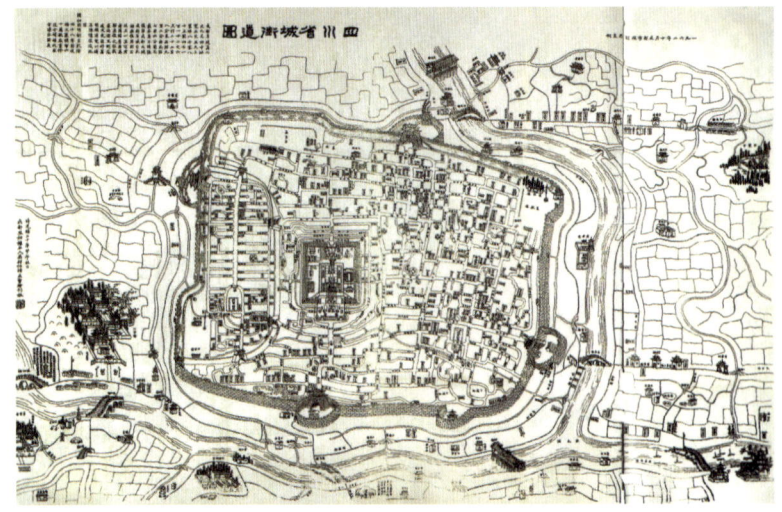

◎四川省城街道全图(1894年)

第二十三章
人民公园

　　宽窄巷子西边的人民公园是成都古代城池范围内的一处少见的公园。人民公园原称少城公园，始建于1911年。因公园园址在古代少城旧地，故称"少城公园"。1913年，尹昌龄扩建此园，后公园为纪念辛亥革命前夕四川保路运动死难烈士，由张澜、颜楷提议修造纪念碑，由川汉铁路总公司在园内修建"辛亥秋保路死事纪念碑"。

一、少城公园

　　1914年再次扩建公园时，拆除公园南边的永济仓库，自通顺桥凿渠引金水河入园，绕鹤鸣茶社、荷花亭（今湖心岛），向东流入半边桥。抗战期间，少城公园是进步团体演讲、演出、聚会、募捐首选之地。1939年9月27日和1940年7月27日，少城公园两次遭日机轰炸，园内金石陈列馆、体育场、动物园、纪念碑等处都受到了损坏，死伤数千人。1949年，胡宗南部在园内驻军。1949年12月10日，成都解放，少城

◎鹤鸣茶社

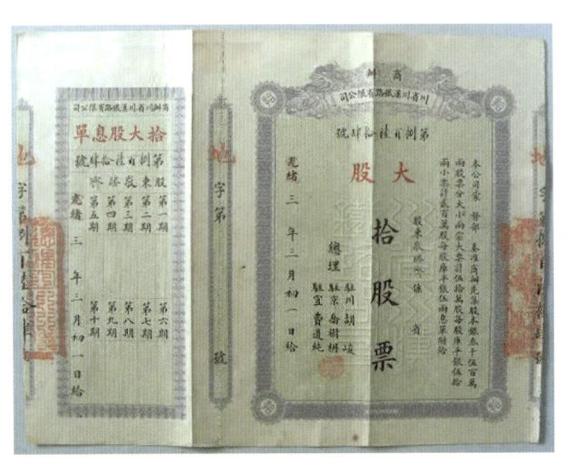
◎川汉铁路股票

◎四川保路运领导人蒲殿俊

公园次年更名为"人民公园"。

二、辛亥秋保路死事纪念碑

◎辛亥秋保路死事纪念碑

20世纪初,美、英、法、德、俄联合向清廷提议修建川汉、川滇、川藏铁路。1907年,川汉铁路总公司建立,后改为商办,所筹资本76%来自四川绅民。商办铁路公司资金短缺,经营不善,贪污挪用,亏损严重。1910年,清廷决定向美、英、法、德等国银行借款建造粤汉、川汉铁路,并且把筑路权和铁路公司国有化。

1911年5月9日,清廷正式发布"铁路国有"上谕。5月14日,长沙万人游行请愿,宜昌商人、民众也聚集抗争,清廷调集军队弹压,百姓死伤20多人。清廷借债卖路权的举措也激起川汉铁路股东和四川民众的激烈反弹。6月17日,川汉铁路公司成立保路同志会,组织全川范围内的抗议活动。清廷于是抽调湖北新军等多省力量前往四川弹压。

1911年8月4日,川汉铁路公司召开股东大会,罢免公司驻宜昌总理李稷勋的职务,遭清廷否决。成都市民于是罢市罢课,四川总督赵尔丰命令巡防军警荷枪实弹布防街口。四川保路同志会为防止流血冲突,发布公告申明只争路权,不反清,要民众勿暴动。9月1日,川汉铁路公司股东大会通过决议,号召全省拒纳捐税。成都将军玉昆、四川总督赵尔丰向朝廷上奏,希望朝廷再考虑是否向外借款,并将路权和借款问题交资政院复议,遭清廷严旨申斥。

在此压力下,赵尔丰于9月7日逮捕蒲殿俊、罗伦、张楠等铁路公司董事和保路同志会负责人。成都市民于是手执香烛和光绪帝牌位,前往督署请愿,要求释放蒲殿俊、罗伦等人。赵尔丰悍然下令开枪,市民死伤数十人。

三、辛亥首义

成都血案激起全川反清怒潮。9月8日,温江、华阳、郫县、新津、大邑等成都附近10余县农民在同盟会和哥老会领导下组成保路同志军起义,队伍人数很快发展到20多万,对成都形成围攻之势。成都驻军军心动摇,赵尔丰于是将同情民众的新军调出城外,换巡防军驻防成都。清廷得知激起民变,将四川总督赵尔丰免职,并调渝汉铁路督办端方署理四川总督。与此同时,成都之外的形势开始对清廷越来越不利,湘、鄂、粤等省都相继爆发保路运动。9月25日,四川荣县首先在全国宣告独立,脱离清朝。

◎大汉四川军政府成立

赵尔丰不得不在1911年11月27日,交出政权,以蒲殿俊为都督的"大汉四川军政府"在旧八旗驻防城挂牌成立,同一天,远在资州的端方被起义的第八镇军官刘怡凤等击杀于资中大东街禹王宫。总督赵尔丰却不甘心失去掌控,12月8日,趁蒲殿俊等在成都东较场阅兵时发动兵变,成都陷入混乱之中。

新军首领尹昌衡、同志军首领杨维率军入城,平定叛乱,随即成立以尹昌衡、罗纶为正副都督的四川军政府。12月22日凌晨,尹昌衡指挥所部包围督署,擒获赵尔丰,并在成都皇城坝公审,公开处决。

◎华西钟楼

第二十四章
华西坝

◎华西校门

　　成都老南门外东侧锦江河对岸古称"华西坝",这里是原华西协合大学的老校区,现为四川大学华西校区。华西协合大学由美、英、加等国的教会组织于1910年联合创办,含文理各科。华西协合大学的创立是成都中外文化交流的一件大事,西方医学和文理学科教育直接落地成都,校园新式建筑的影响还波及全川。

　　走进四川大学华西校区,可以看到十多栋中西合璧的建筑。它们糅合了英国新哥特式和川西庙堂建筑风格,青砖黑瓦,雕梁画栋,正面多为歇山式屋顶,杂以中式亭楼。屋脊和飞檐立有神兽、龙凤、怪鸟;内部则有新哥特式大落地窗、壁炉和宽阔的走廊。图书馆和行政楼等主楼立于平台之上,有西式地下室和阁楼。校园东南角的钟楼造型奇特,背靠月牙形池塘,前临一满植荷花的人工渠,两边还有数栋中西合璧、造型独特的教学楼。华西校区图书馆屋顶与英国牛津大学图书馆的屋顶颇为相似。

◎华西药学院

在古代,华西坝是一片地势略高于南面低洼田畴的地带。蜀汉时,华西坝古木参天,风景清幽,刘备常来此游幸。后蜀皇帝王建又在此建蜀宫别苑,号"梅苑"。南宋诗人陆游描述说,"成都城南有蜀王旧苑,尤多梅,皆二百余年古木",并赋诗:"蜀王故苑犁已遍,散落尚有千雪堆。"

堪舆学家称,此处风水好,西边的刘备墓、中间的张飞衣冠冢和南边的关羽衣冠冢,象征刘、关、张结义兄弟三角而立。那座被当地人称为"皇坟"的"张飞衣冠冢"小山丘,原来约有六七层楼高。

20世纪70年代,山上仍长有小树,山脚下有弯曲的小河,依稀可见古代园林的布局。"皇坟"西侧原有一道观,庭院宽阔,大殿和偏殿有塑像。庙堂前的小街被称为"桓侯巷"(张飞死后被追赐谥号"桓侯")。20世纪60年代,"皇坟"半山腰一洞内曾出土成汉时期的古物。"皇坟"东侧就是原华西协合大学的建筑群。如今的"皇坟"已被削减成一处几米高的小土堆,隐藏于华西医院门诊部后面。

一、英国建筑家荣杜易

华西协合大学成立后,教会买下锦江南岸这片散布着民房、废弃兵营、坟地和农田的1000多亩土地。华西协合大学先请李克忠(Raymond Ricker)和叶镕清设计规划校园。1912年,执事会再度全球招标,特别强调校园建筑要体现本地特色和文化传承。

美国、加拿大和英国的四家建筑公司前来投标。最后"荣杜易父子建筑师事务所"提交的方案，因融合东西方建筑的精华、校园设计呈现出极佳的协调和统一而中标。

荣杜易出生在英国斯卡布罗（Scarborough），后到伦敦设立荣杜易父子建筑事务所，设计过不少伦敦学校等公共建筑。1913年，荣杜易和做茶叶贸易的哥哥约翰·荣杜易（John Rowntree）一起渡过英吉利海峡，坐火车横穿欧洲到达莫斯科，再乘西伯利亚快车到北京，经汉口乘船逆流而上到达万县，再通过陆路到达成都。一路上，荣度易细心观察中国各地的建筑，敏锐把握中国文化的精髓和建筑美学，尤其是川西平原爱用鸟兽和花草装饰的特征。

◎荣杜易

到中国后荣杜易对在伦敦提交的投标书又进行了修改，两周时间内完成了校园的整体布局，以及图书馆和事务所等主体建筑的设计立面图、平面图和效果图。

三周后，荣杜易和哥哥一起经日本回国；此后，他在伦敦以信函的方式继续指导在成都的儿子道格拉斯及同事进行后续设计。道格拉斯不久后也返回英国。后来，道格拉斯把他与父亲设计的华西协合大学总体鸟瞰图、核心区建筑的效果图送到英国皇家学院展出。

二、中西合璧的华西协合大学校园

荣杜易匠心独运地融合了欧式建筑的内部空间宽敞复杂、外形和谐对称的理念与川西建筑构型自然奇巧的特征。他设计的楼宇有翘角歇山式屋顶、高台基、亭楼等川西庙堂建筑的奇巧造型。他用得最多的是亭阁，屋顶小亭楼是荣杜易设计的楼群外立面最具特色的一笔，而同样令人印象深刻的是他在许多建筑正立面设计的高耸进门的阶梯及门楣上的怪

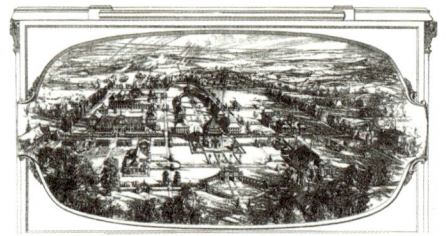

◎华西协合大学鸟瞰图

◎华西医学展览馆

兽、神鸟和庭园花卉图案装饰。

在楼体内部,他采用坚稳的西方建筑架构,营造出欧式建筑特有的内部宽敞空间感。荣杜易较少使用中式内柱、穿斗、抬梁,而多用欧式扶壁斜梁。建筑平面和立面也刻意呈川西建筑的山字形。

荣杜易的内西外中,又带有西蜀建筑自然奇巧特征的设计,为川西建筑既保留文化传统,又融入新的西方建筑技术和理念做了示范。荣杜易及其团队的设计在国内外都掀起了波澜,被誉为"世界建筑史上的杰作""开创了中国传统古典建筑现代复兴的先河""架起了中西文化沟通的桥梁"等等。

荣杜易认为华西建筑应该"在形式、风貌和色彩上都要做到既要满足现代建筑的需求,也要体现本地历史的传承,建筑的形式和材料也要尽可能做到就地取材,更要充分体现文化与建筑的和谐"。他描述说:"新建的大学校园位于成都古城墙南侧,占地约1000亩。沿着古城墙的一条河流把校园和城区分隔开来。一条居中的南北向的进校大路是校区的中轴线,若干东西向的交叉路再把南门和东门联系起来。规划中的五栋公共教学楼位居校区的中央,其位置既体现互相的功能关联,又要展示整体设计的和谐,同时也要兼顾与周边设计和各差会社区建筑的平衡与互动。"

从荣度易亲手绘制的华西协合大学鸟瞰图可以看出其高超的设计水平。鸟瞰图有法国皇家庭院的恢宏气概,又呈现出中国古典建筑的奇妙造型。校园坐南朝北,大校

◎华西教学楼

门位于现大学路,面向锦江和成都南城墙。大门前的扇形广场与凡尔赛宫广场颇为相似。

教学楼有牛津大学某些新哥特式建筑的风貌,楼阁之间被开阔的英式草坪隔开。校园中央的聚会所大楼(大礼堂)是一座八角形大楼,造型颇有北京天坛之形。主理学校行政的事务所(怀德堂)和图书馆(懋德堂)在聚会所北面的东西两侧。

行政楼和图书馆背后是教育学院和原神学院。聚会所南面的东西两侧分别是医学院和理学院。聚会所大楼与南端的礼拜堂(后改为钟楼,由苏继贤监造,1926年落成)形成校园核心区中轴线,两边排列一组教学楼。校区与欧洲大学类似,以学科分置建筑群。这座融入川西庙堂精巧外观和欧式园林规整布局的建筑群,堪称世界建筑设计史上的杰作。

三、华西协合大学的修建

毕启(Joseph Beech)于1913年任校长,立志要在华西"培养出在世界上任何地方都不会比同行逊色的毕业生"。他在校园建设上也呕心沥血。上任伊始,毕启就奔走于国内外,筹集建校资金。他在中国总共只募集到1万元大洋,包括袁世凯捐赠的4000大洋。1913—1942年间,毕启往返美国15次,总筹款100万美元。

◎华西老建筑（1912）

怀德堂1915年动工，1919年建成，然后修建懋德堂。两楼均建于1米多高的台基上，均用青砖黑瓦、双重檐、歇山式屋顶、红色明柱和檐板；屋脊檐口装饰脊兽、龙凤等吉祥动物，斗拱加彩绘；屋顶重檐之间设窗户，以增加内部的透光。两栋楼平面和立面呈山字形，侧立面又另有多重屋檐阁楼，整体视如山岭。

荣杜易设计图中大学礼拜堂后，改建柯里斯钟楼以及半月形荷花池。现人民南路大校门后北侧修建了一座大学礼拜堂，平面是西方教堂的巴西利卡式长方形，屋顶为中国庙宇翘角歇山式，饰有脊兽、神鸟，正立面高大的立柱支撑希腊式三角形屋顶，是极为罕见的中西合璧的建筑杰作，可惜后来被拆除。

荣杜易的儿子离开后，叶镕清（Fred Abrey）继任建筑总监，1925年，苏继贤（Walter Small）接任华大建筑总监，直至1949年。其间，苏继贤主持格里斯钟楼、懋德堂（图书馆）、懿德堂（化学楼）、华西医院办公楼等主体建筑的设计和修建。华西建筑所需砖瓦大多从城南的三瓦窑定制，木材取自岷江上游的山林，铁钉和玻璃从上海和武汉运来，一些精致的五金构件则从国外购入。

1908—1950年，以荣杜易为首的外籍建筑师，包括李克忠、叶镕清和苏继贤等先后在四川完成了华西协合大学，以及成都、重庆、泸州、乐山、自贡、荣县等地多处医院和学校建筑的设计和施工。叶溶清设计的高等院校、医院有十多所。苏继贤在乐山和自贡也设计了多个学校和医院。

◎学校正门（历史照片）

四、抗战时期的大学校园

20世纪三四十年代，华西坝处于全盛时期，1500亩的校园内东西走向的大道两旁是开阔的草坪，数十栋中西合璧的楼群错落有致，中西融合造型的塔楼，极富艺术特色的池塘、水渠和树林。

抗战期间，金陵大学、齐鲁大学、燕京大学和金陵女子文理学院等高校迁来华西坝继续办学。陈寅恪、顾颉刚、钱穆、梁漱溟、林语堂、朱自清和李约瑟等中外著名学者曾驻足于此。危难之际，华西坝成为延续中国文脉的重地。那个时候，华大的医学，尤其是口腔医学，以及历史学、民族学和边疆研究都处于国内前列，从这里走出了无数专业人才。

陈寅恪赞华西坝曰："浅草方场广陌通，小渠高柳思无穷。"如今的华西坝已略显拥挤，许多旧建筑已不复存在，但华西坝作为中外文化和学术交流的重地依然闻名遐迩。2018年，荣杜易的曾孙安德鲁·乔治（Andrew George）向四川大学捐赠了一套荣杜易儿子保留下的华西协合大学图书馆、生物楼、医学楼、牙科楼和校长办公处等大楼的设计图、效果图原件，我们方得以窥见荣杜易的匠心。

◎前山山门

青城山

距成都68公里的青城山是闻名全国的旅游胜地,中国五大仙山之一,景区风景清幽,有"青城天下幽"之说。景区36座山峰,环绕如城郭,山岭上森林茂密,绝壁深壑之上的宫观建筑承载道教悠远的传说,是道教信徒的"神山"。

很多古典文献,如《名山记》《唐六典》《道书》等都有记载青城山。历代不少诗人,如杜甫、岑参、钱起、贾岛、陆游、范成大等都造访过青城山,留下名篇佳句。杜甫诗曰:"自为青城客,不唾青城地。为爱丈人山,丹梯近幽意。"青城山亦称丈人山,因传说在青城山修道的宁封子曾向轩辕黄帝传授御风云的"龙跻之术",黄帝于是筑坛拜其为"五岳丈人"。

西汉末年,"蜀中八仙"之一的阴长生在青城山修道。东汉顺帝初年,道教祖师张道陵先在鹤鸣山修炼,后于东汉汉安二年(143)到青城山,在现天师洞外结茅修炼传教,被弟子尊为"天师",所创教派亦被称为"天师道",是道教最早的教派。青城山因此也被称为"道源圣地"。

◎建福宫

一、青城前山

青城山位于四川盆地西缘，堪称稀有植物博物馆，山上植物种类繁多，有蕨类植物51种，种子植物295种，双子叶植物252种，单子叶植物36种。据载，药王孙思邈曾慕名前来青城山采药。

青城山为邛崃山脉的分支，背靠岷山雪岭，面向川西平原。主峰赵公山海拔2434米，因建有财神赵公明庙而得名。人称青城山"三十六峰"有"八大洞""七十二小洞""一百零八景"。前山是青城山主要风景名胜区，主峰老霄顶海拔1260米。著名庙宇景观有建福宫、天然图画（天鹤观）、天师洞、朝阳洞、祖师殿、上清宫等。历史悠久的宫阙与金鞭岩、石笋峰、丈人山等自然风光交相辉映。

建福宫位于青城山山门外侧，始建于公元730年，历代多加培修，现存两殿三院，为1888年重建。前殿"长生殿"有晋代高道范长生塑像，正殿供奉宁封真君和杜光庭（东瀛子）。后殿三尊塑像，中为太上老君，左为全真道祖师东华帝君，右为道教全真派创教人王重阳。殿堂板壁书道教名师张三丰词句。

建福宫内有古木假山、委心亭、明庆符王妃梳妆台遗址，以及壁画、楹联等文物。宋代成都知府范成大曾在此为宋帝祈祷，宋孝宗特赐名"会庆建福宫"。陆游造访此处时赋诗曰："黄金篆书扁朱门，夹道巨竹屯苍云。崖岭划若天地分，千柱眈眈压其垠。"

◎ 亭

◎ 天师洞

◎ 1943年，徐悲鸿与廖静文摄于青城山

◎ 青城山上游客络绎不绝

进入山门，蜿蜒而上约一公里，即到达位于第一座山脊上的"天然图画"。景点海拔893米，两峰夹峙，一座十角重檐式亭阁矗立于苍崖绿荫之间，亭阁后时有丹鹤唳于山间；右有横石卧于两山之间的悬崖上，称为"天仙桥"，传为仙人聚会之处。

拾级而上，游山道上诸多的桥、亭、牌坊与青幽的山景浑然一体。它们多因山取势，与林相配，形成意趣不同的景致。山亭常以枯树为柱，树皮为顶，树根为桌凳，古藤为装饰，透露着道教返璞归真、隐于自然的意向。

亭型随山景而异，"怡乐窝"因随路转折而成三角亭，"泠然亭"半倚山崖形成方亭，"息心亭"伫立峰顶为八角亭，"卧云亭"因山路穿过而减柱，"凝翠桥"随山势而成弧形。这些亭桥不仅应景造型，而且取名切景，透露出西蜀文化的自然主义风格。

沿"天然图画"右行约1公里，过山荫亭、凝翠桥、五洞天，便到了青城山主要道观——天师洞。庙宇三面环山，一面临涧。庙堂始建于隋朝大业年间，现存殿宇为清代建筑。道观正殿"三清殿"后有黄帝祠和天师洞，传说为东汉末年张道陵结茅修炼讲经传道之处。天师洞现有"天师"张道陵及其三十代孙"虚靖天师"塑像。

◎朝阳洞

◎上清宫

◎青城山导游图

  天师洞右下角有一小殿，名三皇殿，内有轩辕、伏羲、神农石像。洞门前有一株高50余米的银杏树，传说为张道陵手植，树龄1800余年。1943年，徐悲鸿来青城山写生，在天师洞独居一室，创作了屈原《九歌》中的插图《国殇》《山鬼》等画作，并赠青城道士画作《奔马》和《天马》，有石刻复制图供游人观赏。

  祖师殿在天师洞右后侧山腰，出天师洞左行过掷笔槽和访宁桥便到。掷笔槽为一深洞，相传张天师在此喝令妖教魔王不得再为害百姓，并用朱笔画山为界，日久笔迹成槽。祖师殿又名真武宫，建于唐代。唐代杜光庭、薛昌，宋代张愈曾在此隐居。唐睿宗的女儿玉真公主也曾在此修道。祖师殿现供奉真武祖师、吕洞宾、铁拐李，另有

◎月城湖

◎慈云阁

八仙图壁画、诗文刻石等。

出祖师殿，再经访宁桥，过卧云亭就到了朝阳洞。洞位于老霄顶岩脚，洞口朝东，深广数丈，传为宁封丈人居处。清人黄云鹄在此结茅而居，留下撰联："天遥红日近，地仄绛宫宽"。徐悲鸿也曾撰联："空洞亲迎光照耀，苍崖时有凤来仪"。

出朝阳洞右行，过九道拐、齐云阁和摩崖石刻，便是上清宫。杜甫有诗云："丈人祠西佳气浓，缘云拟住最高峰。"上清宫位于距峰顶500米的半坡，始建于晋代，现存庙宇为清同治年间所建，有摩崖石刻"天下第五名山"和"青城第一峰"字样。宫内祭祀道教始祖李老君，有老子塑像、《道德经》文字木刻、麻姑池、鸳鸯井等。

由上清宫而上，可达海拔1260米的老霄顶，此处原建有呼应亭，可赏观日出、

◎老君阁

神灯和云海奇观。呼应亭名称取"登高一呼，众山皆应"之意。20世纪80年代末改亭建阁。2008年汶川大地震时遭毁。新建"老君阁"高33米，为九层八角尖顶塔楼，下方上圆，象征天圆地方，太极八卦；阁内中间空庭，为太上老君塑像，金光炫目，以徐悲鸿在青城的遗作《紫气东来》（老子跨青牛出关图）为蓝本。阁外是汉白玉石台基座。阁内拾级而上至阁顶，可眺望川西平原百里风光。老君阁前有东华殿，祭祀东华帝君、吕纯阳及钟离权。

游客也可在月城湖坐缆车上山。出前山索道缆车，拾级而上就是慈云阁，山门为一宫阙式重檐歇山顶建筑，门楣正中有"慈云阁"匾书，左右分别书"国泰民安"和"普度众生"。山门左侧神龛供奉镇山王，右侧神龛供奉土地神。

老霄峰右侧丈人峰半山腰有玉清宫和圆明宫。圆明宫始建于明万历年间，供奉圆明道母天尊。宫内四重殿堂，前为灵祖殿，供奉灵官神像；二殿为老君殿，供奉太上老君；三殿祭祀斗姆，即圆明道母天尊，为北斗众星之母；后殿为三官殿，供奉天、地、水三官大帝，及全真道的吕祖、邱祖和重阳祖师。宫前楠木成林，松竹繁茂，环境清幽。

二、道教名山

早期的修炼之士在青城山多穴居山洞，或在洞旁结茅舍。晋代以后青城山始建宫观，修炼者开始在宫观修持。极盛时，青城山有道观70座、胜景108处。晋隋时，天师道分为南北天师道后，青城山属南天师道的正一教派。唐宋时，青城武术为武林四大门派之一，博采海内武艺，融合丹道、易学、医学等术。唐代，青城山曾发生佛道地盘之争，后唐玄宗下诏"观还道家，寺依山外"。唐僖宗避蜀时，曾命在青城山修灵宝道场罗天大醮，青城山鼎盛时有醮位2400个，宫观遍布，成为"神仙都会之府"。

唐末，著名道士杜光庭（850—933）入青城山，隐居白云溪。杜光庭将天师道与上清道相结合，宣扬修行得道可升"上清天"，比"太清境"更高。杜光庭原为浙江人，在天台山学道，把握了道教正一、上清两派秘诀，后得僖宗召见，授紫衣，成为道门领袖，人称"扶宗立教海内一人而已"。881年，随僖宗入蜀，见唐祚衰微，便留蜀不返。王建建立前蜀，杜光庭被奉为皇太子师，封蔡国公；王衍继位后，又尊为"传真天师"，兼崇真馆大学士。前蜀衰亡前几年，杜光庭辞官，归隐青城山著书立说。

杜光庭一生写下250多卷道教书籍，包括《道德真经广圣义》《道门科范大全集》

◎青城道家境界

《广成集》《太上老君常说清净经注》，编成《三洞藏》《道门科范大全》，为唐末五代集道教学术大成者。

杜光庭对道教教义、斋醮科范、修道方术等进行了深入研究和整理，对比研究《道德经》注解的60余家的思想，调和儒、道要义，欲把孔孟之学统一于老君之道，对后世道教的发展影响颇大。杜光庭写有大量神怪故事集，如《灵异记》《神仙感遇记》《墉城集仙记》等，对中国武侠小说影响也很大。中国第一篇武侠小说《虬髯客传》就是杜光庭所写。

杜光庭死后葬于青城山清都观，后人在白云溪畔建"杜光庭读书台"。北宋，三十代天师张继先来白云溪朝拜，在常道观再兴天师道脉。1174年，陆游造访白云溪赋诗曰："山中犹有读书台，风扫晴岚画障开。华月冰壶依旧在，青莲居士几时来。"

南宋青城山道士李少微创清微派，以行雷法为能事，将内丹术与符咒术相结合，称可以"驱邪、治病、达帝、啸命风雷、斡旋造化"。元朝廷封其为"雷渊广福真人"，一时从者甚多。明代，青城山道教改属全真道龙门派，与原来的天师正一道不同，主

◎后山栈道

张修道者出家投师,住庵当道士,不娶妻室,不吃荤腥,养身习静。

明末,四川连年战乱,青城山道士逃散。清康熙八年(1669),武当山全真道龙门派道士陈清觉来青城山主持,得到康熙皇帝的钦赐御书"丹台碧洞",并被封为"碧洞真人",青城山道系于是又改属全真道龙门派丹台碧洞宗。

三、青城后山

青城后山紧邻大熊猫栖息地卧龙自然保护区,林幽、山雄,冬寒夏凉。主要景致有山泉雾潭、白云群洞、龙隐峡栈道、双泉水帘、百丈长桥、天桥奇景等。

青城后山中的泰安古镇扼守成都西入金川古驿道。宋代设味江镇,清代依场后的泰安寺,易名为泰安镇。出泰安镇左行,可到五龙沟,沟长约8公里,传说古时有五条神龙隐藏于沟中而得名。沿山涧而上,有金娃娃沱、龙隐峡栈道、石笋岩、又一村等山景旖旎之处。

由泰安寺直行过黄鹤桥就到了飞泉沟。水源出自蓥华山南天门,纳白云洞古磨沟、观音岩沟、响水沟等山泉,入味江,全长约10公里。沿途,可观赏"幽谷飞泉""百丈长桥""双泉水帘"等景致。百丈桥位于翠映湖与白云古寨之间的飞泉沟中游,为

◎南桥

木板铺就的曲桥。逆水而上，两岸老树龙钟，崖壁癣绿，清幽之感甚浓。翠映湖为一几十米长的山间水潭，景色秀丽。翠映湖再上行是白云古寨，在此处沿白云索道可上行至白云寺，左边沿山景观道与柳暗花明的"又一村"相通。

四、道家饮食

　　青城山不仅建筑、花草林木颇具道心，连饮食也透着道家风味。青城山有所谓"四绝"。"洞天贡茶"，其茶水清澈，香味醇厚。味江曾是唐代七大产茶区之一。宋代青城山的"紫背龙芽""白背龙芽"曾是贡品。"白果炖鸡"，汤汁浓白，鸡肉鲜美。"青城泡菜"，用山上出产的黄瓜、豇豆、辣椒、萝卜、大蒜、白菜、仔姜等，放入用山泉、盐、花椒等配制而成的泡菜水中制成，脆嫩清鲜，为开胃佐餐良品。"洞天乳酒"，是按道家工艺选山间自然生长的猕猴桃榨取果汁，配以醪糟汁、冰糖水和曲酒酿造而成，酒味醇香甜美，实为餐饮佳品。游客游山之余，可在山间道家餐馆，品道家养生餐食，参天地之灵气。

第二十六章
成都周边佛教名寺石窟及石刻

唐宋时,成都是中国佛教文化繁盛的城市,城内有数十座佛教寺院。四川的僧人对佛教尤其是禅宗的发展和传播贡献很大,有"言蜀者不可不知禅,而言禅者尤不可不知蜀"的说法。德山宣鉴、马祖道一、圭峰宗密、破山海明等成都禅师或开创新的禅风和禅法,或开山立派,播教异国。

佛教传入成都很早,一种说法是东汉时佛教就经印度—缅甸—滇—蜀"南方丝绸之路"传入成都。在乐山、彭州、芦山、西昌等地的汉魏时期的崖墓中发现有浮雕佛像、梵文符号。成都的万佛寺始建于东汉延熹(158—167)年间。郫都区中寺、华阳白塔寺也始建于东汉。另一种说法是从东晋哀帝兴宁三年(365)中原佛教领袖释道安派遣弟子法和入蜀,佛教始在四川传播。

◎峨眉山

◎乐山大佛

◎峨眉山金顶

一、名寺石窟

隋唐，中原动乱，大量僧侣入蜀，成都寺院极其兴旺。经济的富庶使大量寺庙得以兴建。隋唐成都有名可考的寺院有40多座，很多寺庙声名显赫，例如大慈寺被称为"震旦第一丛林"，鼎盛时有96院，殿阁、厅房、堂廊和塔8562间。昭觉寺是"川西第一丛林"，被日本临济宗视为祖庭。文殊院为长江上游四大禅林之首。建于东汉的宝光寺在唐代极负盛名。713—803年建成的乐山大佛高71米。峨眉山是中国四大佛教名山之一。

◎万佛寺出土塑像

邛崃天台山全盛时有100多座寺院。成都万佛寺规模宏大，当年有大小佛像百余尊，大者如房屋般大小。清光绪以来，万佛寺遗址出土大量南朝至唐宋的石刻佛教造像。2016年，在万佛寺遗址发现堆山造石、人造水景，一条长约百米、蜿蜒曲折、宽处达6米的水渠，以及一个直径19米、深1.7米的池塘。

四川各地至今仍留存大量石窟、摩崖佛像，数量之多，为全国各省石窟、摩崖造像之冠。四川省集中的石窟摩崖造像的窟龛有200多处。大部分石窟、摩崖造像开凿于唐代。最早的佛像石刻雕凿于公元5世纪初。

成都蒲江龙拖湾北朝石刻造像群中的"张仁忠□嘉兴六年许七忠□□"题名碑刻题记为西凉嘉兴元年（417）。盛唐以后，中原地区石窟的开凿趋缓，四川石窟、摩崖造像却依然火热，历经中晚唐五代和两宋，四百年间持续不断。

◎万佛寺遗址

◎西凉嘉兴元年题名碑刻拓片

　　川渝石窟和摩崖造像的特点是世俗化色彩浓厚。例如被联合国教科文组织列入《世界遗产名录》的大足石刻，散布在大足西南、西北和东北等23处地点的造像主要为唐、五代、宋朝时所开凿。国内很多地方，比如云冈石窟，雕塑多为单独人像，而大足石刻则用大量的世俗生活的生动场面，体现佛教对人生的说教。大足造像时间从唐代延续到清代，因而可以观察到中国石窟艺术风格，特别是唐代和宋代这两个雕塑艺术繁荣时期的变化。

◎蒲江北朝石刻

◎大足石刻

◎大足石刻

二、佛教石刻

四川佛窟开凿的两个高峰期是南北朝（420—589）和唐朝（618—907）。南北朝，中原战乱，四川是印度僧人从西域经甘肃、康藏，辗转前往中原的通道。唐朝皇帝曾两次到成都避难，带来大量僧人、佛教画家和雕塑工匠。唐以后，后蜀孟氏与前蜀王氏之间的政权更替并未发生战争，四川的佛教建寺、造像基本未受到朝代更替动乱的冲击。

安史之乱后，洛阳等地的开窟造像工程不再延续。后来又遭唐武宗灭佛，北方开窟造像活动几乎停止。唐武宗灭佛主要是拆寺毁佛像，石窟和摩崖造像不在此列，所以四川石窟和摩崖造像未受到"灭佛"政策的影响。8—9世纪，除唐武宗和唐僖宗外，唐朝各代帝王多信奉佛教，在位时间较长的几个帝王都崇佛。四川现存唐代摩崖造像，大多为这几朝的龛像。

◎安岳毗卢洞紫竹观音石刻

唐朝与南诏、吐蕃的战争对四川影响很大,大中型佛龛建造渐少,小龛像的开凿却在继续,甚至遍及各村。官家常出资开凿佛窟,唐以后,主要由民间开凿。唐朝与吐蕃、南诏的战争,影响了唐代佛教石刻造像的题材和内容,许多石窟有与战争相关的北方毗沙门天王像。唐代尊崇密宗,至唐玄宗、肃宗、代宗时达到顶峰。密宗宣扬"立世成佛","成佛"于是不再是今生可望而不可即的事,受密教影响的造像题材大量出现,如十一面观音、六臂如意轮观音、地藏菩萨、千手观音、多头多臂明王等。总体来看,唐代的佛像大多体态丰腴,宋代则相对清瘦。

◎安岳佛教石刻

◎川西高原人间净土

川西高原

◎川西高原草甸子

　　成都平原西边的川西高原，是古蜀先民的栖息地。那里有剽悍的康巴汉子，衣着鲜艳的藏族姑娘，闻名遐迩的情歌，烟火跳跃的锅庄舞。高原牧民结伴朝拜神山，在草甸上"耍坝子"赛马。川西高原的雄奇令人敬畏：夏夜，望着静谧的夜空中漫天的星斗，心灵会变得澄澈；在鲜花盛开的草原，听牧歌悠扬，看河流弯弯，喜悦之情油然而生。

　　川西高原位于横断山脉东段，以极高山峰、低海拔冰川、深切峡谷、旖旎湖泊、森林、高原草甸、湍急溪流闻名于世。高原上雪峰连绵，蜀山之王贡嘎山周边就聚集了20多座海拔在6000米以上的雪山。川西高原汇集各种气候景观：河谷亚热带、山地寒温带、高山寒带和永冻带等等，植被和自然景观迥异。

　　这里是民族迁移、分化、演变的大通道，"藏羌彝民族走廊"中有历史悠久且丰富多彩的民族文化。

141

一、海螺沟、康定、塔公草原

海螺沟位于甘孜州东南部,贡嘎山东坡。从成都出发向西南经雅安,沿318国道过二郎山隧道,在甘谷地转入211省道,过磨西镇,便来到川西高原南线的海螺沟。

◎海螺沟红石滩

海螺沟以雪山、冰川、温泉、红石、森林闻名遐迩。海螺沟离成都300多公里,跨越中高山、高山、极高山地,生物的多样性令人叹为观止,最高峰贡嘎山海拔7556米,最低的大渡河谷海拔980余米,60公里的水平范围内垂直落差6500余米,形成7个垂直气候和8个植被带谱,珍稀动物荟萃,植物群落丰富。森林、草地、高山飞瀑等向空气中释放出大量的负氧离子,使海螺沟成为一个天然氧吧。

这里还有极地才有的景观。海螺沟两边是众多终年不化的雪山,最长的冰川有13公里。各种形状的冰冻体、蚀谷、悬谷、角峰、冰坎把海螺沟雕琢成梦幻般的琉璃世界。

海螺沟的著名景点是雅家埂红石滩。雪山、瀑布、草甸、杜鹃花、冷杉林围绕的冰川河岸上,鲜红的石头布满山谷,延绵不绝,清冽的溪水在旁边顺流而下。

从海螺沟北返,跨过红军飞夺天险的泸定县城,顺318公路往西,便到了康定。一首《康定情歌》,使康定名扬九州。《康定情歌》吟唱男子对钟情女子的情愫和表白,歌词也咏唱蓝天白云下康定山川的壮美,以及月色朦胧中心上人的倩影。

人们常说,走进康定就是一次歌舞之旅。康巴人是藏族中性格最豪爽、服饰最亮丽,并且最能歌善舞的一支。春天,康巴汉子衣着华丽,牵着身披彩肩的骏马,聚集在草坝上比赛马术。正月初一,跑马山下的康定,喧天的锣鼓声中,人们会舞彩龙。大渡河畔,嘉绒藏族的男女老少身着盛装,连续几天在碉楼下唱长调、跳锅庄。春节期间,木雅人常举行婚礼,男方代表不分昼夜,甚至一连几天唱情歌"讲掂数",直到女家满意,新娘才下马进门。

康定周边自然奇观很多。贡嘎山乡有一个海拔4500米的高原湖泊——冷嘎措,景色优美。夕阳映照时,湖里有贡嘎雪山的倒影;傍晚时,湖水又呈现出"手可摘星

辰"景致。康定"荷花海"周边群山云雾缭绕，湖水清澈，岸边长满野花。温泉坡到荷花海，林间满是紫色、粉黄和雪白的鲜花，盛开的高原杜鹃，原木铺架的便桥下溪水淙淙。

康定最有名的木格措位于贡嘎山脉中段海拔3700米处，距康定市区约17公里，为川西北最大的高山湖泊群。群山、森林环绕海子。无风时，几十个湖泊宛若一面面镜子，倒映出远处的雪山；清晨，雾锁湖面，云雾翻卷；夕阳西下时，沙滩金黄耀眼。

康定是汉藏杂居的地方。出了康定，沿318国道便到了被称为"康巴第一关"的折多山。折多山的盘山公路"九曲十八弯"。翻过了4298米海拔的垭口，就进入康巴藏族聚居区了。一路下行便是摄影家的天堂——新都桥。

康定和新都桥之南的九龙县"伍须海"，人称"仙女湖"，由十二座姐妹峰守护。景区内群峰高耸，有原始森林、山间溪流，五彩斑斓的草甸、湖泊，以及珍稀动植物。康巴人把"伍须海"称为"仙女梳妆的明镜"。湖畔百花盛开，古树盘桓，宛若动画仙境。天晴朗时，湖水碧

◎伍须海

◎雪山下的塔公寺

◎耍坝子

◎塔公寺

绿透亮，映照着山峰和蓝天，宛若一幅油画。

新都桥是一个分叉路口，往西可以到西藏、稻城亚丁，往北可以到塔公草原、色达和丹巴，往南可以到子梅垭口。新都桥至塔公寺沿线，被称为摄影家的天堂。两旁山峦起伏，草原溪水潺潺、山谷间金黄的柏杨掩映藏寨小楼，天边是耸立的贡嘎雪峰。

塔公草原是距康定最近的一个牧区草原。藏语"塔公"意为"菩萨喜欢的地方"。草原水草丰茂，野花遍野，牛羊成群，牧民的帐篷星星点点。6—8月，是塔公草原最热闹的时节，牧民要在草原上"耍坝子"赛马，演出歌舞。

塔公寺是藏传佛教萨迦派著名寺庙之一，有"小大昭寺"之称，是康巴藏族朝拜的圣地。寺内有一尊与拉萨大昭寺释迦牟尼像一样的佛像。塔公寺属于藏传佛教萨迦派，寺内也供奉观音菩萨。塔公寺背靠藏传佛教宗事部三怙山的三座神山，山上无数玛尼经幡旗阵在风中飘展，据说风吹动经幡发出的声音，是风神代替虔诚的信徒念经，会传入佛祖之耳。

二、稻城亚丁

沿新都桥往西，过雅江、理塘县城往南，可以到达"最后的香格里拉"——稻城亚丁。亚丁有神圣的雪山、野花遍野的草甸、五彩的森林和碧蓝通透的海子。雪峰映衬下的草场与寺庙，会给人脱离人世间的错觉。

◎海子山姊妹湖

雪域圣地亚丁3座神山，是"众生供奉朝神积德之圣地"。传说神山是除妖伏魔的观音、文殊、金刚手3位菩萨的化身；8世纪时，莲花生大师为这3座神山开光。30多座雪峰环绕3座神山。雪域碧空如洗，神山洁白无瑕，超度着俗人和信徒的心灵。

巴塘和理塘的中间有一个被称为"稻城古冰帽"的青藏高原最大古冰川遗迹。大小1000多个高山湖泊中，"姊妹湖"最为著名：两个海子在白雪皑皑的雪峰映照下，如璀璨明珠。有人说她们是雪山的两滴眼泪洒在山脚下化成的，有人说她们是两位美丽羞涩的待嫁少女的化身。

三、四姑娘山、丹巴藏寨、色达佛学院

从成都经映秀西行，经卧龙自然保护区，到汶川县与小金县的交界处就是四姑娘山。四座连绵不断的山峰是邛崃山脉最高峰，从北到南，海拔分别为6250米、5664米、5454米、5355米。四座山峰长年冰雪覆盖，如头披白纱的少女。最高、最美的那座雪峰是幺妹"四姑娘"山，挺拔的山体，银光照人，被称为"蜀山之后"。

毕棚沟景区南接四姑娘山，东连卧龙自然保护区，构成"大熊猫走廊"，这里也是川西著名红叶观赏地——米亚罗景区的核心。80多个景点如珍珠般镶嵌在毕棚沟景区。沟内红叶、杜鹃花种类繁

◎毕棚沟

◎中路藏寨

◎观音寺

多，原始森林中瀑布飞挂，宛若童话世界。

从小金县城西行约60公里，就来到被誉为"横断山脉世外桃源"的丹巴。丹巴集藏族风情和自然风光于一身。碉楼和藏寨闻名遐迩，有"千碉之国"的称誉。丹巴最美的藏寨在中路和甲居。翡翠般的青草绿树点缀在充满灵气的山谷中。

◎色达佛学院

沉甸甸的田野流淌着若有若无的潺潺溪流，山谷树丛深处散布着数不清的碉楼和寨房。寨楼的屋檐和房屋构架均为红色，墙体则为白色或原色相间，绘有日月星辰及宗教图案。飘忽的云彩下，形成一幅极富动感的藏乡山寨画卷。

丹巴往北，经金川前往色达，途中经过观音桥。观音桥镇因观音寺而被称为"第二拉萨"。观音寺始建于宋，现寺内的山门、弥勒殿、接引殿为清代所建，毗卢殿、观音殿系明代所建。毗卢殿两壁的明代壁画为观音寺的"镇寺之宝"。壁画分为上、

◎亚青寺夜景

中、下三部分，上面是飞天、幢幡宝盖和天宫奇景，中间是十二圆觉菩萨和二十四天尊，下面是龛座、神兽、供养人像。大殿里3尊菩萨为明代所塑。菩萨背后墙上大型"飘海观音"浮雕中，观音脚踏鳌鱼，站立在惊涛骇浪之上，四周是乘驾水兽的众佛弟子，岸边绘有峨眉山、普陀山和五台山景致。

观音桥往西北是色达，是藏传佛教的"麦加"。距色达县城20余公里的喇荣沟五明佛学院，号称最大的藏传佛学院。从转经塔西南经幡飘扬的山坡上俯瞰，绛红色的藏式平房围绕中间的经堂绵延至天边，成千上万的修行者生活在那里，只为了与供奉着佛像的经堂接近一些。夜晚，星辰浩瀚，万千小屋点点星火，构成一片宁静却令人震撼的信仰世界。

色达往南300多公里，可到达白玉县亚青寺，这是一个由信仰筑起的"女儿国"。亚青寺四面环山，寺庙依河而建。河流环绕的平地上是密密麻麻的修行者的小木屋。以河流为界，扎巴（僧人）和觉姆（比丘尼）分住两个区。亚青寺僧尼达两万余，觉姆人数过万，当之无愧是世界上最大的比丘尼"聚落"。清晨或黄昏，空中弥漫着袅袅炊烟；诵经时分，万千僧尼的诵经声合在一起，犹如天籁，撼动人心。

四、德格

甘孜州府往西，翻过海拔5050米的雀儿山，便进入德格县境。沿途飘舞的经幡，随处可见的僧人，给人一种身入佛境之感。德格是甘孜州18县里寺庙最多的地方，有57座，包

◎德格风光

含康巴藏传佛教五大教派的祖寺——八邦寺。这里必须去的地方是被称为雪山下的"藏民族文化宝库"的德格印经院。德格印经院又称"德格吉祥聚慧院"，始建于1729年，位于德格县城文化街。德格印经院与拉萨布达拉宫、甘肃拉卜楞寺，一起被誉为藏族三大文化重地。

清晨，当人们来到印经院时，印经院笼罩在阳光透过雾气形成的神秘光晕中，寺

庙周围堆满了玛尼石,虔诚的教徒早已聚集于此,手持转经筒,喃喃有词,开始了一天的朝拜。老建筑内的壁画、收藏的印刷木刻版及其他文物保护得极好。

德格印经院是中国最大的藏文印经院和图书馆。宗喀巴大师建立格鲁派,以黄教一统藏地之后,德格印经院也收藏和印刷其他宗派文献,因而保存了大量藏文经书。印经院现藏有各类典籍830余种,木刻印版22万余块,收藏的藏族文化典籍门类极为广博齐全,是研究藏族政治、宗教、文学艺术、医学和科技等不可忽视的宝库。

◎德格印经院

◎德格印经板

德格印经院现在仍保持用雕版印刷经书的传统,游客能在这里看到印经人用古法印制经书。德格印经院的造纸和印刷工艺极其考究,在藏族三大印经院(拉萨印经院、拉卜楞印经院、德格印经院)中质量上乘。

德格是传说中的藏族英雄格萨尔王的诞生地,多处有遗迹。阿须乡"格萨尔王庙"

◎新路海

旧址上有一座"格萨尔王纪念堂"。堂中有骑在驰骋的骏马上的格萨尔王的大型浮雕,雕像前是骑马的将士。俄支乡有一座据称是格萨尔王都城的遗址。遗址长219米,宽184~210米,成规则的等腰梯形。王城内的俄支寺,大殿、禅修院、讲学院、经堂等一应俱全。王城里

◎格萨尔王城

还有一个地方据称是格萨尔王居住的松石九梁大宝帐。王城北面200多米处是郭仓喀雅城遗址,传说是当时岭国的军械库。王都东面两公里处的嘉卡让茂城堡,相传是格萨尔王为王妃珠姆修建的官寨。

传说德格县的"新路海"是一个令格萨尔王妃倾心不已的美丽湖泊。一汪碧绿的水,静静躺在群山的怀抱之中。湖光山色,宁静而又开阔。薄雾弥漫于湖水之上时,新路海给人一种朦胧的仙境意味。

五、九寨、黄龙、若尔盖草原

从成都经都江堰、映秀、汶川、茂县、松潘到九寨沟、黄龙、若尔盖、阿坝、红原一线,是古蜀先民从甘肃南部把新石器文明带入成都平原的通道。茂县营盘山

◎松州古城

◎九寨沟

有6000年前的古人类遗址。成都平原最早的宝墩古城距今4700年,古蜀先民花了1000多年才离开高原下到成都平原。而如今从成都驱车经都江堰进山,过汶川到茂县路途200公里许,不过4小时左右。

茂县以北约140公里是松州古城。这里有一段与唐代女诗人薛涛有关的故事。789年,身为乐伎的薛涛因惹怒剑南西川节度使韦皋,被发配到边城松潘居住。幽怨的薛涛接连写下了《罚赴边上韦相公二首》以及《十离诗》,中有"闻道边城苦,今来到始知""萤在荒芜月在天……目断云霄信不传。按辔岭头寒复寒,微风细雨彻心肝。但得放儿归舍去,山水屏风永不看"等感人至深的诗句,终于感动韦皋,得以回蓉,并脱离乐籍。

九寨沟无疑是川西北最著名的风景区。从松潘往九寨沟景区,一路青山绿水,岷江始终伴随左右。位于九寨沟县漳扎镇的九寨沟,因沟内有树正寨、荷叶寨、则查洼寨等九个藏族寨子而得名。景区以翠海、叠瀑、彩林、雪峰、藏族风情、蓝冰等人文地理景观著称海内外。108个海子形成108个五彩斑斓的"瑶池"。景区长10余公里，在山谷中呈Y字形分布。九寨沟景区入口在"树正沟"，景区主干左枝是"则查洼沟"，右枝是"日则沟"。春天，九寨沟百花争艳；冬日，九寨沟是冰雪的童话世界。秋天是九寨沟最美的季节。五花海四周的山坡上层林尽染，鹅黄、墨绿、深蓝、藏青各色各样的枝叶五彩斑斓，姿态万千。群山和彩林倒映在湖水中，与淡色透明的湖水形成色彩缤纷的世界。

黄龙景区与九寨沟相距约100公里。景区面积广大，由黄龙沟、丹云峡、牟尼沟、雪宝鼎、雪山梁、红星岩、西沟等组成。景区内的主要景观在3000多米长的黄龙沟，整个山谷被乳黄色的碳酸钙质覆盖，从高处俯瞰，宛若一条从雪山飞腾而下的黄龙，蜿蜒于翠谷中。千层碧水形成层层叠叠的梯田状池沼和湖泊，如璞玉，似瑶池。池水还四时随着周围景色和阳光照射角度，变幻出五彩的颜色。

莲宝叶则位于阿坝县和青海省久治县、班玛县之间。在阿坝县的景区面积大约500平方公里，境内最高山峰海拔5141米，是安多地区神山之首。莲宝叶则是"尊严

◎莲宝叶则

的玉石之峰"之意,景区内有湛蓝的天空、风景变幻的奇峰异石、七彩的高原湖泊,无边无际的草原和花海、悠扬的牧歌、动人的传说,以及淳朴的民风。

从九寨沟此行约300公里,到达离成都约500公里的若尔盖草原。从高空俯瞰,若尔盖草原宛如一块镶嵌在川甘边界的绿洲,包括若尔盖、红原、阿坝、松潘,甘肃玛曲、碌曲,青海久治等县。这是青藏高原在隆升过程中形成的一块高原盆地,有"中华水塔"之称。四周环绕着秦岭、岷山和邛崃山等山脉。若尔盖草原有大量的湿地沼泽,是黄河上游重要的水源涵养地。黑河、白河、贾曲在这里汇入黄河,草原上还流淌着白龙江、包座河和巴西河等河流。这里水草丰茂的,是我国重要的草原牧区。

史前时期,若尔盖草原是"古羌人"繁衍的重要场所。长征时,红军在"松潘草地"盘桓良久,草原上的牦牛、青稞救援了红军,但仍有1万多红军将士长眠于此。这里举行的巴西会议使红军摆脱了政治困境,包座战役又打通了胜利北上的道路。

若尔盖大草原的著名景点是黄河九曲第一湾,黄河自青海、经甘肃而来,在若尔盖唐克乡与白河汇合,也许是眷恋北方的高原,转身又飘回青海,往西北流去,形成一连串大大的"S"。这是黄河九十九道弯中最美的一段。黄河从茫茫草原中穿过,

◎月亮湾

水流清澈而缓慢，河岸边星星点点的牛羊仿佛在伴送她。

若尔盖草原的另一个景点是若尔盖和郎木寺之间213国道旁的花湖。这是草原上一个天然的海子，宛若镶嵌在草原上的蓝宝石，一碧万顷。湖岸上芦草丰茂，旱獭、灰兔出没；湖面上黄鸭、溪鸥、黑颈鹤嬉水自乐；蓝天上，天鹅、白鹤结队翱翔，偶尔还能听到百灵鸟欢快的歌声。

◎若尔盖花海

一路往南，便到达距成都300多公里的红原县，满目依旧是绿草如茵的大草原、黑白相间的帐篷、星星点点的牛羊和马群。红原有令人愉悦的湿地草原风光、漫山遍野的格桑花和争奇斗艳的野花，还有藏族的习俗和节庆活动吸引游人。"七一"赛马节、转山会等草原盛会时，牧民们骑着马、驮着帐篷，走亲串友；停驻时，他们唱歌跳舞、比舞赛骑。节庆活动中，逐水草而居的牧民会敞开胸怀，接纳远方的客人。1960年，周恩来总理为红原县命名，意为"红军走过的大草原"。

第一章 古蜀先民从哪里来

东晋成汉常璩在《华阳国志》中称"有蜀侯蚕丛,其目纵,始称王"。岷江上游的茂县和汶川一带发现80多处新石器时代晚期遗址,较大的有5000～6000年前的波西遗址、营盘山遗址、沙乌都遗址,以及4800年前的布瓦遗址。沙乌都遗址和布瓦遗址出土的文物与成都平原最早的宝墩古城发现的器物有前后相继的关系。成都西北面的什邡桂圆桥遗址早期遗存的年代介于营盘山文化与宝墩文化之间。成都平原西北的江油大水洞遗址(距今约5000年)也发现了与沙乌都遗址和宝墩遗址相似的文物。这些遗址及发现把古蜀文明的起源指向了以营盘山文化为代表的川西高原河谷地带。

◎三星堆青铜戴冠纵目面具

一、茂县营盘山遗址

茂县县城西南的凤仪镇位于岷江上游面积最大的一处河谷冲积扇平原。2000年以来先后发现营盘山、波西、勒石、沙乌都、马良坪等十余处距今5500～6000年的新石器时代遗址。营盘山遗址最大,位于岷江东南岸台地,海拔1650~1710米,属九顶山前山地带。营盘山、波西等十几处新石器时代遗址总面积约15万平方米,这些遗址出土的文物是5000多年前藏彝走廊史前文明发展的最高水平的体现。

营盘山遗址发现的陶窑是长江上游地区发现的年代最早、规模最大的陶窑,出土彩陶数量为四川各遗址之最。营盘山遗址出土的玉器显示出当地具有分工较细、专业

◎营盘山遗址鸟瞰

化程度较高的玉器加工业。出土的玉器包括锛、斧、凿、穿孔刀、镞等仿生产工具器物，环镯、珠类装饰品，以及璧、璜等礼仪用器。营盘山遗址出土近万件陶器、玉器、石器、骨器等文物，盆、钵、罐、瓶等彩陶器数量最多，造型多呈几何曲线形。营盘山出土的陶器制作水平相当高：细泥红陶器颇为坚硬，扣之有清脆的响声，烧制时温度可达到1000摄氏度。营盘山出土的陶器纹饰多样，有变体鸟纹、蛙纹、草卉纹、草叶纹、杏圆纹、水波纹、弧线纹、圆圈纹等图案。据考古人员推测，这些精致泥质陶器可能用作礼器。

营盘山遗址出土的一件陶质人面塑像，鼻耳是捏塑，双目及口则是刻画而成。这是四川发现的年代最早的雕塑作品，与甘肃大地湾遗址出土的仰韶文化半坡类型的人头形器口彩陶瓶上的陶塑人像颇为相似，是仰韶马家窑文化扩散到此处的证据之一。营盘山遗址北面的波西遗址体现出的文化特征与仰韶文化中晚期的相似之处也较多，波西遗址陶片中的小口瓶与甘肃大地湾遗址第四期出土的尖底瓶口部特征也相似。汶川也发现有与齐家

◎营盘山人面陶

◎大地湾人头形器口彩陶瓶

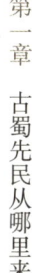

第一章　古蜀先民从哪里来

文化（公元前2500—前1500年）相似的文物器皿。

岷江上游河谷地带的史前人类文化与陕甘文化具有相似性毫不奇怪，因为这里是连接川西北和陇西南的"藏彝走廊"或"氐羌走廊"，是民族迁徙的通道。营盘山史前人类聚落显然是黄河流域和甘陇地区文化扩散传播到川西的一个重要节点，也是了解古蜀文化与陕甘青马家窑文化关系的一条线索。6000年前的波西遗址、5500~5000年前的营盘山遗址、5000年前的金川刘家寨遗址和4500年前的沙乌都遗址构成了川西高原较为完整的文化发展序列。它们下接成都平原上距今4500~3800年的宝墩文化古城遗址群、距今3500~3000年前的三星堆文化和后来的金沙文化，共同构成了川西史前文化发展的前后序列。

种种证据显示，川西高原岷江河谷栖息的古蜀先民来自黄河上游。约6000多年前，他们从甘青高原南下至岷江河谷，带着马家窑文化技艺，在茂汶一带创造了长江上游最为灿烂的彩陶文明。距今5000年左右，他们翻越山岭或者顺着河谷走出川西高原，来到成都平原。这是一个气候变迁时期，成都平原遍地沼泽的情况有所改善，干地增多。古蜀先民先是在靠山或地势稍高的地方建立定居点。

古蜀先民迁徙出山的路线可能有多条。一条是南下沿岷江从都江堰进入成都平原。这个推测遇到的难题是至今还没有在岷江出山前的最后几个地点发现新石器时代的人类遗存，如漩口和映秀。还有一个推测：古蜀先民是从西北面岷江河谷流向平原浅丘的通口河进入四川盆地北部，然后再向南到达什邡地区。成都平原北面的江油发现的距今约5000年的大水洞遗址提供了一个证据：洞中陶片的陶质、陶色、纹饰和器形与沙乌都遗址和宝墩遗址出土的陶片相似，说明这里或许是两者之间的交通中转地。

从茂县往东有一条道路，穿过岷山断层谷，顺涪江支流土门河和通口河，再沿涪江主流而下，过绵阳进入成都平原。通口河（又名盘江、湔江）发源于玉垒山，流经松潘白羊、平武泗耳、北川小坝和曲山等乡镇，过通口经江油青莲从右岸汇入涪江，长约145千米。唐代称这条从茂县到绵阳的通道为"松岭关道"（威蕃栅道），宋代称其为"陇东道"，明代称其为"茂州小东路"。直到今天，北（川）茂（县）公路仍是沿该古道修建的。因此，大水洞遗址可能就是古羌人从岷江河谷进入四川盆地的一个落脚点。

另一条路线就是从茂县往东直接翻越九顶山（龙门山脉）进入什邡，九顶山背面的茂县营盘山聚落到什邡的直线距离不过数十千米。

二、桂圆桥遗址

2009年发现的什邡桂圆桥遗址,是成都平原迄今为止发现的最早的新石器时代遗址,距今5100~4600年,早于三星堆一期(宝墩)文化。什邡南泉镇还有早于三星堆一期的星星村遗址,以及略晚于桂圆桥遗址的静安村遗址。在大邑高山古城下层,也发现了介于桂圆桥一期文化与宝墩文化之间的遗存。这些遗址显示古蜀先民最初主要在平原北部、西部和西南地势较高的边缘地带繁衍生息。那时,他们还保留了营盘山时期以小米为主食的习俗。或许是在到距今4500年前后的宝墩文化初期,长江中游的水稻种植技术可能传入成都平原,因在平原湿地多水的环境中种植水稻,能带来更大的收获,古蜀先民于是开始向平原腹地迁徙。

◎桂圆桥遗址出土的侈口深腹陶罐

川西高原与成都平原交接地带的什邡桂圆桥发现有与营盘山文化相似的陶器,包括成都平原最早的陶器——距今约5000年的侈口深腹罐。

◎桂圆桥遗址

桂圆桥遗址发现的植物种子样本结构呈现粟、黍搭配的特点，与川西高原史前聚落颇为相近，说明此处或许是古蜀人刚从山区进入平原的落脚点之一。什邡和茂县仅隔九顶山，茂县到什邡红白镇直线距离约36千米，距离桂圆桥遗址约70千米。

2012年，住在九顶山麓茂县营盘沟的"放牛人"余友强两兄弟在古蜀先民翻越九顶山进入成都平原的山路上捡到一件石斧，后经德阳市文物考古研究所鉴定为新石器时代文物。他们还发现山上有一些古驿道、水井等古人活动的遗迹。汶川大地震前，余友强曾从茂县翻越九顶山到达什邡。

在什邡洛水镇石亭江出九顶山山口的河岸上，人们发现了桂圆桥时期的陶片。这或许可以证实，桂圆桥遗址一期的先民，应该是在翻过九顶山以后，沿着石亭江上游峡谷进入什邡的。2012年，什邡箭台村遗址的发现，为古蜀先民从山地走向平原，并最终向三星堆等腹地挺进提供了更多的证据。位于什邡市区西南，东南距桂圆桥遗址约4千米、距三星堆遗址13千米的箭台村遗址（距今5000～2000年）发现了三星堆文化时期典型的黑皮陶高柄豆、鸟头勺等器物，残存的陶片也带有三星堆文化特征。

桂圆桥遗址中的新石器时代文化遗存共分为两组。第一组文化面类型较接近岷江上游、龙门山西侧的汶川姜维城和茂县营盘山遗址，距今5000年左右，出土的陶器以夹砂陶、红褐陶等为主，纹饰主要是粗绳纹和附加泥条的箍带纹，器形有侈口深腹罐等。另外一组遗址出土的陶器距今4700年左右，与三星堆一期宝墩文化中段文物相似。遗址出土的侈口深腹罐是成都平原迄今为止发现的最早和最完整的陶器，罐为夹砂红陶质地，敞口深腹，罐腹装饰有箍带纹。

三、先羌人

一般认为，人类起源于非洲。数百万年前，古人类就一波又一波向外扩散，现代人大多是约6万～12万年前那一批走出非洲的智人的后代。中国科学院付巧妹等人对古人类基因的研究表明：距今4.5万～3.5万年间，有4个不同的史前人群在欧亚大陆生活，包括早期欧洲人、早期亚洲人以及另外两个对现代人基因组贡献不大的人群。

约4万年前，有一支古人类族群沿阿拉伯半岛和印度洋海岸来到南亚。距今3万年左右，携带Y染色体单倍体（O2）O-M95和（O3）M122基因的族群继续沿海岸往南跋涉。1.9万～2.65万年前是所谓的"末次冰期最盛期"，地球气温不断下降，两极和高山的冰川向低纬度和低海拔地区延伸，湿热瘟瘴的丛林变成了气候宜人的河谷。

末次盛冰期结束后，气候变暖，东亚大陆冰川融化，海平面上升，东南亚海岸线向后退缩，部分人群开始向内陆迁徙。一部分人过缅甸穿云南，沿珠江流域北上进入华南、华东地区。另一些古人则从缅甸沿云贵高原西侧，顺着横断山脉的河谷向北跋涉。部分古人可能在1万年前左右，从川西高原下到四川盆地。成都北羊子山台地发现的1万年前的古人类遗址可能就是这批人留下的。当时，成都平原到处是沼泽，不太适宜人类定居。

另外一些古人则一路往北继续沿横断山区跋涉，到达甘肃西南靠近青海的大夏河畔，时间可能在1.2万到1万年前。到达大夏河畔的这批人数量估计不超过1万。史前时期，不同人群杂居，很多地区都存在持续的基因混合和替换。

在大夏河畔，华夏先民遇到了一群从西亚沿天山山脉、河西走廊来到这里的白人——塞种人（吐火罗人）。婚配产生的血液混杂，使他们的基因又发生了变化，变成新的人种，后来我们称之为"先羌人"。大夏河作为种族的杂处地，至今仍可看到各民族的踪迹，下游的临夏县今天还是民族众多的地区，有回、汉、东乡、保安、撒拉、土、藏、蒙古、哈萨克等9个民族。

付巧妹等人研究发现：9500年前，当今东亚人的基因祖先已经出现；8000年前，狩猎采集的东南亚人与从事农业的东亚人有着紧密的关系。大夏河从甘南高原甘青交界的大不勒赫卡山和桑科草地，自西向东，流过夏河县、临夏县、临夏市区和东乡县，跋涉200余公里后，在刘家峡水库附近注入黄河。在大夏河畔，古人学会了畜牧，驯化了狗和猪，并种植粮食作物——稷（即"黍子""糜子""黄米"）。随后的几千年里，无论他们迁徙到何处，"稷"都是他们的主要食物。后人更把"稷"与国家联系在一起，由此出现"社稷"一词。

约8000年前，"先羌人"开始从大夏河与黄河交汇处向外扩散。一群先羌人顺黄河向北，途经贺兰山，留下了"贺兰山岩画"，再迁徙到河套地区，其中部分人来到内蒙古赤峰，创造了"红山文化"。还有部分人沿黄河南下，到达鄂尔多斯和陕北高原，成为后来的"黄人"或"夏人"。一位姬姓领袖出现了，后被史书称为"黄帝"。

第二支"先羌人"向东迁徙进入陕甘，在大地湾、马家窑、北首岭、半坡、仰韶等聚落留下了他们的文化踪迹，并先后创造了大地湾文化、仰韶文化和马家窑文化。

他们后来被称为"华人",身上有M117基因突变。华人农业更为发达,文明高于夏人,他们的领袖姓姜,史书称其为"炎帝"或"神农大帝",这支"先羌人"也被称为"姜人"。

古人类学家张旭测量了甘青和黄河中下游18组古代居民的人骨数据,试图弄清楚甘青地区居民对华夏族演化形成的影响。他发现,姜人与周人在陕西周原地区有基因交流,甘肃等地的古西北居民与山西陶寺等地区的古代居民颅骨和面部形态近似,周代以前的甘青古人与黄河中下游古人存在一条基因交流的"甘晋"路线。

吉林大学崔银秋等人对黄河流域的仰韶文化遗址和龙山文化遗址、西辽河流域的红山文化遗址、夏家店文化遗址以及黑龙江流域的19个古人类遗址中,距今7500～1700年的人类遗骨基因进行研究发现,距今7500年,中原地区人群在整体的遗传结构上保持了连续性,至迟在仰韶时期(距今7000～5500年)就形成了现在的汉族人群。仰韶文化中晚期,黄河流域的人群基因已经传播到中国北方大部地区。

第三支"先羌人"向西南迁徙进入青藏高原,他们一路赶着牦牛和羊群,最后在喜马拉雅山脉南坡定居下来。迁徙的过程中又分化出藏、彝、景颇等族群。

第四支"先羌人"向南迁徙,成为现今的羌人。留在河谷地带仍保留游牧习性的羌人,又被称为"西戎"。华夏东部,与汉藏同一祖先且更早迁移到此的"荆蛮",衍生出"三苗"楚人。

王传超等人对中国重要古人类遗迹以及中国周边地区古人类遗迹的DNA研究表明,约5000年前,黄河流域先民是中原汉族和青藏高原地区人群的祖先,语言学的研究也证明"汉藏同源"。2017年中德联合科研团队的研究发现,北京房山田园洞4万年前的男性化石基因表明,现代亚洲人(包括现代中国人)不是田园洞人的直接后代,虽然田园洞人具有亚洲人的遗传特征。

四、马家窑文化与古蜀文化

横贯滇西北,四川阿坝、甘孜、凉山,西藏昌都,甘肃陇南等区域的横断山脉河谷地带,是远古民族迁徙的大走廊。与阿坝、绵阳和广元毗邻的陇南是中国古代西部民族氐人和羌人活动的核心地区。甘肃河西走廊是中亚人种和文化沟通华夏民族的通道,在欧亚之间的海路打通前,一直都是欧亚大陆的主要交通要道,也是后来的丝绸之路途经之地。

近年来对横断山脉腹地的茂县、松潘、黑水、汶川、理县等岷江及其支流的河谷、台地的考古显示,古蜀先民极可能是从甘肃和陕西南部沿白龙江、庄浪河和清水河等流经川陕甘的河流进入川西北高原的。茂县波西遗址、营盘山遗址等数十处古蜀先民聚集地,在时间上上接天水和陇南距今7000~6000年前的多个古人类遗址。如前所述,茂县撮箕山、营盘山古遗址中古羌人文化遗踪很多。

天水和陇南地区是华夏文明的起源地。距天水约50公里的秦安大地湾在8000年前就发展出彩陶文化,以大地湾遗址为中心的清水河谷是中国旱作农业黍、稷的发祥地。大地湾文化扩散到甘肃、陕西渭河流域及其邻近地区,最南端到了嘉陵江流域的微县柳林,离川西北很近。

大地湾文化(距今8000~4800年)下续仰韶文化(公元前5000—前3000年),以及属于仰韶文化晚期的甘肃省临洮马家窑文化(公元前3300—前2050年)。茂县营盘山文化的形成就是该文化扩散的产物。马家窑文化起初由渭河上游向洮河、大夏河和湟水流域扩散,然后由渭河上游向东翻越陇山进入关中平原,向南越过西秦岭山地,经汉水上游进入白龙江下游,再后又由白龙江下游经阴平道、扶文松州道南下扩散到岷江上游。

岷江上游的茂县营盘山、金川刘家寨,大渡河中游的汉源狮子山遗址都出土了与马家窑文化风格相似的彩陶器物。营盘山遗址还发现了小米这种旱地农作物。营盘山遗址的风貌与黄河中上游同期聚落相似。金川县刘家寨遗址面积3500余平方米,发现了陶窑址26座。大邑高山古城遗址出土了大量有绳纹、刻划纹等纹饰的陶器。茂县、什邡和大邑等地的史前遗址,显示出古蜀文明同甘肃马家窑文化的辗转关联性。

成都城北1万年前的羊子山遗址发现了5件旧石器时代晚期的打制石器,4件由石英岩砾石打制的刮削器,但没有证据显示古蜀文明是直接由此地文化演化发展而来的。

◎营盘山遗址出土彩陶

第二章
宝墩文化

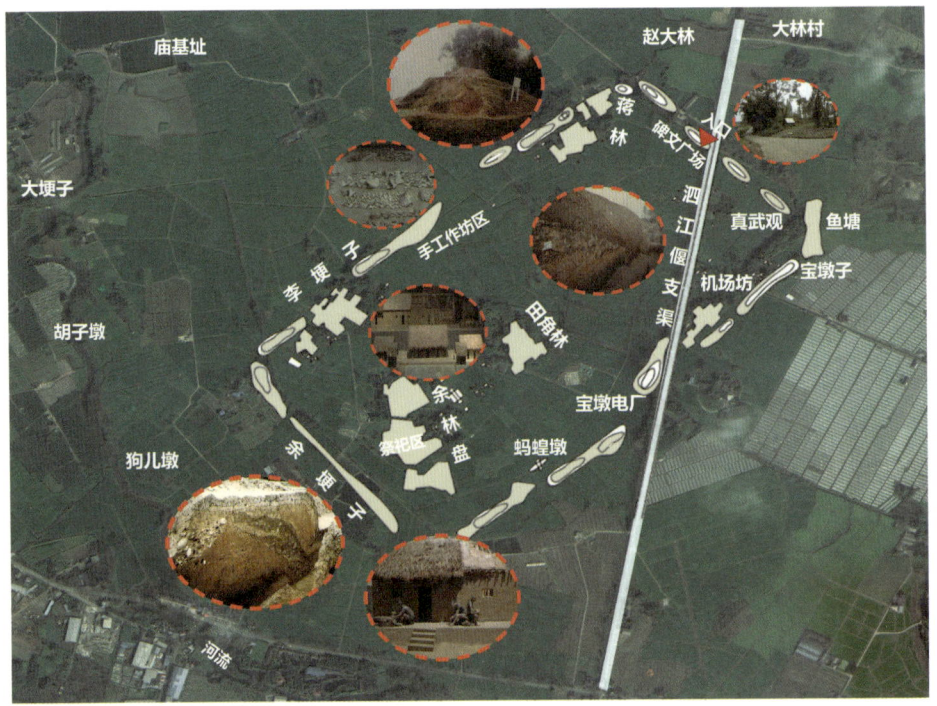

◎宝墩遗址全貌（彭莎绘图）

成都平原发现的最早史前古城是宝墩古城，距今4700年。宝墩古城位于成都旧城50公里外的新津龙马乡宝墩村。长期以来这片土垣围起来的地方，被当地人称为"龙马古城"，传说是诸葛亮七擒孟获的"孟获城"。土垣高约2~5米，宽约10~25米，上面长满树木，如今几条小路穿过土垣内的田野，沟渠中常发现散碎的陶器瓦片。

◎宝墩遗址

◎宝墩古城残墙

一、宝墩遗址

宝墩古城是成都平原迄今发现的最早的城池,年代范围约在3700～4500年前的新石器时代晚期。成都平原迄今已发现了八大史前古城。宝墩古城面积最大,有276万平方米,也是中国第四大史前古城,仅次于陕西石峁古城(425万平方米)、浙江良渚古城(290万平方米)和山西陶寺古城(280万平方米)。宝墩古城筑有两圈夯土城垣:内圈城垣东西长600米,南北长1000米;外圈城垣长2000余米,宽约1500米。古城内发现有木骨或竹骨泥墙房屋遗址、长方形竖穴土坑墓,以及灰坑、石器和陶器。遗址中心偏北的鼓墩子有一处疑为礼仪性或酋长住所的多间复合式建筑遗址,面积80至300平方米不等。

二、八大史前古城

成都平原八座史前古城中，宝墩古城面积最大，且延续时间最长，这八座古城就被统称为宝墩文化古城。古城城墙都采用双向堆土、斜向拍夯堆筑。城内均有大型建筑，房屋为木骨泥墙式长方形建筑，有少量的干栏式建筑。八大古城发现的日常器物多为泥质灰黄、灰白、褐灰色陶器、褐色、外褐内灰、灰色夹砂陶。夹砂陶的纹饰以绳纹为主，泥质陶器以水波纹和平行线纹为特色，器形多为平底和圈足尊。八大古城出土的生产工具基本为石器，骨制品较少；墓葬是长方形竖穴土坑墓。

成都平原西南缘、岷江支流斜江河中游的大邑县三岔镇高山古城，面积约34万平方米，距今4500～4000年，筑城时间估计比宝墩古城还早。遗址平面呈梯形。遗址发现了100多座墓葬，中有编织物包裹的尸骨，陶器、石器、骨器、木构件、植物种子等。

成都平原西缘都江堰市南面约12公里的青城乡芒城村古城，曾被认为是明末张献忠匆忙修建的"忙城"。此城西距药王山2.5公里，东距泊江河1.4公里。城址呈长方形，有内外城垣，内城南北长300米，东西宽240米，面积约10万平方米。内外城垣之间有壕沟。遗址西北部发现有竹骨泥墙式房舍遗址。

◎宝墩生活想象图（彭莎绘图）

◎宝墩古城出土平底宽沿尊

◎宝墩敞口圈足尊

崇州双河村、紫竹村、大邑盐店的古城也都建在平原冲积扇河流间的台地上,布局多呈西北—东南走向。芒城、双河村和紫竹村三座城址位于河流上游近山地带。

位于成都平原腹地的温江城北的万春镇鱼凫村古城,周长约2100米,呈不规则多边形,面积32万余平方米,城垣外疑有护城壕。古城距岷江7公里,距江安河2公里,水陆交通便利。当地人说它是传说中鱼凫王的都城,称其为"鱼凫城"。

郫都区的三道堰镇古城村,传说曾是蜀汉诸葛亮的"养马城"。城垣呈长方形,长约637米,宽约487米,面积约31万平方米。遗址曾在后期增筑城垣,在东垣北段发现了疑为城门的缺口。古城临河,距青白江(蒲阳河)约3公里,距柏条河约2公里。城址中心有大型礼仪性建筑,四周有若干小型木骨泥墙建筑。遗址内发现有14座房址、34个灰坑和1座墓葬。

◎宝墩平底壶、陶罐

◎郫都古城出土的绳纹平底陶罐

◎宝墩原野想象图（彭莎绘图）

三、远古蜀人生活

　　成都平原是由岷江出山形成的冲积平原，远古河流纵横、沼泽遍地。古蜀先民从高原河谷来到平原地带，先选择临山的坡地，后在河流之间的鱼脊形高地居住。他们从事渔猎，种植粟（小米），后开始种植水稻，食用野豌豆、野赤豆等豆类。随着经济的发展，有了剩余粮食，不同氏族和部落逐渐相互联系，开始建造城池，实行酋邦制。

　　城邑的出现标志着跨部落的区域权力中心的形成，因为修建周长数千米长的城垣需要调度大量劳力。城邑中均发现有酋长或巫师举行祭祀活动的大型建筑遗址。郫都区古城遗址中心有一座550平方米以上的大型房址，内有5个平行的由卵石垒成的祭台遗迹，应是当时的祭祀和集会场所。

　　八大古城都夯筑了高宽厚实的城墙。宝墩古城、都江堰芒城、崇州双河古城和紫竹古城都筑有双层城墙，内外墙之间有壕沟隔开，形似堡垒。城垣呈梯形，底部宽20~30米，顶宽7~19米，高3~4米。城垣呈防御状态，说明有外敌威胁，平原城邑之间可能发生争斗或者战争，平原西侧横断山脉是藏彝走廊，营盘山先羌人聚落发现的有猎头和人祭习俗遗迹，说明那个史前时代并不太平。

　　这些古城的繁荣期大多为两三百年。宝墩、大邑盐店和高山古城建立时间较早，是宝墩文化第一期城池。两三百年后,都江堰芒城和紫竹村古城崛起,盐店古城和高山古城便被废弃了。城邑相继被废弃,极有可能是人口增加,城内生活环境恶化,于是人们出走另寻新地。水环境的恶化,比如洪水冲垮城垣,也可能是城邑被废弃的原因之一。

宝墩文化第三期,以郫都古城为中心城邑。郫都古城的城墙发现有两次修筑的痕迹,第一次发生在宝墩文化三期,第二次发生在宝墩文化第四期偏晚。此后,郫都古城逐渐衰败,三星堆渐渐兴旺。

三星堆距宝墩古城约60公里,在这里,可以找到许多从宝墩文化继承而来的印记。生产工具以小型的斧、锛、凿为主;房屋均为方形,木骨泥墙;宝墩文化第四期器物以夹砂褐陶为主,三星堆早期器物也是如此;两个城市的陶器也都是小平底风格;三星堆镂孔圈足豆与宝墩镂孔圈足器也有一定的继承关系。

不过,三星堆文化又表现出同成都平原上其他古城不同的特点,它可能受到宝墩文化或直接受到岷江上游文化的影响。三星堆出土的磨制斧、锛、锚等扁石器,夹砂灰褐器、尖底器、小平底器等陶制品,与岷江上游的汶川、茂县、理县、松潘等出土的陶器有相似之处。三星堆青铜器也是其他古城所没有的,表明它一定受到了四川盆地以外的华夏文化的影响。

第三章
三星堆文明的兴起

三星堆遗址目前仅发掘了一小部分，城门、道路、码头、王陵区、青铜器作坊等都还未发现。三星堆城墙东南50余米的八个"祭祀坑"中的器物埋藏时经过有意的焚烧和破坏，坑室内器物分层置放，祭祀坑平整规则，坑底堆放小型青铜器、玉戈、玉璋，中间是大型青铜器，最上面是象牙。埋葬后，祭祀坑又被填土夯打。这八个坑的文物年代大致确定在距今3200～3000年，即商代晚期。

一、铜冶炼技术来自何方

从三星堆遗址已发现的文物来看，三星堆青铜器的发展并非从陶器到铜器逐渐演变的过程，更像是突然从外面传入的。世界范围内，一般认为青铜时代是公元前3300—前1200年，这一时期也是文字、车轮等人类文明重大发明出现的时期。

中国现已发现的最早铜制品是陕西临潼北姜寨遗址的一件半圆残片及一根断裂铜管，碳14检测确定为距今6700年，系人工冶炼制成品。甘肃临洮马家窑文化遗址（公元前3300—前2050年）也曾出土一柄12.5厘米长的单范铸成的单刃青铜刀，碳14测

◎齐家文化铜刀

定距今约5000年。4000多年前，陕北榆林石峁古城已能够铸造青铜武器，遗址中发现了制作青铜武器的石范。石峁古城及稍晚的河西走廊上的西城驿和四坝等城邑，可能与欧亚草原掌握青铜器制造的游牧民族有交流。距今4100～4000年，河西走廊金属冶炼活动规模空前。甘肃张掖西城驿（距今4000～3700年）的代表性手工业就是铜冶炼，工匠先冶炼纯铜，然后添加含砷、锡等合金元素的矿石炼制青铜合金。西城驿的冶金技术继续向东传到四坝文化（距今约3700年）。

距今4200～3600年，在甘肃广河县齐家坪出现了新石器时代晚期和青铜时代早

期的文化,被称为"齐家文化"。齐家文化分布于甘肃东部向西至张掖、青海湖一带,东西近千公里范围,跨甘肃、宁夏、青海、内蒙古等地。齐家文化人群通过与马家窑、马厂、西城驿、四坝人群的接触和交流,掌握了冶金技术,把铜冶金产品和冶金技术传播到陕甘以东的河南和湖北等地。

在河南洛阳盆地东部的偃师二里头遗址(公元前1750—前1500年)发现了中原最早的青铜铸造作坊,面积超1万平方米,出土陶范、坩埚、铜渣、木炭和铜器。这里被认为是夏朝(公元前2070—约前1600年)的都城,有大型宫殿遗址、中国最早的城市干道网。二里头南边的郑州二里岗被认为是盘庚迁殷之前的商代都邑,距今3620年,也出土了不少青铜器。二里头西南边的安阳晚商都城殷墟(公元前1319—前1046年)是中国古代青铜文明发展的高峰,在这里出土了大量精美青铜器,中国文明也在此时进入文字时代。

殷商文化的扩散范围极广,有200多万平方公里。三星堆出土的青铜器大多属于晚商至西周初,其铜冶炼技术可能是从中原辗转传入的。三星堆二号坑青铜大型立人像、人头像、面具、神树等,有鲜明的地方特色,但玉戈等玉石器则与殷墟妇好墓出土的同类器物相似。

◎宝鸡弓鱼国文物

◎江西新干商墓出土青铜面具

◎城固青铜面具

二、汉中城固

　　三星堆青铜文明没有一个本土的连续分阶段演进过程，因此可能是从外面传入的。三星堆青铜器形制有中原殷商特征，又被赋予了本地的文化内涵和艺术表达形式，比如对鸟和神兽装饰物的喜好。三星堆青铜器同江西新干商墓和湖北盘龙城的商代青铜器有许多相似之处，又有别于中原河南的器形，显示了某种诡异的联系性。江西也有一个很大的铜矿。种种迹象表明，三星堆青铜器可能就是由来自江西湖北的一批工匠制造出来的。这批工匠极可能从长江顺着支流汉水，经汉中深入成都平原。

　　汉中滑水河下游与汉江交汇处的北面，有一个由苏村、莲花、五郎庙、吕村、龙头镇等遗址构成的称为"城固遗址"，可能是殷商时代的居民点或军事驻地，极可能是中原和长江中下游湖北、江西的青铜制造技术向西南传入成都平原的一个"中继站"。城固青铜器的时间段跨越二里岗文化晚期和殷墟早期，直到西周，大量青铜器带有蜀文化特征。古文献显示，三星堆古蜀国的疆域可能已经延伸到汉中。《尚书·牧誓》记载，商末，周武王伐纣，庸、蜀、羌、髳、微、卢、彭、濮八个方国助战。专家认为，"蜀"可能指三星堆都邑，也可能指在汉中的古蜀国北方重地，尤其是以城固军事据点为中心的地区。

　　城固出土约100件铜戈、27件铜矛、9件钺、46件镰形器和一些铜镞，说明此处具有军垦屯田性质。有钺说明有高级将领在此镇守；镰形器说明驻扎在此的武装人员既要御边，又得从事生产。城固商代青铜镰形器是首次发现，很具地方特色：曲刃下镰，可收割庄稼；背部似锯，可锯树木，非常适合林地军垦屯田之用。城固兵器的蜀文化风格，说明此地军队属于蜀国，而非中原殷商王朝；定居点的防卫方向也是面对殷商的。

　　城固的青铜器在形制、花纹、风格等方面与中原殷墟小屯墓、殷墟妇好墓、郑州白家庄商代墓、郑州商城窖藏、湖北黄陂盘龙城商代墓葬同类青铜器相似，但蜀文化特征也很明显。这说明它们可能是模仿中原青铜器制造出来的。城固苏村出土的23件铜脸壳（青铜脸形面具）可能是祭祀舞蹈时用的，与三星堆一号祭祀坑出土的金面具相似。

　　城固祭祀坑中的青铜器同广汉三星堆祭祀坑器物的置放方式也很相似。城固龙头镇出土铜器上面有约1厘米厚的灰层，附近的圆形深坑坑壁坚硬。部分祭具和三角形戈等青铜兵器的蜀文化特征也很明显。这些证据表明，隔滑水与殷商王朝相望的汉中

◎江西新干商墓铜器

◎江西新干商墓玉人

可能就是蜀文化与中原文化的交汇融合之地。

　　商周时期有一条渭河平原通往成都平原的通道——褒斜道，秦灭巴蜀后大力整修横穿秦岭的栈道。清代学者顾祖禹的《读史方舆纪要》载："褒斜之道，夏禹发之……春秋开凿，秦时已有栈道。"晚近在金牛道和褒斜道沿途发现的古物显示了这条通道自商周时期起就是文化传播的通道。广元昭化面积约5万平方米的西周"摆宴坝城址"，将以宝鸡为核心的周文化和以三星堆/金沙为核心的蜀文化联系起来。商末周初的昭化城址，是成都平原往北的古蜀道上的一个重要据点。连接渭河平原和巴蜀的古老交通道路除褒斜道、金牛道外，还有米仓道、荔枝道、故道、子午道、傥骆道、阴平道、祁山道以及河南道（西山道）等等，它们分别通向甘南和陕南。

◎城固虎纹钺

◎城固青铜鼎

三、弓鱼国的秘密

三星堆文化扩散范围极广,向南延伸至巴渝地区,向北甚至延伸到四川盆地经汉中通往关中的古"陈仓道"的尽头宝鸡。宝鸡古称陈仓、雍城,是后来秦国太庙所在地。

1980年秋天,陕西连降大雨,宝鸡西面纸坊头村一家农户的墙壁坍塌,暴露出了一批青铜器。随后赶来的考古工作者根据铜器类型判断,青铜器大概是公元前1055—前1021年间西周诸侯国弓鱼国国王的墓葬品。

◎秦蜀金牛古道

弓鱼国遗址出土了大量与古蜀国和汉中城固相似的器物,比如青铜戈、矛和尖底罐,年代比城固地区发现的器物年代要晚些。因此弓鱼国极可能是城固的蜀人迁徙到陕西凤县、宝鸡竹园沟、茹家庄一带组建起来的,时间可能在商末周初。从矛的演化模式来看,宝鸡竹园沟的矛源于城固。

宝鸡茹家庄还发掘出大量玉器和青铜器。青铜鼎、青铜盘上刻着由"弓"和"鱼"组成的合体字,商周文献、铜器、甲骨卜辞中未见过这样的字体。三星堆出土的文物就刻有类似"弓"和"鱼"的符号。三星堆金杖上的族群标志是一支(弓射出的)箭和鱼。茹家庄墓室也发掘出类似三星堆青铜大立人的小青铜人像。

弓鱼国的墓葬习俗、文物材质、形貌和纹饰等与三星堆文物也极为相似。墓葬中

◎宝鸡陈仓太公庙出土文物

◎弓鱼国铭文拓片

◎宝鸡茹家庄铜人与三星堆铜人对比　　◎宝鸡茹家庄铜人

大量的钵形尖底罐具有早期巴蜀器物特征，多见于成都北的新繁、广汉等地古蜀遗址中，但在周人遗址和墓地中却少见。

弓鱼国在西周中期以后衰败，因为邻近的矢国势力变得强大起来。弓鱼国的部分蜀人极可能回到了成都平原。弓鱼国的竹园沟、茹家庄是柳叶形青铜短剑的发源地。西周中期以后，这种青铜短剑在中原、西北地区逐渐消失，在成都平原却被屡次发现。这一时段的柳叶形青铜短剑被称为"蜀式剑"，战国早期在巴蜀被大量使用。

彭州竹瓦街发现的商周青铜器与弓鱼国遗址出土的青铜器的铭文和纹饰极为相似，这些铜鼎可能就是由参与周朝军事征伐的城固地区，或弓鱼国古蜀军队送回来的周王给他们的奖励品。

◎宝鸡茹家庄弓鱼国出土文物　　◎城固柳叶剑　　◎巴蜀柳叶剑

第四章
金沙文化时期

◎ 金沙金冠带

◎ 金沙玉琮

三星堆文明衰落以后，一部分古蜀先民就来到距今成都市中心5公里左右的金沙村，建立了另一个城邑。金沙城邑繁荣期并没有持续多久，其中的原因现在还无法得知。目前出土的大量精美青铜器、金器等文物的年代被确定为公元前2200—前1900年。其他出土文物显示此处古蜀先民可能继续居住至公元前1600年左右。

◎ 金沙金箔（明文秀供图）

在现成都老城区西部和南部的郫江及南河沿岸，发现了多处与金沙文化同时期的遗址，由西向东分布在抚琴小区、十二桥、方池街、君平街、指挥街口、盐道街、岷山饭店、岷江小区等地，其中十二桥遗址面积最大。金沙遗址距最近的抚琴小区遗址约3公里，距最远的岷江小区遗址约9公里。

◎太阳神鸟金箔

◎金沙扛象牙人玉璋及其线描图

一、十二桥遗址

十二桥遗址在金沙遗址的东面2公里左右。遗址中发现干栏式建筑排房，一处20多米的地梁结构疑为宫殿建筑基址。该处遗址建房先是在潮湿地面上打埋密集木桩，再在上面铺设圆木和木板，作为房屋的地板。墙体以木桩为柱，其间编扎竹篾，再涂上泥。竹编墙高度3米左右。房顶为两面斜坡式，搭建采用了榫卯加绑扎法：先将作为檩、椽的圆木在屋顶连成方格网，再层层铺草，边铺边用竹篾分层捆扎。

◎清代十二桥

金沙遗址和十二桥遗址均出土了用于占卜的龟甲。十二桥遗址出土的陶器以夹砂陶为主，多为尖底器和环底器，纹饰少见。金沙遗址与上述这些成都古代城区西部及南边发现的遗址统称为"十二桥文化"。该文化大约始于公元前12世纪中叶，止于公元前7世纪，按时间来推算，这可能就是古书中传说的"杜宇王朝"。

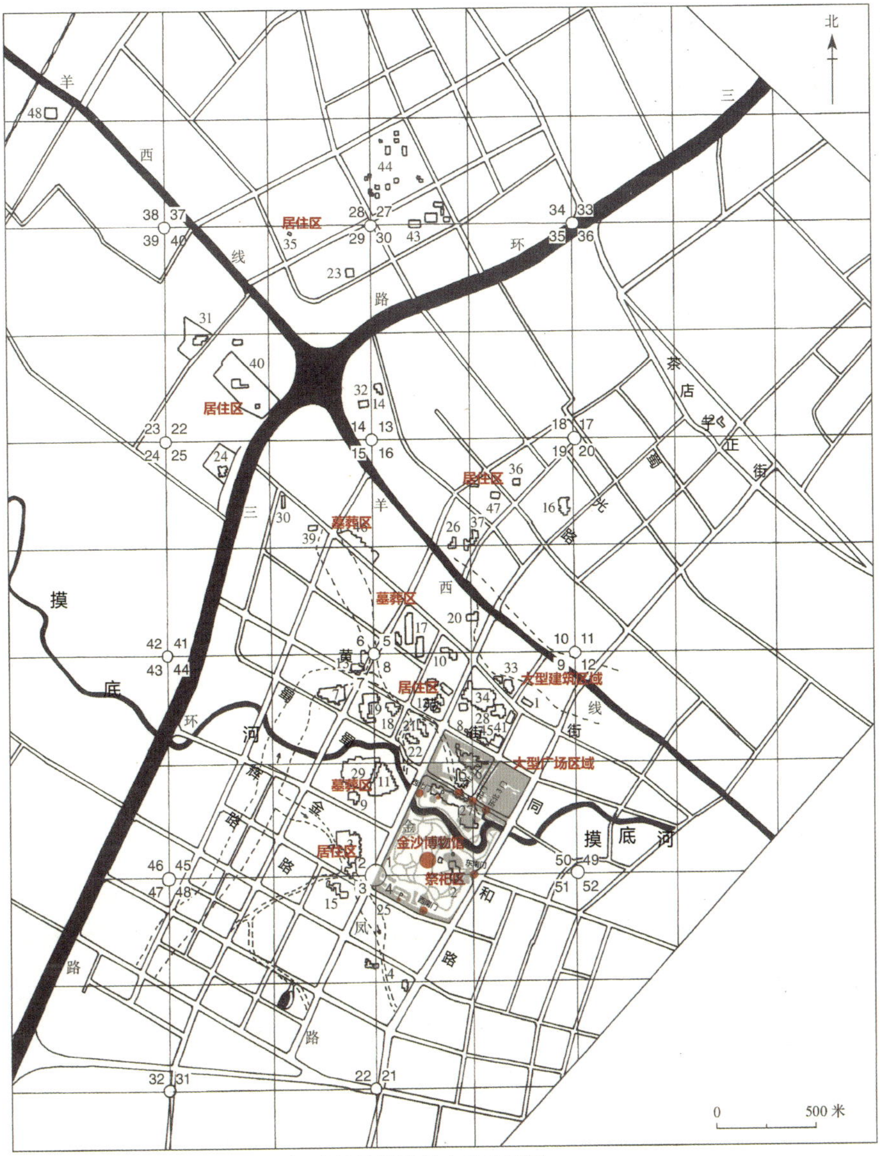

金沙遗址发掘点及分区图

1.三和花园 2.祭祀区 3.兰苑 4.金沙园 5.将王府 6.金煌 7.博雅庭韵 8.是正 9.人防 10.芙蓉苑 11.燕沙庭院 12.交通局 13.春雨花间 14.家在回廊 15.汉隆 16.金港湾 17.集建阳光 18.佳园 19.金沙国际 20.千和馨城 21.紫桂花园 22.金沙古韵 23.郎家精品房小区 24.金牛区城乡一体化2号 25.游客接待中心 26.金域港湾 27.陈列馆 28.西延雅舍 29.雍景湾 30.龙嘴六组拆迁安置房 31.金牛区城乡一体化3号 32.泰基花语廊 33.金牛区城乡一体化5号A 34.金牛区城乡一体化5号B 35.迎宾路小学 36.金牛区城乡一体化7号A 37.西城天下 38.铸信 39.龙嘴五组拆迁安置房 40.尚瑞天韵 41.金沙朗寓 42.金牛残联培训中心 43.中环西岸观邸 44.爱美高 45.金牛区城乡一体化5号C 46.青羊兴城建 47.红色村小学 48.文殊坊拆迁安置房

◎金沙遗址发掘点及分区图（彭莎绘制）

二、杜宇王朝

《蜀王本纪》描述杜宇王朝称:"一男子名曰杜宇,从天堕,止朱提。有一女子名利,从江源井中出,为宇妻。乃自立为王,号曰望帝,治汶山下,邑曰郫。"一些学者认为,杜宇可能是指一个来自朱提(今四川宜宾和云南昭通一带)的族群,该族群的第一代首领和来自岷江上游"江源"的女子结婚,开创了杜宇王朝。东晋时期成汉史家常璩撰《华阳国志》(成书于348—354年)载:"后有王曰杜宇……移治郫邑,或治瞿上。"郫邑疑为今郫都区。杜宇王朝可能因某种原因在公元前8世纪初把都城从金沙迁徙到郫邑,以瞿上(双流牧马山)为别都。这两本书关于古蜀王国的说法都没有找到考古证据或文字,基本是依据传说。

《华阳国志·蜀志》称杜宇王朝的疆域广阔,"其地东接于巴,南接于越,北与秦分,西奄峨嶓"。目前发现的金沙/十二桥文化(杜宇王朝)的早期遗址大多在广汉三星堆以南。广汉与成都之间的新都曾发现上万平方米的商周时期遗址。十二桥文化时期的地层中出土了大量玉器、铜器、金器、卜甲、象牙存、陶器、石璧、石璋等。

金沙遗址出土的粮食遗存以稻米为主。蜀地稻作农业起源的一个说法是来自云南,极可能就是来自云南的杜宇"教民务农",将更先进的稻作农业带入四川,因而受到尊崇,逐渐获得政治地位。巴蜀地区长期奉杜宇为"土主",尊为农神。

◎金沙青铜器(明文秀供图)

第五章 开明王朝

◎望帝陵

《华阳国志》和《本蜀论》等汉晋文献称杜宇王朝末期遭遇特大洪灾,成都平原东部是横亘的龙门山脉,夏季汹涌的洪水无法及时排泄,近山平原成为堰塞湖,望帝命丞相鳖令治水。考古显示十二桥古蜀聚落就是被洪水冲毁的。鳖令于是带人"决玉垒山以除水害"。鳖灵凿开玉垒山后,把一部分岷江水导入沱江。《水经注》称:"江水又东别为沱,开明之所凿也。"

另一个民间传说是鳖灵掘开金堂峡。发源于九顶山的沱江在成都平原西北部形成湔江、石亭江、绵远河等支流。洪水泛滥时,东边的龙门山脉像堤坝一样挡住了成都平原的洪水。鳖灵带人把龙门山脉金堂峡拓宽,让洪水由峡口倾泻而出,"民得陆处"。

如今,金堂峡也称"鳖灵峡",峡谷山上建有一座供奉鳖灵的三皇庙。峡口两边的炮台山和云顶山岩上的脚印传说是鳖灵留下的。金堂峡在2003年被拓宽,由40米增加到90米。

鳖灵治水有功,后取代"望帝"成为国王,号称"丛帝",在约公元前666年建立开明王朝。在现成都市郫都区(郫邑)有望丛祠,大殿陈列望帝和丛帝塑像,附近有杜鹃路,传说望帝死后化作杜鹃。

南宋陆游游历至此,触景生情,忧国怜己,写下了《鹊桥仙》词一首:"茅檐人静,蓬窗灯暗,春晚连江风雨。林莺巢燕总无声,但月夜、常啼杜宇。催成清泪,惊残孤梦,又拣深枝飞去。故山犹自不堪听,况半世、飘然羁旅。"

一、迁都成都

扬雄《蜀王本纪》称"开明帝下至五代有开明尚,始去帝号,复称王也","本治广都樊乡,徙居成都"。广都樊乡在现成都双流区中和一带,离成都老城区十多公里。公元前127年,汉武帝在今双流设置广都县。今成都天府新区华阳街道古城社区有广都城遗址纪念碑。

《华阳国志·蜀志》称"开明王自梦郭移,乃徙治成都"。一些学者因此倾向于认为开明王朝的都城在迁往成都之前是在郫邑(今郫都区),而不是广都。

《华阳国志·蜀志》说开明氏"王蜀凡十二世"。开明王朝在体制上设立太子、群公子嗣位,朝廷设太傅、丞相、郎中令诸官职,并分封王室弟子于边陲,作为屏障。据称,开明九世圣帝开始按照华夏体制,改称自己为国王,并在国中建立宗庙和礼乐制度。

开明王朝把都城迁往成都的年代,一说在开明五世,一说在开明九世,即公元前367年。近年来在成都商业街发现的公元前4世纪开明王族船棺墓,显示那时开明王都已设在成都。新的都城可能在现成都市区上南大街一带。

◎望丛祠园林

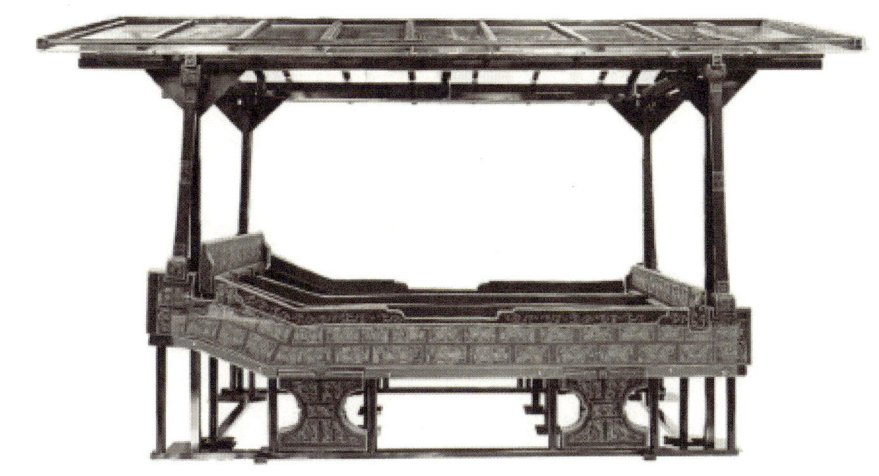

◎商业街船棺墓葬出土残件复原的A型漆床

◎商业街船棺墓发掘现场

◎商业街出土漆床

二、商业街船棺墓

成都商业街发现的开明王族墓地面积约600平方米,墓坑中有残存的船棺、独木棺17具,最大的船棺长18.8米,直径1.7米;船棺用整根楠木刳凿而成,下方垫有纵横交错的枕木。墓葬南边发现呈长方形分布的带榫头的条形方木,东西长约15米,南北宽约7.5米,疑为墓室上方陵寝庙堂的地梁。

墓中最引人注目的是数量庞大的漆器。漆器种类繁多,包括案、几、耳杯、瑟、梳、编钟(磬)架、磬槌、器座等。漆器多为木胎,黑地红彩,绘有龙、凤、卷云等斑斓纹饰。漆器有楚国漆器风格,形制和纹样又带浓厚的西蜀色彩,有些漆器的纹饰模仿中原青铜器纹饰,显示开明王朝同华夏其他区域的文化有交流。商业街船棺墓提供了"开明徙治成都"的证据。那时,商业街区域应在开明新的都城外围。

三、巴蜀图语与戈文

三星堆没有发现文字，开明王朝时期，也只发现一些类文字图形和符号，其含义至今尚未破译。巴蜀出土的青铜器上往往有一些神秘的图案，方形和圆形的印章上也雕刻有像文字一样的符号和图像。除这些神秘的"巴蜀图语"外，在出土的巴蜀铜戈上发现了被称为"巴蜀戈文"的铭文。巴蜀戈文与方块汉字有很多相似性，它们像汉字一样直行排列，字与字之间留有行距，如中原的竹简书一样。

铜兵器、铜乐器、铜玺印等器物上的图案有虎纹、手心纹、花蒂纹及类似图形。这些非常像装饰符号的图形，有可能是族徽、图腾或宗教符号，另一些则已经具备了象形文字的部分特征，是巴蜀文字的雏形。现已发现的巴蜀图语"文字"超过200种，90%以上刻在青铜兵器上，年代在公元前9世纪—公元前1世纪。

文字的发明一般要经历三个抽象阶段：简化图像、形成象征符号，进一步抽象出更为基础型的、可指代物形、意义或发音的符码，如汉字的"部首"，并设计出组合构建，包含更为复杂的含义和所指的字词的方法。文字的发明需要一个持续数百年的稳定的经济社会环境，三星堆文明鼎盛期大约200多年，其后的六七百年间，金沙文化和开明王朝的中心都邑不断迁徙，稳定不下来。此外，从三星堆起，蜀文化偏重形象思维，崇尚自然的价值取向，也使其较难迈过那道需要高度逻辑抽象思维能力的门槛。

三星堆发现了一些符号，如这组符号：，有人把它们分别译

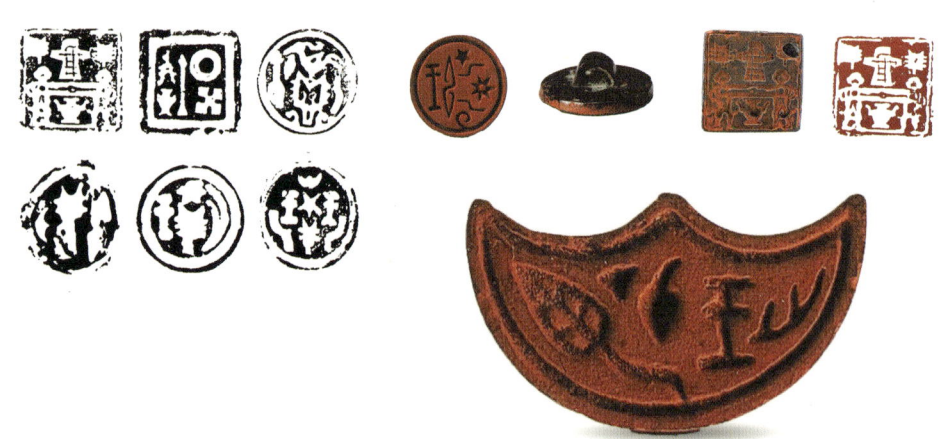

◎巴蜀印章图语

◎战国虎纹铜戈上的巴蜀图语

◎巴蜀图语

为"否定、高山、河流、回归、家、飞鸟、眼睛",认为前五个字符就可以组成"高山河流阻挡我回家"的意思。

成都平原出土的一些战国戈上刻画的图形显然也想表达一定的意思,由此可见,到战国时古蜀先民仍然还没能从形象思维迈进文字发展的第三阶段。

四、武担山的故事

江汉路原成都军区大院内有一座小山坡,与开明时期一个哀婉的爱情故事有关。传说开明九世纳绵竹美女为妾,死后葬于此处。《成都记·序》记载:"蜀王开明尚纳美女为妃,盖武都山之精也。及死,葬于城西北。"蜀王于是派遣五个壮士赴爱妾故乡绵竹武都山担来土,垒起土山,并在其上安置了一个巨型石镜,让九泉之下的爱妃也能对镜梳妆。武担山因此又名"石镜山"。蜀王长期难忘爱妃音容笑貌,又作《臾

邪歌》《陇归之曲》两曲寄托悲伤。汉魏六朝、唐、宋，武担山上建有寺庙，曰"武担寺"或"石镜寺"。杜甫游历此地，曾写下诗句："蜀王将此镜，送死至空山。冥寞怜香骨，提携近玉颜。众妃无复叹，千骑亦虚还。独有伤心石，埋轮月宇间。"岁月匆匆，如今的武担山山体略呈马蹄形，西高东低，高约20米，宽40米，长100余米。而传记中的石镜已不知踪迹。

五、蜀国并入秦国

春秋战国时代，开明王朝南征北伐，争城夺地。开明三世曾西征青衣羌地，芦山一带成为蜀国门户，此后又向南沿岷江南下，征服僚（夜郎）、僰（四川宜宾到云南昭通）之地。蜀国的疆域于是"东接于巴，南接于越，北与秦分，西奄峨嶓"，强盛一时。《史记·六国年表》记载若干有关开明王朝的事件：秦厉共公二年（前475），蜀人来赂（进贡）。秦惠公十三年（前387），蜀取我南郑（今汉中）。楚肃王四年（前377），蜀伐楚，取兹方（今湖北松滋），于是楚为扞关（今奉节）以拒之。秦惠王元年（前337），蜀人来朝。由此可见，蜀国当时应为强国。巴国那时都城在江州（今重庆），别都在阆中。巴国与蜀国往来频繁，系手足之邦。

春秋时期，诸侯筑台风气很盛。老成都市区边缘北部发现的"羊子山祭祀盟会台遗址"，使用年代为春秋至战国末年。土台呈四方形，每边103.6米左右，三层上收，每层用混合茅草的泥土砖先修建围墙，再在其内填土夯实。土台每层高4米，总高12米，每级之间有登台土阶。土台估算用砖1 376 496块，填夯土7万余立方米。这座类似埃及金字塔的三级方坛，是东亚迄今发现的那一时期最高大的单体建筑物。

开明九世征服南郑，封王弟葭萌为汉中侯，置藩属国苴国（也称葭萌国），

◎战国蚕纹铜戈（成都交通巷出土）

都城设在吐费城（今广元昭化）。到开明十一世时，苴国不满蜀国要其增加贡税，于是拉拢巴国联合抗蜀。蜀国与苴国剑拔弩张，苴国于是求救于秦国，司马错劝秦王乘机伐蜀。公元前316年，秦惠文王派遣大夫张仪、将军司马错率师从石牛道伐蜀。秦兵临苴国城下，苴侯大开城门，秦兵蜂拥而入，于是占据苴国。

《蜀志》记述开明蜀国的灭亡过程："周慎王五年秋，秦大夫张仪、司马错、都尉墨等从石牛道伐蜀。蜀王自于葭萌拒之，败绩。王遁走，至武阳（今眉山市彭山区），为秦军所害，开明氏遂亡，凡王蜀十二世。"秦并巴蜀，古蜀文明谢幕并最终融入华夏主流。

六、晚期蜀文化

秦国虽然在公元前316年将巴蜀纳入版图，但本土文化仍在蜀地延续至西汉早期。这一时期被称为"晚期蜀文化"。以成都青羊宫遗址命名的青羊宫文化是晚期蜀文化成就的代表。青羊宫文化与十二桥文化衔接不是十分紧密，其起始约公元前5世纪中叶，止于公元前2世纪中叶，包含秦并巴蜀后的历史。在青羊宫、上汪家拐街、彭州、

◎青羊宫出土狩猎纹壶

◎铜缶（成都博物馆供图）

青白江、新都、羊子山等地都发现有该文化遗迹。

青羊宫文化遗址虽不多,但墓穴出土的文物却颇丰。

新都马家乡大型木椁墓,规模宏大。置于椁室底部腰坑内的珍贵文物躲过数次盗窃,留有铜器200余件。铜器多五件一组,少数两件一组,系非常罕见的组合。从墓葬规模和文物来看,墓主应是一代蜀王。这一时期,蜀墓中发现的文物依旧表现出古蜀文明瑰异的文化气质,但已显示出中原文化、秦文化、楚文化等区域文化对蜀文化的强烈影响。

◎文庙西街出土铜簠

◎兽面纹戈　◎蜥蜴纹戈

◎马家乡柳叶剑(成都博物馆供图)

◎马家乡铜勺

◎马家乡铜凿

第六章
秦治时期的成都

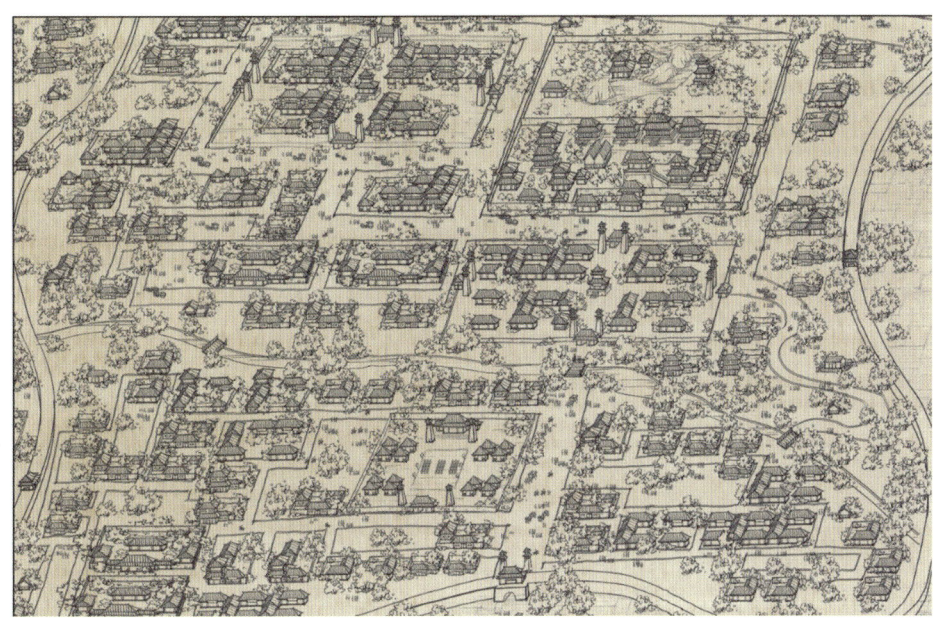

◎秦成都城想象图

公元前316年,张仪和司马错攻占成都时,蜀国王城在赤里(现上南大街)。《华阳国志》记载,古蜀虽亡,其人尚众。公元前314年,秦将张若被任命为蜀太守,仍在赤里设衙署,又移秦工匠和民众万家于成都。唐人卢求《成都记·序》称:秦惠王"封公子通为蜀侯,以陈庄为相。置巴蜀郡,迁秦人万家实之,民始能秦言。以蜀令张若为太守"。秦朝在移民中设立郡县制,在蜀民中实行"羁縻"统治。

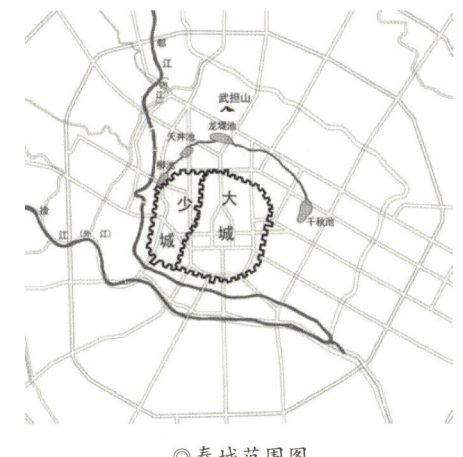

◎秦城范围图

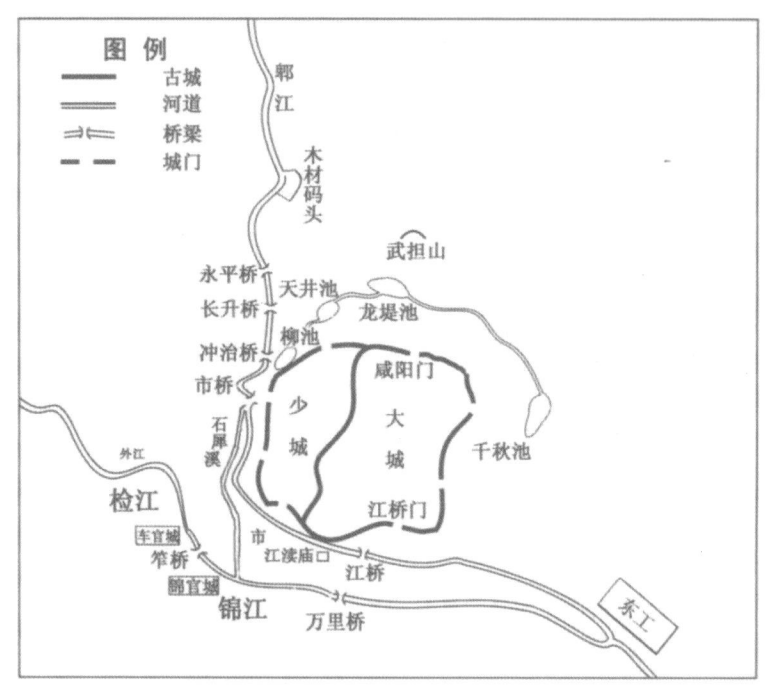

◎秦成都城略图（图源《成都通史》）

一、成都建秦城

公元前311年，蜀相陈庄使民修建成都城墙，从北郊和西郊取土，采用版筑，夯土垒墙，历时一年，于公元前310年完工。建成后的秦城一改古蜀先民因应地势、顺水脉、沿江布局的聚落形制，城池形状似龟，北近武担山，南括赤里，临郫江，俗称"龟城"。大城按秦都咸阳的城市布局和礼制来规划。墙周长12里（约4.94公里），最高处7丈（约17.1米），城墙下部为仓，上面建有房屋、城楼和射箭栏。城池东西各两道门，南北各一道门。大城内设有蜀侯（公子通）和蜀相（陈庄）的衙署。

成都平原阴湿，多云雾，日照稀少。秦大城的修建采取中轴线西南斜向东北，偏东约35度，旨在延长街道房舍光照时间。街巷布局也应成都两边山脉走向，利于季风顺街道走向吹拂。

秦并蜀后未筑大城前，蜀侯衙署及郡守当同在赤里，即今上南大街一带或其附近之里弄内。"里"有墙垣，可防卫，衙署暂时设在其中也符合常理。秦移民来蜀，筑若干里以居之，所谓赤里街，当是先为赤里之所在，后扩建为街。

此后不久，又在大城之西筑少城，仍从城北取土，版筑夯土建城墙。另一个说法是秦灭蜀之前，西边的少城就已存在。建成的少城东西狭，南北长。北部为县治衙署，设有令、宰官职，南部为商贾市集。《华阳国志》称，"内城营广府舍，置盐铁市官并长、丞"。少城作为大城之屏障，同时又在郫（今郫都区）和临邛（今邛崃）修建城池，与成都形成互为犄角的防御态势。

《太平寰宇记》卷七十二引《蜀王本纪》称，"张若徙置少城内，始造府县寺（官署）舍，令与长安同制"。少城置有盐、铁、市等官（机关）之长、丞，为商贾互市之经济中心，大城之屏障。

二、"龟城"

秦城又被称为"龟城"。龟在古代为灵物。《太平御览》引《成都记》称：秦张仪筑成都城，"屡皆倾倒。忽有大龟周行，随其所蹴而筑之，功果就焉，故亦号为龟城"。这当然是迷信传说，实际情况极可能是张仪借以命令调整城墙走向的托词。《成都古今集记》曰："初仪筑城，虽因神龟，然亦顺江山之形。以城势稍偏，故作楼以定南北。"长期以来都称张仪筑城，但《史记》等记载，张仪于秦惠王二十二年（前316）率军攻占巴蜀后，次年就返回关中。秦武王元年（前310），张仪在燕国，游说燕王归秦，返回途中，闻秦惠王去世，秦武王登基，因知道自己不为武王所喜，于是转而投奔魏国，次年死于魏国。

张若重修的成都秦城，虽为夯土城墙，并没有用墙砖，但仍旧十分坚牢，以至于1000多年后的1162年，宋代李石《秦城二绝》序还记载，文翁石室背靠的秦代城墙如崖壁，"虽颓圮，所存如崖壁峭立，亦学舍（石室）一奇观也"。宋代蜀太守范成大《北门马上》诗注称："少城，张仪所筑子城也。土甚坚，横木皆朽，有穿眼，土相着不散。"

三、城市徽章

1983年，成都三洞桥出土了一把战国时代的"巴蜀图语"铜勺，勺面饰有龟、鸟、鱼及另外两种图像。龟居中，左右两侧为蝌蚪式图形，上方左右两侧是鸟和鱼。五个

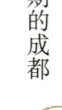

◎成都三洞桥出土战国"巴蜀图语"铜勺

图像的大小、比例跟所代表的实物不相称,摆放位置也不符合装饰性图案的美学要求。图案中,龟最大,显然是要强调龟的位置和意义,应是指成都大城。

战国时期,成都的青铜制品和漆器上常见的被称为"巴蜀图语"的图案符号可能是代表国或族群的图腾。在中世纪欧洲,城市有徽章,家族也有徽章,意大利的家族徽章常画在厨具木铲上。三洞桥出土的铜勺上的图案,极可能就是成都最早的城市徽章,包含了成都城市及蜀人起源的历史传说。龟象征龟城成都,或许也指鳖灵(开明)王朝(春秋战国)时代,鱼和鸟图腾分别代表传说中的鱼凫王朝和杜宇王朝。

四、成都的得名

成都建城定于何时,争议颇大。一种说法把宝墩古城作为成都城市的起源,另外一种说法把金沙作为成都建城的开端。金沙遗址是不是一个"城市",至今都还非常模糊。首先,金沙遗址迄今没有发现城垣,也没有看到作为一个城市基础的经济活动所必需的大型市场的存在;其次,金沙时期还没有产生文字,城市文明的基本状况就难以见到;最后,金沙从公元前8世纪前后就已衰落,乃至废弃,直到20世纪60年代仍然是一个离成都古代护城河内的市区几公里远的郊野。

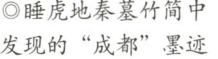

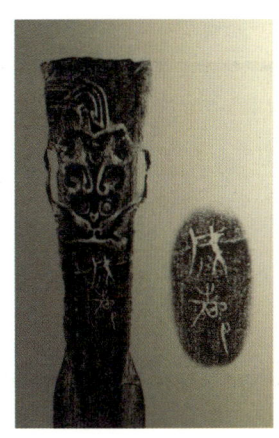

◎睡虎地秦墓竹简中发现的"成都"墨迹　　◎蒲江战国矛　　◎雅安荥经同心村船棺葬出土的战国柳叶状矛，虎首前端的骹面阴刻铭文"成都"

陈庄、张若两筑成都城池前，"成都"一词已经出现，所筑新城亦被称为"成都"。成都是如何逐渐演化成一个"城市"，至今仍不十分清楚。"成都"极可能是由市场聚落逐渐扩展演变而来的。公元前367年，开明九世把王都从郫邑迁到成都前后，郫江流经成都西南的十二桥、青羊宫和城南的这片河岸区域应有许多集市或草市。不少商家在商品上写上产地，在古代，没有城墙的市邑亦称为"成市"，这可能是那时的商品标写"成市"的情况。另外，集市（草市）管理者也常在商品盖上"成市草"的印戳。

有学者认为，成都是古蜀国的成侯对自己居处的称呼。《山海经》载："大荒之中，有山名曰成都，载天。"由川西高原搬迁到平原的蜀人把自己的都城称为"成都"顺理成章。另有学者认为，古蜀国没有发展出文字，"成都"二字是北方中原人用华夏文字对蜀语"成都"的音译。"成都"的"成"字是蜀人自称，含义为高原人；"都"则表示"地方""地域"，因此"成都"在古蜀语含义中是"成族人，即蜀族人的地方"的意思。

蜀王开明极可能就是看中这个地区繁荣旺盛的商业集市，才于公元前367年把国都从郫邑或者广都迁至此地。司马迁《史记·五帝本纪》描述城市的发展为"一年而所居成聚，二年成邑，三年成都"。宋代乐史的《太平寰宇记》称，"成都县，汉旧县也。蜀以周太王从梁山止岐山下，一年成邑，二年成都。因名之曰成都"。先秦时，川西平原中心城市一直在广汉三星堆、金沙、郫邑、瞿上和广都之间迁徙，最后定于

◎漆木器中的"成亭"字样

图中一、三为四川荥经县出土漆器铭文,二为四川青川县出土漆器铭文,四为云梦睡虎地秦墓出土漆器铭文,五为马王堆一号汉墓出土漆器铭文,六为凤凰山八号墓出土漆器铭文

现成都市中心位置,恐与此地商业的繁荣和临河(郫江)交通便利有关。从世界范围来看,古代城市多起源于交通要道口聚落,商业荟萃之地,或者军事重地。成都城市最初的聚落显然不是作为军事要塞,而是由商业聚居点和交通便利点发展起来的。

秦国兼并巴蜀修建成都城墙后,"市张列肆",在城市划分设置不同商品交易区,并由"亭"吏管理。"亭"对所在地工场产品的质量负有监管责任,对合格产品往往盖上印戳"成亭",同时亦规定商品价值超过一个钱以上,须明码标价。

战国至秦代成都地区制作的许多漆器都能发现印戳"成亭""成市草","成市"即指成都,"草"与"造"同义。在战国后期出现的兵器(青铜矛、戈)、漆器和文献(如《吕氏春秋》公元前239年)中,"成都"造印戳标识显然因得到认可而被广泛使用。

五、都江堰水利工程

公元前310年、公元前301年和公元前285年,蜀侯多次反叛。秦朝廷于公元前285年废除蜀侯,改蜀国为蜀郡,实行郡县制,由秦朝中央政府委派官员对成都实施管辖。川东原有平都(丰都)、枳(涪陵)、江州(重庆)、垫江(合川)、阆中等都邑。秦并巴蜀后,将巴、蜀分别置为巴郡和蜀郡,不久又分巴、蜀,置汉中郡,三郡之下,共置41县。秦国占领巴蜀的一个战略构想是便于伐楚。公元前280年,秦将司马错聚"巴蜀众十万,大舫船万艘,米六百万斛,浮江伐楚"。公元前273年,秦楚结束长期对峙局面。

秦并巴蜀给四川带来深远的影响。秦朝廷不仅为巴蜀带来华夏语言文字,还推行井田制,将秦国和中原先进的农业生产方式引入巴蜀,同时系统地向巴蜀转移秦国和华夏中原发达的百工技艺,迁徙1万余名工匠到成都,极大地促进了巴蜀手工业技术的发展。秦廷主政成都的官员从张若到李冰都目光远大。张若为成都修建了城垣,李冰则在成都平原开始大规模的水利建设。

岷江从川西高原一路奔流而下,至灌县(今都江堰市)进入平川地带,泥沙极易淤积;此外,成都平原水流不均,西边常洪水肆虐,东边却缺水。李冰于公元前273—前245年接任蜀郡太守后,立即在灌县开始兴建都江堰水利工程。他组织民工在岷江出山处筑起一条纵向的分水大堰,称为"鱼嘴",把江水分为内、外两股,堰西面的为外江,是岷江的主流;堰东面的为内江,作为灌溉东面田地的总渠。李冰又命人凿出宝瓶口,将内江分为两支,一支偏南,一支偏北,两江各有路线,最终从成都城南流过。

李冰对都江堰水利的改造顺应自然,而不是破坏性地改造自然。他不是修筑大坝阻断河流,而是修建一个低矮分水坝(飞沙堰),以四两拨千斤的方式巧妙地分流泄洪。洪水来临时,部分水会漫过江中的飞沙堰堤坝,进入外江,流入成都平原的水量就不会增加许多;另外,因通向内江的宝瓶口较窄,水也会顺势流向更宽的外江。在修建宝瓶口时,他也巧妙利用弯道,让上游冲刷下的泥沙在弯道减速而沉淀下来,缓解了泥沙堵淤水道。都江堰及其灌溉渠的修建使成都平原"水旱从人,不知饥馑",成为"天府之国"。百姓后来修建"二王庙"祭祀李冰父子,怀念其造福桑梓的功劳。

公元前249—247年,李冰又使郫江和检江(流江)自成都城西南流过,还开凿一条人工河"石犀溪"连接二江。同时,他还命人拓宽都江堰渠首到成都城区的河道,方便大木船航行。《华阳国志》载:"冰乃壅江作堋,穿郫江、检江,别支流双过郡下,以行舟船。"成都由此成为川西商贾互市的中心和运输枢纽。每年还会有从岷江上游砍伐的大量木材和竹子漂浮而下,顺内江(柏条河)在九里堤附近上岸,为成都提供了丰富的木材。李冰还命人在成都西边和南边的二江上建造七座桥梁,以方便交通。

城南的万里桥(现南门大桥)是成都通往南面和东面的交通要道,也是2000多年来成都最著名的桥梁。此桥长约34米,宽5米许,离水面约10米,为七孔桥。

◎ 都江堰鸟瞰

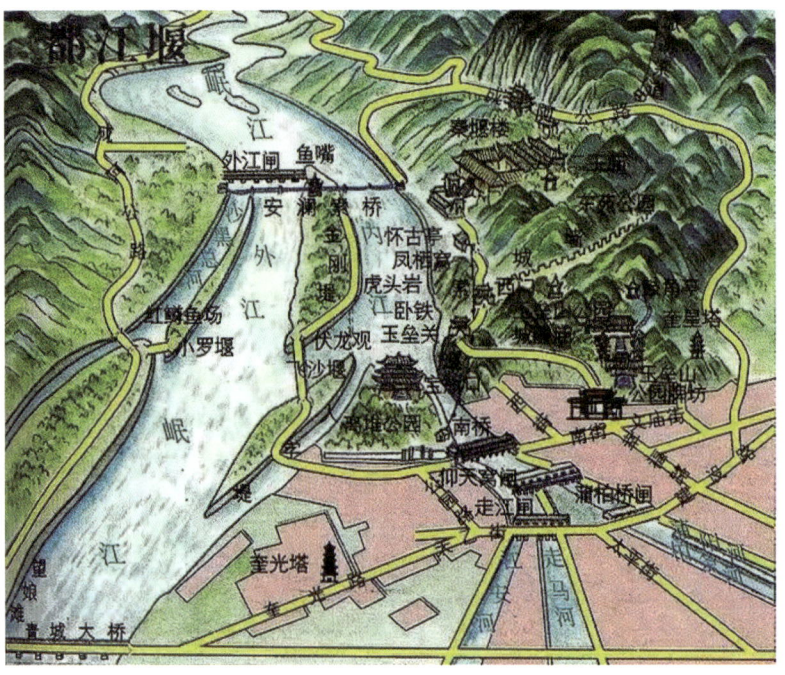

◎ 都江堰水利工程

1988年维修南门大桥时发现：西侧桥基下有数百根圆木桩和数十件条石和石板，以及一些铸铁熔块和秦汉时期的砌砖等，应为当时桥梁之基础。拱桥下的基石还可见成排的木桩孔洞，显示此桥始建时为在石墩基上钻孔、以立柱支撑木板的平桥。

六、蜀郡东工

秦治成都早期，在现在合江亭至九眼桥一带的江北岸，创建了一个受朝廷和郡府双重管辖的大型手工业作坊，名"东工"，生产朝廷和地方官府所需物品及军工品，包括陶器、兵器、漆器等。东工有工匠5000多人，其中冶铜工匠2000多人。工室内，无论是铸铜、铸铁、治漆、织锦，还是木工、制陶都大量使用官奴和犯人，生产成本相对较低。工师的生产遵照朝廷规划。《秦律》规定：无朝廷命书，擅自制作其他器物，工师、丞各罚二副铠甲。

1987年四川青川出土的"吕不韦戈"是迄今发现最早的蜀郡"东工"产品，也是至今保留有"成都"城名的、有明确年代的最早器物。这件戟的督造者为朝廷的相邦吕不韦，蜀郡太守"宣"、东工负责人"文"、工师副手"武"、工匠"极"四级人员负责制造。蜀制青铜剑、矛、觚的合金成分中有微量磷元素，而且在表面镀锡，寒光闪闪。

 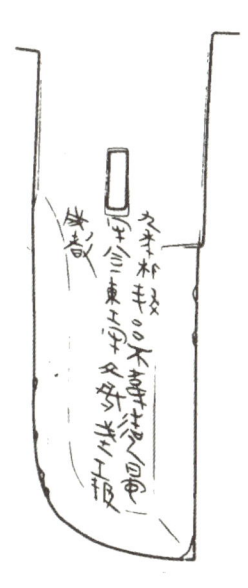

◎吕不韦戈，广元青川出土，正面刻铭"九年（公元前238年）相邦吕不韦造蜀守宣东工守文丞武工极成都"；背面铸文："蜀东工"

第七章
汉代成都

◎郫县宴饮浮雕石棺（成都博物馆供稿）

公元前206年，秦朝灭亡，项羽尊楚怀王为义帝，自立为西楚霸王，分封18个诸侯王。刘邦被立为汉王，都南郑，领有巴、蜀、汉中共41县。同年八月，刘邦用韩信明修栈道、暗度陈仓之策离开南郑，平定三秦，打败项羽，建立汉朝。公元前115年，汉武帝开发西南，派遣大批军队来成都，并重筑成都城，将秦代少城、大城全部包括在内，还向北、向东扩展，形成"都门二九，四百余闾。两江珥其市，九桥带其流"的景观。两江清水上有浣花桥、青羊桥、笮桥、万里桥（宏济桥）、万福桥、清远桥（北门大桥）、濯锦桥（东门大桥）。

公元前106年，汉武帝在全国设置13个刺史部，四川属益州刺史部，刺史部治在成都。东汉时期，益州的治所一度设在雒县（广汉）。公元191年，益州牧刘焉又把州首府设在绵竹；公元194年，州治再迁回成都。

◎成都东汉陶楼

◎成都双流黄佛乡出土汉代谷仓

◎成都武侯祠街出土陶井

汉代成都织锦业极为发达，在城南筑锦官城，并设锦官，成都因而被称为"锦官城"和"锦城"。文翁任太守时，扩大都江堰灌区，穿湔江，灌溉繁田一千七百顷。物产丰饶的成都此后被称为"天府"。西汉时成都人口40余万，为全国六大都市（长安、成都、洛阳、邯郸、临淄、宛）之一。"少城"为成都的商业区，有商店、货摊，货品堆积如山。汉代成都的文化艺术达到很高的水平，司马相如、扬雄、王褒是全国著名的文学家；画像砖和石刻画造型洗练，为中国古典绘画艺术精品之作。

一、画像砖里的成都

◎成都曾家包汉墓出土宴饮画像砖拓片

从出土的汉代画像砖可以管窥当时成都的景象。画像砖是秦汉以来建筑装饰的构件。秦代画像砖多用模印和刻画制成，形状为四五十厘米宽的空心或实心的扁方砖。秦至西汉初期常将画像砖用于装饰宫殿衙舍的阶基，西汉中期以后将其用于装饰墓室壁面，东汉画像砖艺术发展到鼎盛。艺术造诣最高的成都实心画像砖，画面空间构图完整，带有很强的写实主义风格，代表作有弋射收获画像砖和轺车画像砖等。汉代制作的陶屋也显示出相当的写实性。

◎酒肆歌舞画像砖拓片

◎酒肆画像砖拓片

二、"文翁化蜀"

汉代，蜀地为边陲，文化滞后于中原。为改变这种落后状况，蜀郡太守文翁（公元前187—前110）于公元前143—141年在城南设文学精舍讲堂，发展教育，并培训地方官吏。入学者免除徭役，成绩优良者可补郡县吏。石室创立不久即以学风卓荦、人才辈出而名冠西南。当时，蜀人司马相如等游宦京师，以文辞显于世。文翁"崇教化、兴学校"，四川的文化教育得到很大发展，文风大盛，"比于齐鲁"。汉代班固评论说："至今巴蜀好文雅，文翁之化也。"公元前124年，汉武帝下令全国效仿文翁兴办地方学府。

公元前2世纪前后是成都文化发展的高峰期，出现了司马相如（前179—前118）和扬雄（前53—18）这样的汉赋大家。司马相如以自己对辞赋审美意象的领悟、论述和创作实践，影响了汉赋的发展。班固、刘勰称其为"辞宗"。

◎文翁石室想象图

◎曾家包出土庄园画像砖拓片

三、司马相如

司马相如生于蜀郡，二十多岁做了汉景帝的武骑常侍，后为梁孝王宾客，写下著名的《子虚赋》，宣扬虚静为君之道。汉武帝读《子虚赋》后，被司马相如的才气打动，召此时已在蜀郡的相如进京，司马相如又作《上林赋》。公元前135年，汉武帝任命司马相如为中郎将，持节出使巴蜀。司马相如坐四乘马车，荣归故里，县令背负着弓箭在前面开路，蜀郡太守及属官到郊界迎候。司马相如发布《谕巴蜀檄》，采取恩威并施的手段，安抚了西南夷。现成都的驷马桥据说就是司马相如驷马车经过的地方。

赋是汉代间的主要文学体裁。汉赋深受荀子的《赋》、黄老思想、楚辞和战国恣肆之风的影响，表现出一种体物写实与神话想象相结合的审美情趣。某些汉赋直接以祭神和颂神为主题，个别汉赋涉及人鬼交通的题材。散体大赋常在铺陈叙事中暗喻神祇鬼物，骚体赋则在体物抒怀中追慕人神同游的境界。这种神话与现实交错，"穷山海之瑰富，尽人神之壮丽"的诗赋，艺术审美奇特。汉武帝初年至东汉中叶是汉赋发展的鼎盛期，也是大赋流行期。这时期的作品大都描写汉帝国威震四方的国势、都邑

◎司马相如引领"大赋"（汉代生活想象图）

◎曾家包东汉墓出土车马过桥画像砖拓片

◎扬雄

的繁荣、产品的丰饶、宫室苑囿的富丽、皇室贵族田猎和歌舞时的壮丽,属宫廷文学,意在为统治者"润色鸿业",有时作者也感慨身世,讽谕朝政。

司马相如是汉代大赋的奠基者和成就最高的作者。他深入探索辞赋创作的审美与表现形式,其辞赋斑斓多姿,极富魅力。《子虚赋》《上林赋》两篇以华丽的辞藻、夸饰的手法、韵散结合的语言和设问的形式,歌颂汉帝国大一统的权势和天子的威严,铺陈宫苑的壮丽和帝王生活的豪华;对诸侯、天子的游猎盛况,作了极其夸张的描写。后来一些描写京都宫苑、田猎、巡游的赋大都模仿其意境,却始终难以超越。扬雄评论说:"长卿赋不似从人间来,其神化所至邪!"

郫都区出生的扬雄是蜀郡著名哲学家,人称汉代的孔子和孟子,也是巴蜀汉赋的大家。他的《甘泉赋》《河东赋》《羽猎赋》《长杨赋》四篇在思想、题材和写法上模仿司马相如的《子虚赋》和《上林赋》,但赋中的讽谏成分明显增加。扬雄的《解嘲》是一篇散体赋,描述他不愿趋附权贵而自甘淡泊的生活志趣;赋纵横论辩,善为排比,对后世述志赋颇有影响。扬雄的《逐贫赋》和《酒赋》表达了他甘于贫困,鄙视"贪富苟得"的志趣,对皇帝、贵族多有讽谏。扬雄撰写的《蜀王本纪》在描述巴蜀远古历史时把历史事件和传说以及神话混在一起,缺乏考证和实地调查。

四、蜀郡西工

两汉在蜀郡、广汉郡设有工官,蜀郡工场称"西工"。王莽时期,蜀郡西工改称成都郡工官。东汉时期,恢复原称。蜀郡工官和西工均设在成都西郊。汉西工较秦东工规模大,工人上万。青羊小区、抚琴小区、白果林小区近年来发现有不少汉代陶井圈,可能就是当时西工的遗迹。

两汉工官生产各种产品,如兵器、车辆、漆器、铜鼎、铜镜、铜书刀、铜壶等。工场内部劳动分工很细,漆器制造就有画工、上工、黄涂工、清工等,实行流水作业,每人负责一道工序,完工后需签字,实行所谓"物勒工名"制度,以保证质量。当时成都的漆器制造特别发达,光洁亮丽的漆器不仅被用作摆设工艺品,还是千家万户盛

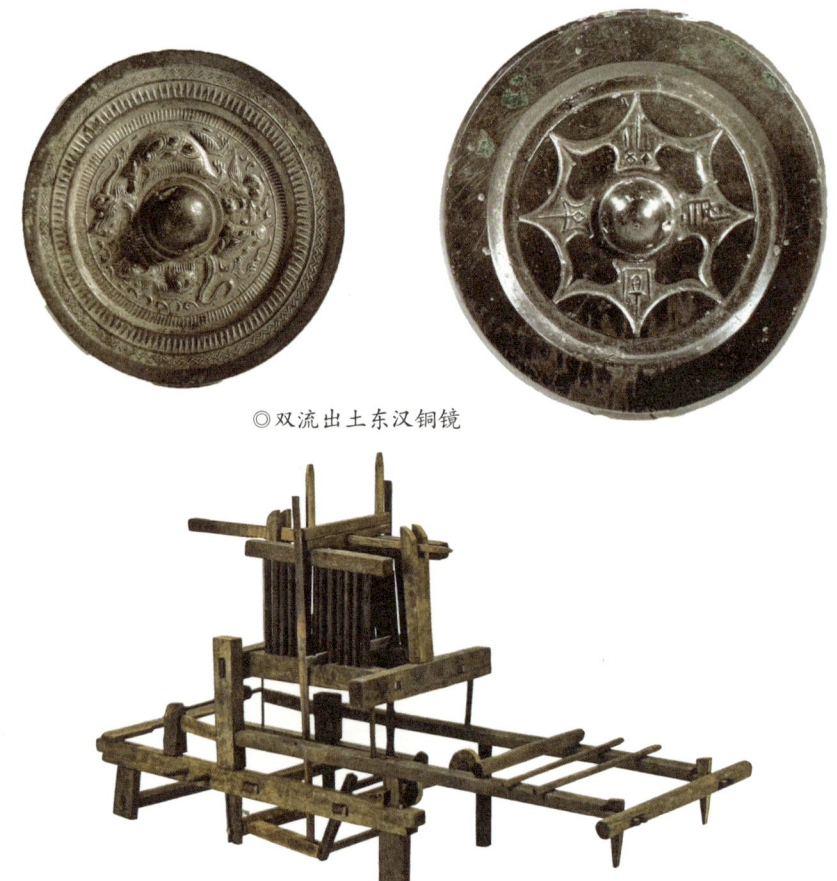

◎双流出土东汉铜镜

◎老官山汉墓出土提花木织机模型

◎金牛区大湾汉墓出土西汉晚期铜樽

◎东汉蜀郡西工造铜斛

◎金牛区大湾汉墓出土铜扁壶

放食品、金银首饰、针线等的器皿。

西工的产品甚至销往外地。朝鲜出土了一大批两汉蜀郡工官生产的带铭文的漆器。20世纪50年代在贵州清镇平坝汉墓中也出土了西工生产的漆器；1972年在邯郸出土了一件成都造的鎏金铜酒樽承盘，铭文显示为建武二十一年（45）造；1978年，徐州铜山汉墓出土了一柄公元77年蜀郡生产的109厘米长的钢剑。成都的丝织业也特别发达，蜀锦行销国内，远销朝鲜等地。蜀锦也是上贡的珍品。

当时的成都是中国一个重要的制造业中心。成都附近的临邛生产生铁、铁工具和兵器。当时，马车是社会身份的象征，使用非常流行。马车的种类有轺车、施耳轺车、骖驾轩车、斧车、辎车、棚车、处士车等等。马车的广泛使用，促使官府把凹凸不平的小道拓宽为平坦的大道。

早在张骞打开通往西域的北方丝绸之路以前，西南先民们就已打通了成都至滇东

◎成都汉代画像石织工

◎荆州凤凰山汉墓出土漆器

◎朝鲜乐浪王盱墓出土蜀郡西工造漆盘

◎广汉西蜀造作铜镜

的"五尺道"。这条丝绸之路从蜀地南出，经邛崃、荥经、汉源、西昌、会理，过金沙江到大姚，抵达叶榆。由大理继续往西，经永平、保山，由腾冲出境入缅甸，再经孟加拉湾，进入印度洋航道，称"永昌道"，是中国西南与西欧、非洲、南亚交通线中最短的一条线路。《三国志》裴松之注《魏略·西戎传》说罗马帝国"有水通益州"。

◎汉代织机模型

英国学者哈维（G. E. Harvey）的《缅甸史》说，中国以缅甸为商业通道，循伊洛瓦底江为一道，循怒江为一道，尚有一道循亲敦江，经曼尼普尔，乘马三月，至阿富汗。商人在其地以中国丝绸等名产换取缅

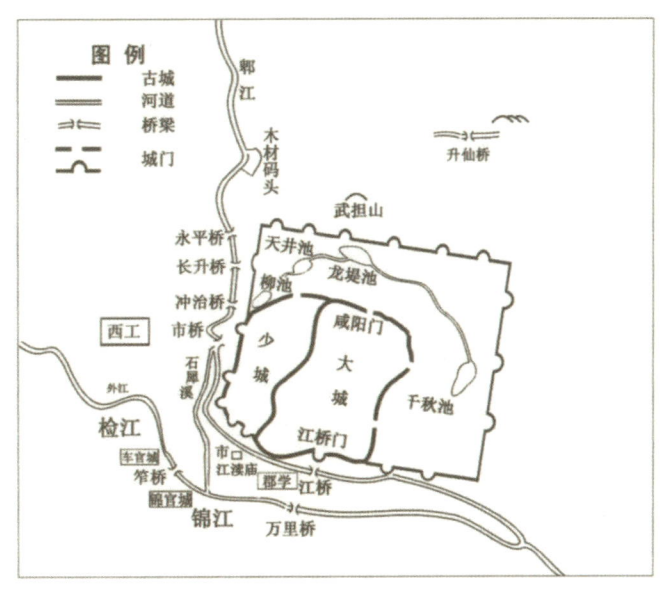

◎汉武帝时成都城略图（王小红绘图）

甸的宝石、翡翠、木棉，印度的犀角、象牙和欧洲的黄金等珍品。

五、道教的诞生

发源于巴蜀的道教，其信仰和实践与巴蜀原始神话有千丝万缕的联系。自三星堆和金沙起，巴蜀文化就表现出一种强烈的自然神崇拜和鬼神观念。《山海经》记述了大量巴蜀神话故事。汉代，整个社会迷信成风。《后汉书》说："汉自武帝颇好方术……王莽矫用符命……光武尤信谶言。"各地出土的画像砖、漆器、铜镜上有大量神仙图像以及候神、迎仙、求药等活动的图画。百姓对神仙方术和巫术深信不疑，《后汉书》甚至记载了樊英含水扑灭成都市火、费长房役使鬼神、左慈变出鲈鱼等诡异故事。

川西今文经学的风气也盛，黄老道术甚为流行，为道教的经文传统和实践方式的创立准备了条件。扬雄以巴蜀眼光审视黄老哲学和儒家思想，写下《太玄》一书，将源于老子之道的"玄"作为最高典范，以此构筑宇宙生成图式。他把"玄"解释为螺旋式"轮回"，认定"玄"是自然规律，同时又糅合儒家思想，运用阴阳、五行思想及天文历法知识，以占卜的形式，解说世界。他的"人之性也善恶混。修其善则为善人，修其恶则为恶人"的观念奠定了道教修行思想的理论基础。

◎严遵墓地附近的平乐寺

蜀郡道教哲学的另一位先驱严遵（严君平，公元前87—约公元10年），隐居成都市井（今君平街），以卜筮看相为业，宣扬老子道德经，劝人抛弃妖教。凡有邪恶非正之问，严遵即依蓍龟言利害。与人子言依于孝，与人弟言依于顺，与人臣言依于忠，各因势导之以善。后来，他在平乐山设馆授徒，宣讲《老子》《庄子》，并撰写《老子注》《老子指归》等黄老著作，使老子的道家学说更加系统化、条理化。严遵91岁仙逝，传说葬于平乐山。

仙逝川西的张道陵是道教创教的元勋。张道陵是江苏徐州丰县人，入太学时，熟读五经、《道德经》。汉明帝（57—75年在位）时，张道陵任巴郡江州（重庆）令，但他志慕清虚，不久便隐居洛阳。公元80年汉章帝在洛阳举行白虎观会议，以图谶证五经，即用神学来诠释五经。汉和帝闻张道陵名声，赐其为太傅，但张道陵三诏而不就，乐在名山大川间访道求仙。

汉顺帝（125—144年在位）年间，张道陵"闻蜀人多纯厚，易可教化，且多名山"，于是与弟子入蜀，住在鹤鸣山。那时巴蜀巫教流行，巫师常借祀奉鬼妖聚众敛财，淫祀而害民。张道陵于是在鹤鸣山创正教"正一盟威道"，广收信徒，建立道教组织。教徒入教需缴纳五斗米为"信米"，以存"付天仓"备饥荒和"义舍"之用，故世人称其教为五斗米教。五斗米教尊老子为教主，奉《道德经》为教经。

张道陵分道徒为二十四治,设二十四祭酒管理,祭酒下面是鬼吏、奸令、鬼卒(新入教者)。张道陵规定:初入道的称为道民,能为道徒和病人作祈祷仪式的称为道士,信仰确立并能讲授《道德经》的称为祭酒。祭酒负责主持一治教务,天师为所有教区最高领导。又规定教众信仰元始天尊和太上老君;吉日祭祀祖先,祭灶神,并且内要慈孝,外要敬让,不得兴讼好斗、欺诈世人。

传说张道陵123岁时在四川苍溪灵台山升天。张道陵的孙子张鲁在汉末战乱之际占据汉中,建立政教合一的政权。张鲁提倡宽容和慈悲,对犯有罪过的人,仅施以修路之类的轻罚;同时在路上设义舍,放米肉,让饥饿之人量腹而食。建安二十年(215),曹操率军攻占汉中,张鲁不战而降,后被命北迁邺城,大批五斗米道教众亦随之北迁。五斗米道遂散布于三辅邺城等地。晋代,南方先后演化出了注重个人精神修炼的"上清派"和注重符箓斋仪的"灵宝派"。南方的天师道经过陆修静改造后称为"南天师道",北方的五斗米教经寇谦改革成为"新天师道"或者"北天师道"。

◎张道陵塑像

◎鹤鸣山道观

第八章
蜀汉成都

东汉末年，朝廷腐败，黄巾军起义。刘备自称中山靖王刘胜后裔，在叔父刘元起和商人资助下拉起一支军队，不久因军功而获官位。此时外戚和宦官争斗愈演愈烈，天下大乱，群雄并起。公元200年，刘备脱离曹操，投靠荆州牧刘表。209—219年，在诸葛亮、庞统、关羽、张飞、赵云、黄忠等文臣武将的辅佐下，刘备先后攻取荆州，占领西蜀，夺下汉中，打下蜀汉政权根基。

219年，东吴趁关羽北上攻取襄樊之际，袭夺荆州，杀害关羽。221年，曹丕篡汉建魏后，刘备在成都称帝，国号汉，史称"蜀汉"。同年，刘备为报孙权夺荆州、杀关羽之仇，留诸葛亮镇守成都，率大军4万征讨东吴。蜀汉军队在宜昌、夷陵附近与东吴展开决战。东吴将领陆逊以火攻击败汉军。兵败后，刘备于白帝城向诸葛亮托孤，223年驾崩。

◎蜀汉成都想象图

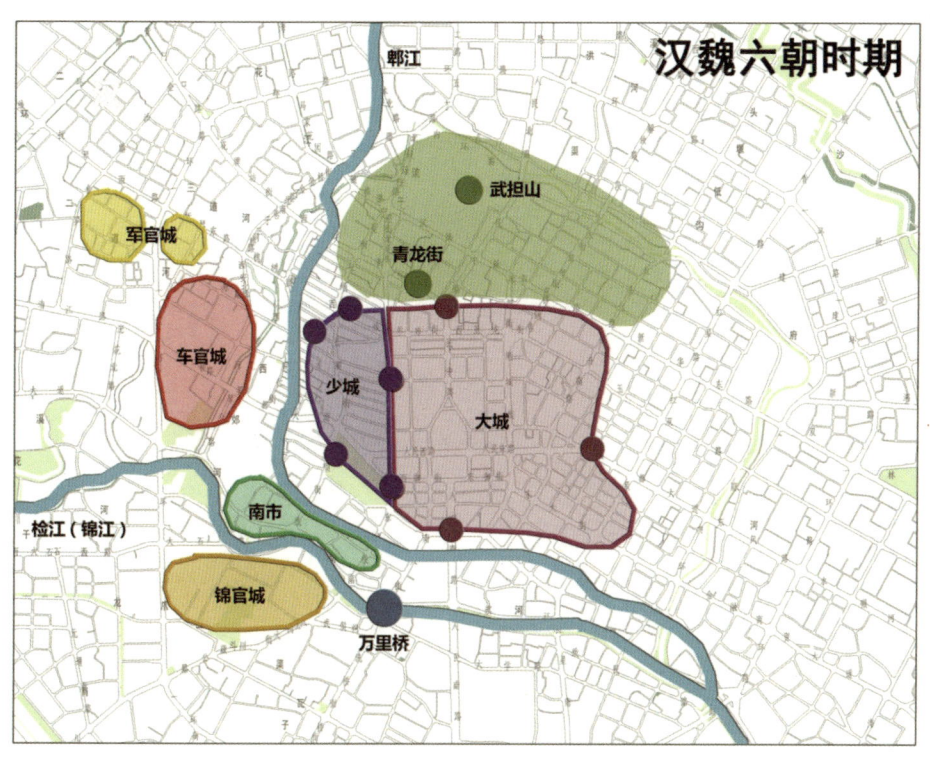

◎蜀汉成都（周波、赵薇可绘图）

224年，刘禅即皇帝位，"封（诸葛）亮武乡侯……领益州牧，政事巨无细，咸决于亮"。摄政后，诸葛亮"闭境劝农，育养民物"，推行礼法并施，威德并行的法治，劝善黜恶，蜀汉于是吏治清明，国富民强。

一、蜀汉军队

《后主传》称蜀汉有"男女口九十四万，带甲将士十万二千，吏四万人"，另有学者认为蜀汉有军队50万人，人口近400万。蜀汉军队多次南征北伐，疆域最大时涵盖现今四川、云南、贵州、陕西、甘肃南部、广西西北部及缅甸东北部和越南西北部，面积一度达到106万平方公里。

在如此广袤的疆域内活动的蜀汉军队，应是一支能征善战的军队。蜀汉继承了汉代工官制度，在成都建立工官作坊，生产威力强大的兵器，其中包括"元戎弩"（诸葛弩）。

秦代以来，西蜀士兵、民间和豪族武装都喜欢使用两矢或三矢齐发的连弩。《三国志》称诸葛亮"又损益连弩，谓之元戎，以铁为矢，矢长八寸，一弩十矢俱发"。8寸长铁箭头常被涂上毒药，"元戎"可同时或连续射出十支箭。两三张弓还能合成一支强弩，发射穿透力更强的箭，拉弓时用足蹬或绞车把弓弦拉开，扣在扳机上，强弩的射程据说可达百米以上。

三国中，魏国多骑兵，吴国水军强，蜀汉军队克敌制胜之兵种则为弩兵。蜀汉组建了一支3000人的铜弩营。对阵时，数千箭手齐射，阻杀效果极佳；撤退时，也常以弩兵埋伏狙击追兵。魏将张郃就是在追击蜀汉军队时中弩箭而死。

诸葛亮还设计了一个由步、弩、车、骑四个兵种编成的混合军阵，称为"八卦阵"，来应对以骑兵为突击锋芒的魏军。对阵时，为防止蜀汉步兵被魏军骑兵冲散，蜀汉军队用战车、木牛流马、盾牌和藤牌组成圆形外围防御圈，前面设铁蒺藜、拒马、鹿砦等障碍物，后置长矛手和连发弩手。

当敌骑兵冲锋时，弩兵万箭齐发；敌军靠近时，长枪兵依托战车抵御。八卦阵还按休、生、伤、杜、景、死、惊、开八门打开，让敌军冲入阵内。

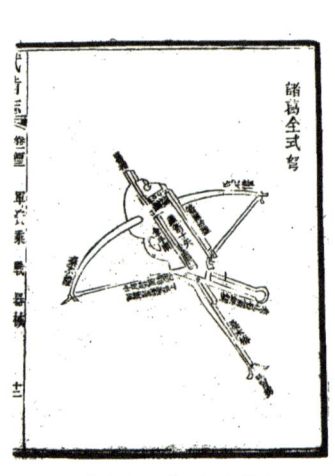

◎《武备志》载诸葛弩

◎蜀汉铜弩机，1964年郫都区晋墓出土，铭文"景耀四年二月卅日中作部左业刘纪业史陈深工杨安作十石机重三斤十二两"，即景耀四年（261），刘纪、陈深为督造官，杨安制造，弩张力十石（267公斤）

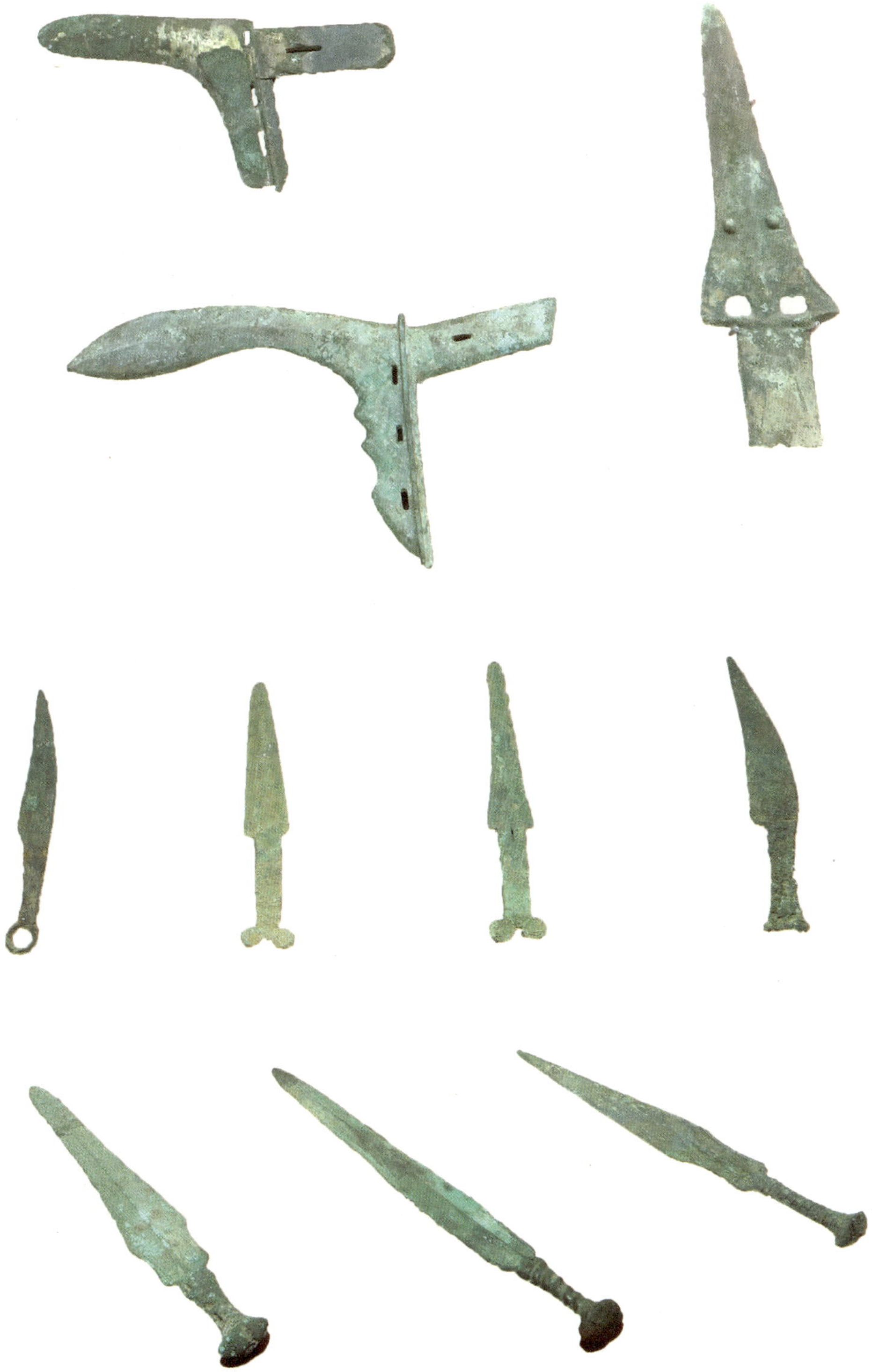

◎蜀汉兵器

第八章　蜀汉成都

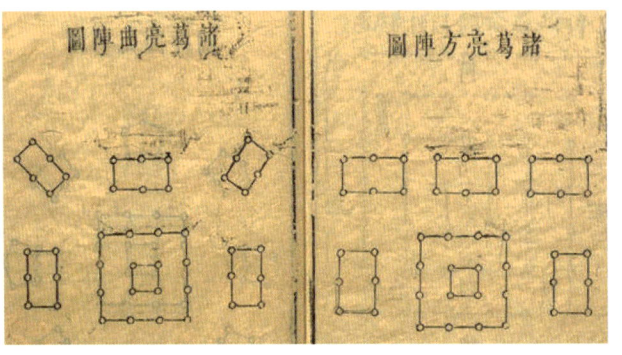
◎《武备志》载诸葛亮方阵图

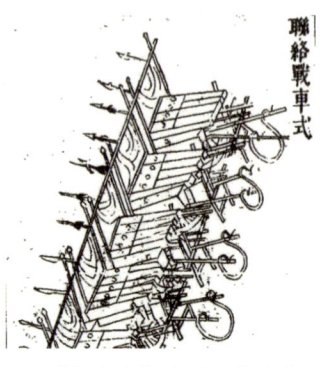
◎《武备志》载联络战车式

圆阵内部通道由长条形小型方阵阻隔而成,类似八卦图中的卦。每个小方阵外围由盾牌兵、藤牌兵护卫,内置长矛手、短刀手和弓弩手。中军统帅根据突入敌军的方位,以旗号调动方阵排位组合,开启或闭合通道,让敌军只能沿着布置好的和临时变换出的通道东奔西突,蜀汉军队则掩蔽在小方阵后,用长短兵器夹击。据说八卦阵的变阵有16种变法,其要义在于,面对敌骑兵冲击时,保持己方阵势稳定有形,在不被冲垮的同时,分割敌军,让其陷入设计好的局部包围圈,将稳固的阵型和依据战场形势灵活变阵相结合。成都附近的青白江现有一处疑为诸葛亮练习八卦阵法的大型沙盘遗址。

蜀汉在后勤运输上也有发明。成都平原远离甘肃和陕西的征战杀伐之地,进军路途多为山间小路,交通不便,运输物资极为困难。史载诸葛亮创制了一种称为"木牛流马"的运输车辆。木牛可能类似川人俗称"鸡公车"的单轮手推车,"流马"可能是一种人力推拉的双轮或四轮车。

◎蜀汉画像砖运输车辆(可能就是史书所传诸葛亮发明的"木牛流马")

《三国志》记载,"建兴九年,亮复出祁山,以木牛运,粮尽退军……十二年春,亮悉大众由斜谷出,以流马运,据武功五丈原,与司马宣王对于渭南"。

类似这样的发明仍然改变不了蜀汉军队的被动局面,战场远离富庶的蜀汉政权中心成都平原,即使从汉中发兵,也需翻山,顺河谷抵达战场时人困马乏,物资难以持久。因此尽管诸葛亮训练出一支能征善战的军队,却依旧无法取胜。诸葛亮六出祁山,多次北伐,攻打魏国,最后在五丈原"出师未捷身先死"。魏延和姜维继后担任蜀军统帅,也北伐未果。后期蜀汉的灭亡,除了后主昏聩、宦官干政,防御战略有缺陷也是原因。

二、工商业

三国时期,北方魏晋和东吴常为战场,蜀汉则相对安定,因此蜀汉经济发展较好,手工业的兴盛超过中原。左思《蜀都赋》形容成都为"万商之渊",店铺林立,货物如山。

四川铸造的铜钱对外出口。蜀铜钱虽受欢迎,但三国币制仍不统一,国家间贸易多以物易物。蜀汉与魏国和吴国的商贸以交聘、互市的形态存在。诸葛亮曾以川马、蜀锦作为和吴国交聘的礼物。魏国则通过市场交易蜀锦。

蜀汉继承了汉代成都的工官,另还有由郡府负责管理的次一级的工官作坊,生产武器和各种生活用品。江南东吴朱然墓曾发现大量精美的漆器,铭记"蜀郡作牢",显示蜀郡所产物品已销往魏、吴。甘肃天水出土的一面蜀汉铜镜,上书"章武元年作竟"。蜀锦驰名全国,远销吴、魏,是蜀汉财政和军费的重要来源。蜀亡时,国库尚存锦、绮、彩、绢"各二十万匹"。锦、绮都是技术含量很高的名贵丝织品,如此大的库存,显示了蜀汉丝织业的高度发达。成都城南万里桥一带,秦代即设锦官城。蜀汉时,此地丝织业更加发达,"百家离房,机杼相和"。肥沃的成都平原上桑蚕养殖繁盛,连诸葛亮家也种有800株桑树。

三、蜀汉的灭亡

诸葛亮死后,蒋琬、费祎和姜维先后主政,多次北伐。北伐使得蜀汉国力耗损巨大。263年,魏国反守为攻,进逼蜀境。姜维把魏国钟会大军阻挡在剑阁,魏国另一主将邓艾却率军从景谷道偷渡,迅速挺进到绵竹。诸葛亮之子诸葛瞻率军仓促迎战,兵败。魏军逼近成都,大臣谯周力主降魏。刘禅于是开城投降。在外的蜀军统帅姜维试图离间邓艾、钟会,以图复国,计划泄露,姜维、邓艾、钟会皆于战乱中被杀。

◎ 武侯祠唐碑

蜀汉灭亡后不久，遗臣南充陈寿撰《三国志》，记述蜀汉君臣结义、文臣武将智勇双全，以成都为中心刚演绎完的这场历史大戏。元末明初作家罗贯中又据此编写《三国演义》，使蜀汉三国故事不仅在中国，也在东亚文化圈闻名遐迩。60多年的蜀汉历史给成都留下了难以磨灭的印记，至今在成都仍有很多地名和遗迹与蜀汉时代有关，比如武侯祠、惠陵、衣冠庙、桓侯巷、九里堤、营门口等等。

◎ 武侯祠诸葛亮殿

◎ 武侯祠三义庙内

第九章
晋隋成都

266年，灭掉蜀汉的司马昭之子司马炎逼迫魏元帝曹奂禅位，建立西晋，定都洛阳。280年，西晋灭掉吴国，统一天下，东汉末期黄巾之乱到三国的96年动乱得以短暂结束。

一、晋朝和南北朝

291年，西晋出现八王之乱。内迁的诸少数民族乘机举兵，大举入侵西晋王朝，中原世族百姓南渡。316年，西晋被匈奴建立的政权所灭亡，北方从此进入十六国时期。在南方，琅琊王司马睿于公元317年在建业（今南京）称帝，是为东晋。

291年八王之乱期间，匈奴、羯、鲜卑、氐、羌、卢水胡、乌桓、巴氐及高句丽等少数民族举兵夺权。297年，李特率领关中流民南下汉中。302年，李特起兵，自称大都督、镇北大将军。第二年率军攻打成都，益州刺史罗尚拒守。李特在成都大城之北筑营垒，称赤涂城。李特不久病死，其子李雄先攻下少城，然后于304年攻下大城，在成都称王，国号"大成"。306年李雄称帝，建都成都。334年，李雄病死，其兄之子李班继位，不久，李雄之子李期杀李班自立。

◎浆洗街成汉墓出土陶俑

338年,李骧(李特之弟)之子李寿又杀李期自立为帝,改国号为"汉"。成汉统治者生活奢侈荒淫,人民受压制和徭役剥削极为深重。李寿之子李势继位后也大肆杀伐,蜀中百姓纷纷迁往云南或湖北。成汉据蜀40余年间,成都人口锐减,由汉代的7万户减到3.7万户,蜀郡人口由汉代的27万户减到6.5万户。李寿称帝时,成都郊区人烟稀少,不得不从其他城镇移入3千户。

346年,东晋桓温率兵入蜀,李势投降,成汉灭亡。桓温认为少城不利于大城的防御,于是命焚毁少城,拆毁少城北、西、南三面城垣,城内房宇仅留存孔明庙。

383年,前秦出动举国之师,意图消灭东晋。东晋在淝水之战中打败前秦。淝水战败后,前秦对北方的统治崩溃。荆州桓氏与东晋朝廷再度对抗。420年,刘裕取代东晋,建立刘宋,开启了南北朝(420—589)大分裂时期。

◎商业街出土南朝佛像

◎南朝万佛寺观音菩萨造像

◎南朝万佛寺释迦牟尼造像

◎西安路出土南朝佛像

第九章　晋隋成都

二、隋朝

581年，总揽北周军政大权的杨坚建立隋朝。582年，隋炀帝任命第四子杨秀为益州刺史。592年，杨秀再次以大将军身份镇守成都。成都此时"百姓繁庶，衣食丰衍"，蜀郡人口增至54万人，成为一座与长安、洛阳、丹阳（南京）、江都（扬州）和南海（广州）齐名的商业都会。城小人多问题变得严重，杨秀于是命人在大城西边，扩展西南隅和西北隅，囊括原来被夷平的少城区域。扩建后的隋城北达武担山附近，南已把原在大城之南的文翁石室包括进来。秦大城的西城墙被保留，因此从大城往西望去，城墙为两重，所以唐代薛涛有诗云"落日重城夕雾收"。

三、道教的发展

西晋时期，五斗米道发展成天师道，又分为利用符水治病的符水派，信奉金丹经和房中术的金丹派，以及主张顺应自然和无为的清静派。南北朝百姓遭受战乱及豪族欺压，信仰道教者激增，甚至还有利用道教组织起义的。例如孙恩和卢循组织的五斗米道信徒叛乱，晋朝廷用数十年才镇压下来。东晋中期以后，道教组织化加快，北方道教刻意功德及道规，南方则强化经法及义理。在佛教的影响下，道教加速吸收儒玄思想，当时炼丹术也十分盛行。葛洪综合神仙思想与道术以及炼丹说法，发展道教学说。他的《抱朴子》论述道教学说以及炼丹和养生之术。杨羲、许谧和许翙著《上清经》，后来发展成上清派，主张简化修行方法，贬斥房中术。葛洪和其孙葛巢甫著《灵宝经》，创立灵宝派，提倡简化修行，以符箓科教为主。该派也受上清派影响，主张"仙道贵生，无量度人"。

盛唐成都

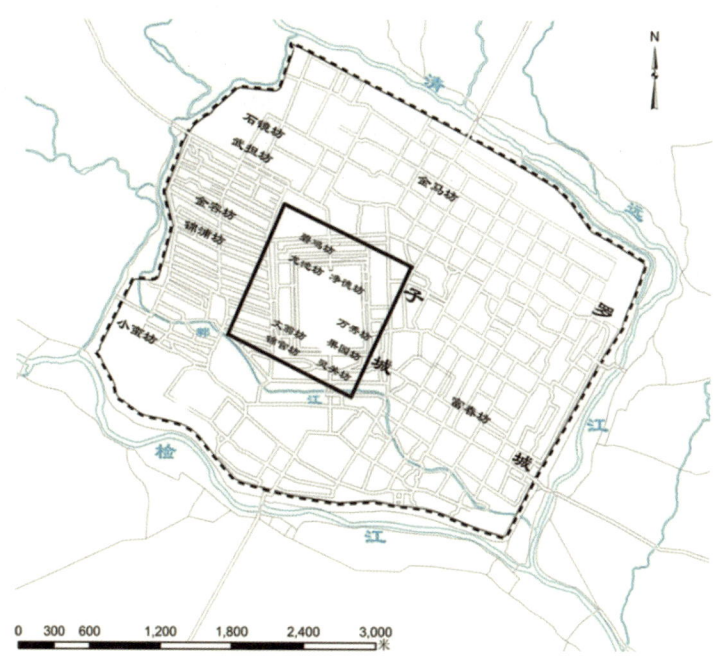

◎唐代成都城略图（易立绘图）

唐初，益州改名为剑南道。成都是"五京"之一，经济发展有"扬一益二"之说。758年，成都拆分，县东境改名华阳县，治所仍设在成都城内。益州也分为剑南西川和剑南东川，辖四川大部、云南澜沧江、哀牢山以东及贵州北端、甘肃文县等地区。剑南道（剑南西川）为唐朝的"要冲大郡"，"控带蛮落，扼戎限羌"，战略地位非同寻常，它同时又是唐朝财赋的主要来源之一。镇守官员多为唐朝宰辅之类大员。

一、明皇幸蜀

755年，安禄山叛乱，次年即进逼潼关。唐皇玄宗仓皇出逃，携皇亲、朝臣和御林军前往成都避难，途中玄宗迫于士兵压力，赐杨贵妃自尽。剑南节度副使崔圆中途迎驾，明皇于756年十月抵达成都，史称"明皇幸蜀"。

◎大慈寺山门

唐明皇在成都期间经常前往大慈寺烧香拜佛，大慈寺此时高僧云集，声名远播。此前的618年，年青的唐玄奘从长安来到成都学习佛教经论，4年后可能在大慈寺律院受戒，其后顺三峡，经荆州至长安，赴天竺取经。

唐玄宗赐书"大圣慈寺"匾额，拨款扩建大慈寺庙宇，钦点住寺的新罗王子无相禅师监督扩建工作。玄宗在城内礼佛，也到附近的道教名山青城山览胜。他到新津老君山，驻跸修觉山寺院，上青城山后驻长生宫。上清宫、延庆宫、上皇观等皆为明皇幸蜀时建造。成都北郊的一个小镇也因玄宗幸游而得名"天回镇"。传说757年九月，郭子仪收复长安，唐肃宗遣使来蓉奉迎父皇。唐玄宗此时正在成都城北这个小镇品四川美食，闻讯大哭，即刻起程北返。

玄宗返京后，李白根据自己青年时代对家乡四川的记忆，作诗《上皇西巡南京歌十首》，描述成都的盛景："九天开出一成都，万户千门入画图。""濯锦清江万里流，云帆龙舸下扬州。"

二、佛教文化的兴盛

佛教在公元前 2 年就传入了中国。公元 64 年,汉明帝刘庄派大臣蔡愔、秦景等人赴天竺拜佛求经。公元 67 年,两位印度高僧应邀来到洛阳。公元 68 年,洛阳修建了中国第一座佛教寺庙——白马寺。大约与此同时,佛教传入西蜀。

西郊的万佛寺始建于东汉桓帝延熹(158—167)年间,南北朝时期称"安浦寺",唐代称"净众寺",寺内有一千钧巨钟,因溪水声、钟声和涛声和鸣,时为风景名胜。

成都城内的圣寿寺建于晋代,到唐代有殿宇房舍 400 余间。大殿中有一口井,名曰"龙渊井",又有秦太守所凿石犀牛立于殿前,因而也称为石牛寺。位于北郊的昭觉寺被称为"成都福地",始建于唐贞观年间(627—649)。唐僖宗避乱成都时,曾

◎《明皇幸蜀图》

◎福感寺佛像

◎成都市内出土经幢

多次召昭觉寺住持修梦禅师讲经。昭觉寺鼎盛时期有300余间殿堂，仅次于大慈寺。寺院周边溪水淙淙，翠林繁茂，为成都著名风景区。

756年，唐玄宗避乱成都，为祈福，敕令扩建大慈寺，并赐田千亩。扩建后的大慈寺有96院，8542间房，大小铜佛、石佛数百尊，面积占据东城小半。因唐玄宗赐书"大圣慈寺"匾额，大慈寺便成为"南京"成都的皇家寺院。唐末，剑南西川节度使韦皋又在此修建了一座供奉普贤菩萨的大殿。普贤阁下的广场常有数千人听讲。

唐大中年间修建的安福寺，以十三级高塔闻名。陆游登此塔，有诗云"今朝上黑塔，千里旷无碍"。另一座有名的寺院金绳院，以栩栩如生的五百罗汉闻名遐迩。

唐代，大量僧人入蜀避乱。大慈寺高僧云集，讲经活动冠于全国。新罗国王族"金太子"无相西行到中国，在四川资州（资中）德纯寺学南宗禅法，后移住成都净众寺，创净众派。他的弟子无住，又创无住禅派。无住禅派曾远传青藏高原，影响了吐蕃佛教的发展。前蜀时，浙江诗僧禅月大师贯休定居成都。后蜀时，日本瓦屋能光禅师来到成都碧鸡坊，定居30余年。

成都佛寺的讲经百花齐放，包容开放。高僧知玄受镇蜀宰相杜元颖之邀，在大慈寺普贤阁讲经，听经者每天达万余人。南朝时，阆中僧宝海在谢西寺讲经，阆中僧宝

◎万佛寺遗址出土佛像雕塑

渊在罗天宫寺演说，资中僧智方在龙渊寺设讲座。这几位高僧都曾向金陵（南京）成实大师学习。宋代，大慈寺曾开长期讲座73个，吸引大量外地僧人慕名来此听经学法。著名僧人道因在成都讲《维摩诘经》，听众常千人以上。

三、高骈筑罗城

756—757年，玄宗幸蜀后，大慈寺大规模扩建，东郊日臻繁荣。785—805年，节度使韦皋于万里桥南创设新南市，又开凿解玉溪，由城西北引水经过城东大慈寺后入外江，内外二江合流处又建合江亭，成为送客宴饯之处。847—860年，白敏中主政，开凿金水河，由城西引水流经城中心，在东南与解玉溪合流入外江，沟通新旧市区，但新南市和东南新区仍在城垣之外。直到高骈扩筑罗城，包括合江亭、大慈寺、解玉溪在内的新区才被围入城中。高骈扩建成都城池是成都建城史上的里程碑事件。

秦城修筑后的1200多年中，成都城垣在西汉及隋代有两次扩建，均为夯土城墙，筑成未久即逐渐颓败。唐初以来，成都日趋繁荣，人口不断增多，原有的秦城早已容纳不下。在秦城的西、南、东三面城垣外，尤其是在城南的流江和郫江两岸，形成了新的居民区和商业区。

唐代后期，南诏和吐蕃处于强盛期，势力逐渐逼近成都平原。788年，吐蕃发兵十万，联合南诏兵数万，欲夹击剑南。韦皋以反间计劝退南诏军，并使吐蕃与南诏反目，分而击之。829年12月，南诏军队攻占邛崃，占领成都西郊的市桥，"留成都西郭十日"。撤退时，大掠子女、百工数万人及珍货而去。雍陶有诗《哀蜀人为南蛮俘虏五章》记叙了悲惨经历，其中《初出成都闻哭声》言："但见城池还汉将，岂知佳丽属蛮兵。锦江南渡遥闻哭，尽是离家别国声！"863—875年，南诏又数围成都。870年，闽南

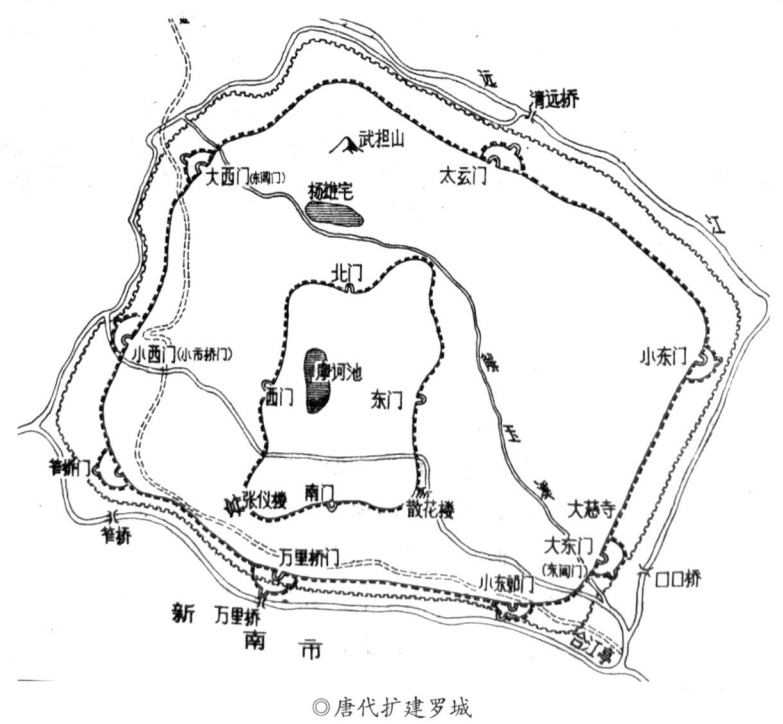

◎唐代扩建罗城

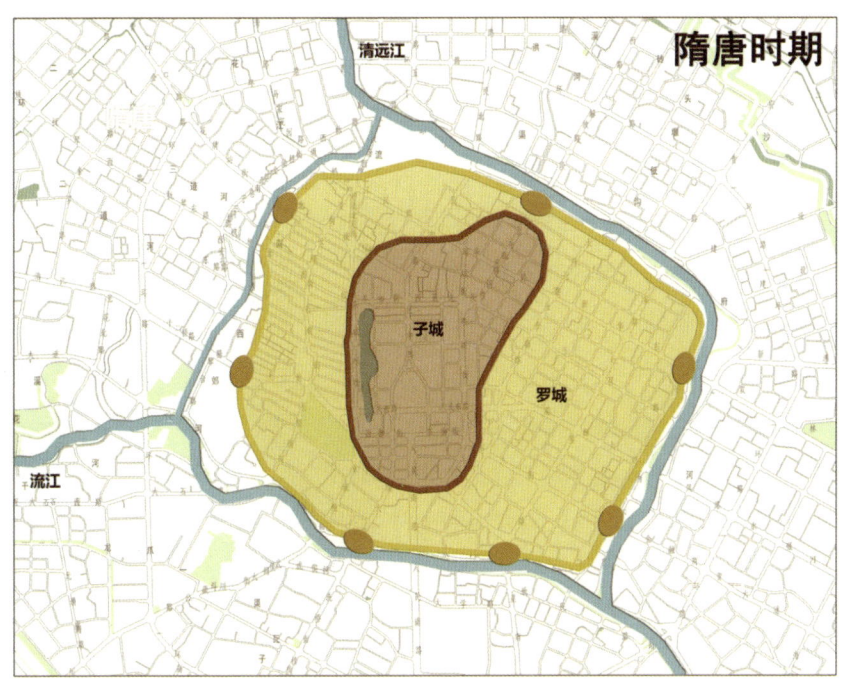

◎唐代罗城（赵薇可等绘制）

诏军将至，城外百姓逃入成都，城内拥挤不堪，饮水困难，最后只能将摩诃池泥水"澄而饮之"。874年，成都再次被南诏入侵袭扰，民争入城，节度使命焚毁城外民居，以阻止南诏军队盘桓于此。

南诏的军事威胁使强化成都城防迫在眉睫。875年，高骈被任命为西川节度使，次年，便向朝廷呈上《请筑罗城表》，请求重修成都城池。唐僖宗批准后，于876年8月开始修建。高骈任用僧人景仙规划新城建设，并在四川盆地南部大渡河部署军队，以防备南诏进攻对罗城工程的干扰。同时，他派遣景仙出使南诏，以和亲谈判迷惑对方。高骈还精心组织人力，合理安排工期，使扩建工程在短期内完工。

高骈每日从成都府八州十县抽调夫役十万，同时分段修筑，一个夫役干十天后轮换。他同时制定了严格的制度，"吏受百钱以上皆死"。高骈命从环城十里外取土，以保护耕地。夯土城墙由砖砌壁，所需要的砖石除新烧制，还大量使用历代的墓砖、旧建筑的砖石，甚至佛寺的塔砖。耗时3个多月，共计960万工，扩建的罗城在876年11月即建成。这是秦代版筑夯土城墙以来，首次用砖砌城墙。

近年来，同仁路、天仙桥南街、通锦桥等处都发现有唐代城墙遗迹。通锦桥附近的唐代城墙残长约170米，宽8~12米。墙体为夯土筑成，外包砖。城墙外侧地面用砖石铺成约1米宽的"散水"，以减弱城沿墙上流下的雨水冲刷墙基产生的力。城墙修筑时，先挖基槽，槽内筑一层夯土，再铺卵石和泥土层层夯筑。夯土城墙的两侧有小基槽，用于堆砌城墙包砖。

成都通锦桥的唐代城墙遗迹还有一个有趣的发现：唐城墙外是清代城墙的压脚石，由三合土上垒砌红砂石条铺成。

◎通锦桥唐城墙遗迹

高骈新修的城池，史称"罗城"，以秦城为核心，向四周扩张，面积约为7.3平方公里。城垣上面有城楼、通道，各种房屋共计5608间。在十道城门外，又筑半月形瓮城，以作护卫；城池的四隅设"曲角"，以便向外发矢。罗城奠定了唐至明清成都城的范围。

高骈还大力整治成都的水环境。此前的秦城城垣内缺乏河流，战时无法保障饮水，城市的污水处理也不善。秦城的北垣和东垣也缺乏护城河，削弱了成都城市的防卫能力。高骈于是下令将南流的郫江（内江）改道绕罗城的北缘和东缘，新开的"清流江"在城东南角和外江（捡江）在合江亭处汇合。他在罗城西缘也开挖了一条西濠，由此构成一条环绕罗城的护城河，极大地提升了城市的防御能力。

郫江故道在新城内由西北向东南流过，与之前开凿的解玉溪和金水河相连，成为城市内重要的饮用水源与排洪渠道。摩诃池、千秋池、万岁池、青龙池等都与城内水系相连。城内还修了一条西北至东南走向的排水主干渠，其采用双沟渠的结构，即在沟渠中央砌砖相隔，这条主要下水道历经五代、两宋的改建维修，到元代才被废弃。

近年来，在大慈寺江南馆街、东华门、文化宫等处都发现有唐代排水渠遗址。正科甲巷的排水渠，残长约19.2米，渠上宽1.64米、底宽1.14米，渠底为青灰色夯土硬面；排水渠与其他小型暗沟相通。鼓楼北一街文化宫5号地块也发现有唐代砖砌沟渠、大小天井基址、里坊遗址，以及一条宽约35米、长约60米的河道故址。

高骈还组织修建了两条城市主干道：一条连接大西门到大东门，另一条连接小西门至小东门。近来，在鼓楼北一街文化宫5号工地地下，发掘出一条3米宽的碎石小路，

◎鼓楼北街唐宋元房屋遗址（易立供图）

◎大科甲巷唐代排水沟遗址（易立供图）

◎正科甲巷唐代街坊遗址（易立供图）

下面是更早的宽11~12米的晚唐路基，这条路应为当时那条大西门到大东门的"北二环"的一段。

四、城市风貌

唐代城市以棋盘式街坊布局著称。成都考古研究院的易立借助文献和出土文物，确定了唐宋成都文翁坊、碧鸡坊、龙池坊、花林坊等34个坊的位置。碧鸡坊在城西北、武担山东南的金丝街一带，以海棠花景色著称。唐代女诗人薛涛、唐末当权宦官田令孜曾居住于此。到宋代，这里仍闻名遐迩，陆游写下了"碧鸡坊里海棠时，弥月兼旬醉不知"。范成大写下了"碧鸡坊里花如屋，燕王宫下花成谷"。文翁坊在子城南，与文翁学堂邻近，唐末五代达官贵人多寓于此坊。龙池坊的龙池即摩诃池之别名，此坊在子城内偏西北部，与摩诃池毗邻。富春坊在城市的东南角，是书铺、食铺、酒肆等娱乐场所所在地。

成都的里坊并非标准的四面见方。坊与坊之间没有封闭式坊墙，通常以纵横街道来区分边界，坊之出入口或有坊门、牌楼等标志性建筑。房屋院落沿大小街道两侧排列，多沿街开门。手工作坊或商铺常是"前店后坊"。房屋墙基为砖砌,墙体为木骨或竹骨泥墙,立柱下通常垫柱础石。房屋之间有水井和小型排水沟,雨水和污水通过这些小沟渠汇入主干沟渠。

成都在唐代是西南物资集散中心,是全国数一数二的商业中心城市,各种农副产品、盐铁、纺织品,外地贩运来的吴盐、香药、海货、奇珍异宝在这里集散。唐玄宗天宝年间,剑南节度使章仇创置南市;德宗贞元年间,韦皋在万里桥以南创置新南市,此处很快商贾云集,酒楼旅店繁多,成为旅游集散地。诗人张籍写道:"锦江近西烟水绿,新雨山头荔枝熟。万里桥边多酒家,游人爱向谁家宿。"肃宗以后,大慈寺附近形成东市,少城内的市场改称西市。僖宗年间,节度使崔安潜设置新北市。新北市有12条东西向街道,茶肆酒楼商铺栉比鳞次。

成都城市内外还有米市、鱼市、锦市、扇市、麻市、药市、七宝市等专卖集市。米市在城的东南隅。鱼市在万里桥南边、新南市的外围。这处鱼市到宋代仍旧很繁荣,夕阳西下时,桥边无数鱼篓中活鱼跳蹦。陆游描述说"万里桥边带夕阳,隔江渔市似清湘"。锦市在城的东南县境内。麻市在城南。大慈寺前有扇市、蚕市、花市和卖珠宝的"七宝市"。乾元观、龙兴观、严真观每年三月举办蚕市。三月初三开市的城北学射山至真观蚕市颇为有名。"春三月"蚕市是士绅官僚游宴行乐的时刻。道观蚕市也出售花、木、果、草、药、什物等等。

九月初九,城南的玉局观开药市,士庶云集,热闹非凡。彼时四川出产的药材占中国药材品种的1/3,外省药材也贩运入川。在水陆交通要道,或关津驿站以及城门附近有"草市",成都的六个城门之外"各有草市,置草市尉司察之"。草市、集市、商业街区构成了唐代成都万紫千红的商贸场景,支撑着这座全国闻名的繁荣都市。

◎唐代城市生活想象图(赵薇可等绘图)

◎唐代成都街市想象图(赵薇可等绘图)

唐代成都是一个当之无愧的园林城市，寺庙园林数不胜数：大慈寺、玄中观（青羊官）、万佛寺、宝应寺、菩提寺等。近来对通锦路3号遗址的发掘显示，万佛寺建筑宏大，园林精致，有堆山造石、人造水景。此外，唐代成都还有众多富商大贾的宅邸和私家园林。达官贵人多在自家穿池堆山，树花置石。唐太常徐卿的草堂"居少城北"，典雅清幽，"曲池荫高树，小径穿丛篁。江鸟飞入帘，山云来到床"。

杜甫寓居浣花溪时，营造了一个茂林修竹、草木掩映的幽静住处。杜甫草堂旁，有朱山人的水亭。"相近竹参差，相过人不知。幽花欹满树，小水细通池。"卢照邻在新都的春晚山庄也画意盎然。

五、经济繁荣

唐代，成都平原的水利建设得到进一步完善。高宗龙朔（661—663）年间，在都江堰东开百丈堰，引水以灌溉彭、益之田。武则天时，彭州长史刘易从引沱江水灌溉九陇（彭州）、唐昌（今郫都区唐昌镇）之田。玄宗开元年间，章仇兼琼在新津开通济堰引水南下，灌溉眉山、彭山等地田地。天宝年间，成都县令独孤戒盈在城南开官源渠。高骈筑縻枣堰，分郫江水绕成都城北流，再折而南，兼防洪与溉田。水利设施的兴建，荒地的开垦，间作和复种的推广，麻、茶、桑、橘等经济作物的种植，使成都平原成为当时农业最发达的区域之一。卢求的《成都记·序》称，成都的繁富"较其妙要，扬不足侔其半"。

◎新都出土唐代金杯

唐代，成都的织锦、造纸、雕版印刷驰名全国。成都是中国雕版印刷术的发源地之一。唐至宋，成都是全国的印刷业重镇，也是最早大规模使用雕版印刷术的城市，所印之书种类齐全，包括历书、史籍、宗教经籍、文学书籍、医书等等。国内现存最古老，也是世界现存最早的雕版印刷品《陀罗尼经》即出自成都。

成都平原竹木繁茂，河水清澈，成都的纸质量上乘。富有特色的蜀纸深受欢迎。成都产黄白麻纸是唐朝的官方用纸。唐朝廷规定，国家图书馆的藏书要用成都造的麻纸来抄写。集贤院的书籍文献规定也要用益州麻纸书写。四川每年要向唐朝廷送贡纸。成都产"广都纸"是民间和官方都爱用的纸张，公私簿书、文牒、契券等大都使用这种纸张。

诗人对蜀纸也特别喜爱。方千里在《夜游宫》词中说"但依稀，写柔情，留蜀纸"。成都还生产一种专为写信用的笺纸。周邦彦在《塞翁吟》中说"有蜀纸、堪凭寄恨"。

成都生产的锦、绫、罗等丝织品质地优良，是唐代皇室及臣僚珍爱之物，需求很大。"蜀绣"在当时为全国三大名绣之一，"蜀锦"是上贡珍品。玄宗开元、天宝年间，四川年贡春彩（精美的丝织品）十万匹。780年废除租庸调法，实行以实物折纳钱币为主的"两税法"后，剑南西川夏、秋两税半是以绫罗锦之类折纳。每年向朝廷进贡的丝罗锦数量很大。唐代诗人王建的《织锦曲》描述说："锦江水涸贡转多，宫中尽着单丝罗。莫言山积无尽日，百尺高楼一曲歌。"

晚唐诗人陆龟蒙在《记锦裙》中描述，一幅蜀锦裙织有飞鹤20只、鹦鹉20只，以及花卉、微云、流雾、春草古苔、远山流水等。唐中宗女儿安乐公主出嫁时，剑南西川献"单丝碧罗笼裙，缕金为花鸟，细如丝发，鸟子大如黍米，眼鼻嘴甲俱成"，巧夺天工。

六、僖宗避蜀

880年12月，黄巢起义军占领洛阳后，进取潼关，掌握军政大权的宦官田令孜挟持19岁的僖宗皇帝，带着皇子、嫔妃以及御林军数百骑，以出幸山南为名，溜出京城，仓皇踏上了入蜀的旅途。

881年，唐僖宗到达成都，一住就四年。避难成都期间，唐僖宗曾住玄中观。僖宗回京以后，下诏将玄中观改名为青羊宫，并赏赐库钱两百万。道士用这笔钱对道观进行了大规模的修建。

在成都期间，唐僖宗给杨玉环平了反，并积极部署剿灭黄巢义军。他颁旨给义武镇节度使王处存、河中节度使王重荣，鼓励他们对黄巢用兵，并供给他们粮草，同时笼络沙陀部的李克用率兵入援朝廷。朱温投降唐朝廷后，僖宗立即给予表彰，赐朱温名为"朱全忠"，进一步分化各地义军。最终，唐朝廷采用剿抚并用的策略，组织各地军队镇压下义军。884年6月，黄巢起义军撤离长安。885年，唐僖宗还京。

◎青羊宫唐王殿

第十一章 前蜀

880年唐僖宗在蜀避难时,汉中一支军队的都将王建因怕上司鹿晏弘加害,于是与同为都将的韩建率3000士兵到成都投靠僖宗。当权宦官田令孜收王建为义子,将其部并入神策禁军。田令孜失势后,王建外放,任利州刺史。在后来东西川的相互攻伐中,王建攻占成都,成为西川节度使,不久又攻占东川、汉中,以及秦、凤、阶、成等州。903年,王建受封为蜀王。907年,唐朝灭亡,取代唐朝的后梁派使臣向王建通告,王建拒不臣服,自立为帝,国号蜀,史称"前蜀"。前蜀鼎盛时疆域包括四川大部、甘肃东南部、陕西南部、湖北西部。前蜀历二帝,延续18年(907—925)。

一、王建兴蜀

前蜀建立后,成都从两川首府变为割据政权的京城。为了营造京城气象,王建依据唐朝官城体制,下诏"改堂宇厅馆为宫殿",称:"帝君之居,上应辰象,朝贡臻集,华夷会同。宫阙殿阁之深严,台省府寺之宏壮,须分名号,以美观瞻。"908年,王建按照都城的形制将子城改为皇城,节度署改为皇宫,并将摩诃池改名龙跃池,周边建延袤十里的宣华苑。

王建论功行赏,封授百官,向全蜀求贤,下诏要求各州府奏闻,并量材任用贤良之士、直言极谏之士、吏才和辞华出格之士。大臣许寂也上《求贤书》,希望王建"亲赐顾问",做到"官无败政,人无滞才"。前蜀此后荟萃大批贤能之士。《十国春秋》记载,加入前蜀统治集团的士人来自东西南北,各有所长,或善观形势,或明于律令,或善于文辞,或为官清直,或工于诗画,或长于天文、历法、佛、道。他们大多受到了王建礼遇。

◎永陵出土王建塑像

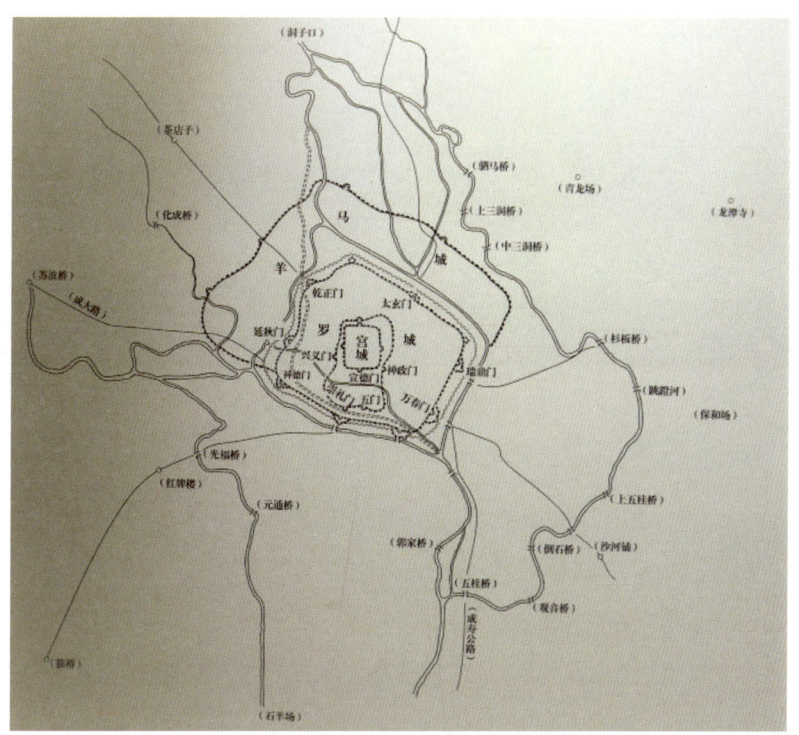

◎前后蜀时期的成都

王建任用唐末入蜀的文学家韦庄为相,"制度号令,刑政礼乐,皆庄所定"。史称"是时唐衣冠之族多避难在蜀,帝礼而用焉,使修举政事,故典章文物有唐之遗风"。王建又着手整顿吏治,抑制强横。他要求官员勤于职守,解决社会问题,促进经济发展和社会安宁,"不恃权,不行私,惟至公是守",对地方官还有更具体的要求。同时,他重视教化,在成都建立国子监,恢复各州县的学校与孔庙。在《武成诏》中,王建声称"国之教化……礼乐为本……崇之则化行"。

二、前蜀的灭亡

王建一生征战,60岁当上皇帝,918年去世,其子王衍袭位时仅17岁,继位后奢侈荒淫,营建宫殿,巡游诸郡,耗费大量财力,导致宦官弄权,太后、太妃卖官鬻爵,臣僚也贿赂成风,前蜀政治变得十分腐败。前蜀乾德二年(920)七月,王衍下诏北巡,从成都出发经汉、利、阆数州,历时5个月,沿途旌旗招展。王衍披金甲,珠帽锦袖,执弓挟矢,百姓望之,谓之如镇守都江堰的灌口二郎神。

前蜀国土以外,形势风云突变。后唐庄宗于923年灭梁后,即打算攻灭吴、蜀,

◎前蜀宫殿想象图（探秘院绘图）

统一全国。924年，唐庄宗遣李严使蜀，以刺探蜀中虚实。李严在蜀中了解到王衍"失政"，"知其可取"。925年九月，后唐庄宗李存勖下诏攻蜀，以魏王李继岌和枢密使郭崇韬统领全军，另命荆南高季兴自东面攻蜀。大兵将临之际，王衍却受王承休、韩昭等人怂恿，不顾太后及群臣劝谏，引兵数万赴秦州寻乐。至汉州（广汉），即得到唐兵攻来的边报，以为是臣下为阻止其出游而编造之言，不予置信。十一月，唐军进入大散关，前蜀凤州（今陕西凤县）、固镇（今甘肃徽县）守将相继投降；兴州（今陕西略阳）、成州（今甘肃成县）两刺史弃城遁去；三泉（今陕西宁强阳平关）为唐军攻破。唐军获得大量军需物资，士气大振。王衍率五万大军至利州，遣步骑三万迎战于三泉，为唐将康延孝击败。王衍自利州仓皇逃回成都。唐军所到之处，城镇或望风款附，或将士弃城而逃。唐军抵达成都城外时，王衍自知大势已去，遂与众臣一同抬着棺材，并且身绑荆棘，迎降于后唐。后唐庄宗李存勖假意下旨称会善待王衍及其家族，但等把王衍及降族押解出西蜀后，就在路上将其杀害。

◎前蜀宫苑想象图（探秘院绘图）

第十二章

后蜀

后蜀（934—966）为孟知祥（874—934）所建，鼎盛时疆域达36万平方公里，包括今四川大部、甘肃东南部、陕西南部、湖北西部。孟知祥是邢州龙冈（今河北邢台）人。唐末，孟知祥在晋王李克用手下为官，后娶李克用之弟李克让之女为妻。李存勖继晋王位后，任孟知祥为掌管机要的中门使之职，后又任太原留守。925年，后唐举兵灭掉前蜀，枢密使郭崇韬推荐孟知祥为西川节度使。灭蜀的大军名义上以魏王李继岌为统帅，但兵权却掌握在枢密使郭崇韬手中。后唐庄宗因猜忌处死了郭崇韬，蜀中于是大乱，孟知祥急驰入蜀，稳定了局势。

魏王引军北归途中，适逢洛阳发生兵变，庄宗被杀，魏王随即也自杀身亡。唐明宗李嗣源即皇帝位。孟知祥见中原混乱，遂产生了割据蜀中之意，开始整顿军备。明宗派人催促其将蜀中所余钱物上交朝廷，孟知祥拒绝，并处死了明宗派来的监军，然后与东川节度使董璋联合，对抗朝廷。唐明宗派军征讨，无功而返。

927年，孟知祥为了增强防御，在"罗城"外围，用了一个多月的时间，用土筑了一道羊马城墙。墙外还掘城壕一道，建门楼9所，白露舍5000间。与此同时，罗城四角也增筑了敌楼。

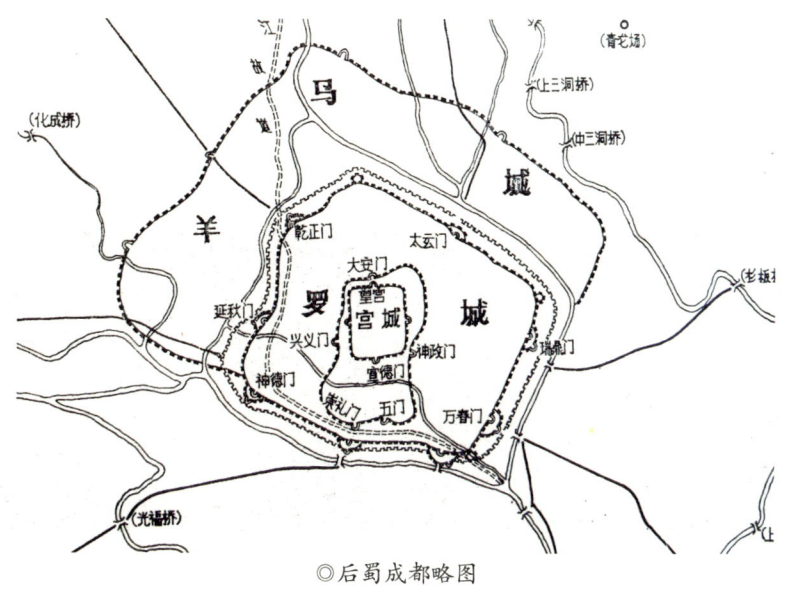

◎后蜀成都略图

一、后蜀兴衰

932年,孟知祥攻占了东川节度使董璋的地盘。932年唐明宗被迫授孟知祥为剑南东西川节度使、成都尹,933年又加封为蜀王。934年,孟知祥断绝与后唐朝廷的隶属关系,在成都称帝,年号明德,国号蜀,史称"后蜀"。半年后,孟知祥病死,儿子孟昶继位。

后蜀皇帝孟知祥夫妇合葬墓于1970年冬在成都北郊磨盘山南麓被发现。当地人长期以为这是一座古代砖瓦窑址,后因出土福庆长公主墓志铭及玉册残简,才确定是孟知祥墓。孟知祥墓被称为"和陵",系用青砖砌成;墓道长约2米;墓门为牌楼式石构建筑,刻有青龙白虎;墓室内侧两壁,画有彩绘男女官人像。墓室主室用青石砌成,直径约6米,高约8米,为一穹顶式建筑,两旁各有一间直径约3米、高约6米的耳室相通。主墓室中须弥座青石棺台5.1米长,2.7米宽,2.1米高,前后各有圆雕卷发力士5人。发掘时墓已被盗,仅出土残玉哀册、谥册,以及孟妻福庆长公主墓志铭。

孟昶(919—965)即位前就参与政事,被其父任命兼东川节度使。继位后,孟昶于朝堂杀死恃功自傲的功臣李仁罕,迫使老臣效忠。契丹灭后晋时,甘肃秦、成、阶三州归附后蜀。不久,后蜀又攻取凤州(陕西凤县),疆域始与前蜀相当。

治蜀初期,孟昶颇有励精图治之风,施行轻徭薄赋、鼓励农桑的政策,物产丰饶的天府之国很快就府库殷实。孟昶还废除苛法,写下著名官箴,颁布郡县,其中的一句"尔俸尔禄,民膏民脂。下民易虐,上天难欺",被宋太祖拿来作为警示,令各郡刻石铭文,置于官吏座前。

孟昶"好文学",鼓励艺术,后蜀于是开启了西蜀文化的一个辉煌时期。后蜀宰

◎孟知祥墓

◎和陵墓室石雕

相毋昭裔与赵崇祚，选出唐和五代500首词，编辑成册，取名《花间集》，定格了一个影响深远的文学流派。毋昭裔还出钱百万，营学馆，并奏请雕版刻印"九经"。孟昶欣然允诺，"由是蜀中文学复盛"。

数十年的太平盛世，连年的丰收，川西平原斗米三钱，士民买笑寻乐，达官贵戚宴乐成风。在奢靡之风中，后蜀政治逐渐腐败。宫廷日日笙歌，夜夜美酒。后蜀常举办宫廷赏花宴，孟昶爱在海棠花开时设宴赏花，观赏花舞。每年春天，浣花溪一带歌乐喧天，华轩彩舫，往来穿梭。950年八月，孟昶乘龙舟游浣花溪。市民倾城前来观赏，浣花溪两岸十里亭榭，名花异卉，馥郁争丽。孟昶叹曰："曲江金殿锁千门，殆未及此。"兵部尚书王廷珪回曰："十字水中分岛屿，数重花外见楼台。"

955年，秦、阶、成、凤四州为后周攻占。964年十一月，宋太祖发兵攻伐后蜀，次年正月孟昶向宋朝廷投降，同年去世。后蜀亡国。

二、孟昶与花蕊夫人

孟昶当政时，广征西蜀美女以充后宫，妃嫔之外有十二等级。众多嫔妃中，"花蕊夫人"享恩宠于一身。花蕊夫人姓徐，为青城（今都江堰市）人，孟昶封其为惠妃。传说这位绝世佳人风姿秀逸，"花不足以拟其色，蕊差堪状其容"，因此别号花蕊夫人。前蜀皇帝王建也有一位嫔妃叫"花蕊夫人"小徐妃，可能是后蜀花蕊夫人的姑姑。《全唐诗》收录了后蜀花蕊夫人的150多首宫词。这些词大多明快、清丽而婉约。历来的后宫词多哀怨愁怀、悲叹君王薄情；花蕊夫人的词则描绘生活中的妙趣和宫廷的欢愉，少有愁绪。花蕊夫人与孟昶在摩诃池的缠绵之情，在苏轼的《洞仙歌》中永远留存下来。

◎张大千刻绘花蕊夫人像

◎池苑假山

苏轼《洞仙歌（并序）》

　　仆七岁时，见眉州老尼，姓朱，忘其名，年九十岁。自言尝随其师入蜀主孟昶宫中，一日大热，蜀主与花蕊夫人夜纳凉摩诃池上，作一词，朱具能记之。今四十年，朱已死久矣，人无知此词者，但记其首两句，暇日寻味，岂《洞仙歌令》乎？乃为足之云。

　　冰肌玉骨，自清凉无汗。水殿风来暗香满。绣帘开、一点明月窥人，人未寝，欹枕钗横鬓乱。

　　起来携素手，庭户无声，时见疏星渡河汉。试问夜如何？夜已三更，金波淡，玉绳低转。但屈指、西风几时来，又不道、流年暗中偷换。

◎摩诃池畔庭院遗址

就在后蜀君臣游宴赏诗之时，后周殿前都点检赵匡胤"黄袍加身"，取后周而代之，改国号为宋，并整军经武，意指后蜀。"广政二十八年（965）春正月，帝闻宋师深入，大惧，问计于左右；老将石斌谓宜聚兵坚守以敝之。帝叹曰：'吾父子以温衣美食养士四十年，一旦临敌，不能为吾东向发一矢，虽欲坚壁，谁与吾守者邪？'"很快，宋军6万就深入蜀境，后蜀14万守军不战而溃。

敌军兵临城下时，被称为"世修降表李家"的李昊，再次劝蜀主投降。孟昶痛哭之后，自缚出城请降。此时元宵刚过，离王全斌出兵之日才过去66天。花蕊夫人在后宫闻讯，写下一首流传至今的《述国亡诗》："君王城上竖降旗，妾在深宫那得知。十四万人齐解甲，更无一个是男儿。"

花红柳绿的初春，孟昶、花蕊夫人与李昊一行三30余人被押赴汴梁。一路悲悲切切，花蕊夫人的创作一改早期的清新活泼、天真无忧的格调，词意变得清丽凄凉、羞愧而离恨绵绵。过葭萌关时，花蕊夫人悲愤地在驿站墙上写下词句："初离蜀道心将碎，离恨绵绵，春日如年，马上时时闻杜鹃。三千宫女皆花貌，共斗婵娟，髻学朝天，今日谁知是谶言。"当年，后蜀宫女好梳高髻，以邀孟昶宠幸，称为"朝天髻"。孟昶也谱写下《万里朝天曲》，如今真的万里朝天，但却是到大宋天子脚下的汴梁受降。万里朝天的谶言，竟然应验。

1953年在广汉西城桥金谷堆西南曾发现一高大土堆，内有墓碑刻有"故蜀王孟昶暨花蕊夫人墓"。有人猜测，极可能是后蜀遗臣思念故主，把孟昶与花蕊夫人的灵柩运回蜀中安葬于此。在河南开封祥符区万隆乡大孟昶村也有一处据说是孟昶的墓。明代《通许县志》载，赵匡胤命人在汴河北边为孟昶修建府第，孟昶死后便葬于此。1456年，孟昶村曾挖得一块刻有"蜀主孟昶之墓"的墓碑。如今大孟昶村仍有一块1857年通许知县所刻的碑，称此处是蜀降主孟昶之墓。

三、芙蓉城的传说

花蕊夫人喜欢芙蓉花。951年九月，孟昶命人在羊马城上"植芙蓉，尽以幄幕遮护……九月间盛开，望之皆如锦绣，昶谓左右曰：'自古以蜀为锦城，今日观之，真锦城也。'"成都因此被称为"芙蓉城"，简称"蓉城"。现在，芙蓉花成了成都的市花。

◎芙蓉花

芙蓉花也称木芙蓉,花大色丽。木芙蓉的枝、干、芽、叶随季节呈现不同的精致,春季梢头嫩绿,生机盎然;夏季绿叶成荫,浓荫覆地;秋季又花团锦簇。无论是孤栽还是丛植,芙蓉花都艳丽出众。木芙蓉还会因光照强度的差异,一天中,花瓣呈现出不同的颜色,早晨为白色和浅红色,下午就变为深红色。成都人说这就像花蕊夫人的气质。

◎后蜀石雕

宋代成都

北宋平蜀后，吕余庆为首任成都知府，成都的皇城气象依然存在；张咏知益州，开始实施大规模的去京城化，拆蜀国宫殿木材作造船之用，并把铜器运往中原。尽管如此，两宋成都的市政建设仍进步很大：对罗城多次培修，用砖铺街道，开拓坊市、夜市，增筑园林，整治河道桥梁。1143年，成都首次用砖铺路面，知府张焘命人用砖铺设12里多街道；1177年，范成大任成都知府时，又用砖铺街面21里。

一、水乡风貌

成都平原河流纵横。岷江绕城南而过，清远江绕城北、城东流过，城西为清远江水注入形成的西河。环城河流链接着城内的解玉溪、金水河两条大渠和众多小渠。金水河北边又开凿了一条"后溪"。李新的《后溪记》记载溪水从岷江外江而来。1078—1085年，成都知府吕大防建造石渠，从城西北隅引清远江水入城，经城北西楼府第，又凿水渠，流经阅武堂，供城市饮水、灌园及消防之用。1094年，王觌见下大雨时成都出现水灾，于是利用石渠故基，修建"王公渠"和"北渠"；另外又从西门外十里的曹波堰引水至大市桥，再由横跨郫江故道的木质渡槽"水樽"把水引入城中各条支渠。遇有暴雨洪灾，则截断引水，关闭水槽，使城中沟渠的水位降低。金水河与后溪从南至北贯穿成都城中，又向东分出四大沟渠，以及更多的小水渠，纵横交错，通往城外江河中。

1107年，席旦任成都知府后，每年春季征发居民淘渠，污泥用以粪田。1137年，席旦之子席益任四川制置使兼知成都府时，城内水道又严重淤塞，暴雨过后，淤泥蚊蝇繁殖，造成疫情。第二年春，席益开始整治水道，补筑堤防，并在郫江和縻枣堰上设立三座斗门，用闸门控制水量，把江水重新引入城中水道，并疏淘大小沟渠。

成都当时有桥梁数十座，著名的有市桥、万里桥、驷马桥。宋人刘光祖、京镗分别撰《万里桥记》《驷马桥记》。

◎锦里小桥

二、园林之城

宋代成都不仅有良好的水生态环境,园林建设也步入新阶段。唐末,中原大乱,世家大族纷纷移居成都避乱,"君臣务为奢侈以自娱",达官显贵竞相纵情享受,修建甲第花苑。前后蜀,成都作为偏安王朝的京都,"诸勋贵功臣竞起甲第","台树亭沼,穷极奢侈"。后蜀中书令赵廷隐修南宅和北宅,置广厦,花园广大,"有岛屿竹树之胜"。夏秋时节,鲜花柳荫之下,鱼儿遨游,引来士民争相观赏。

锦江、浣花溪一带形成了长达十余里的风景区,河流宽阔,沙岸竹林婆娑,林木繁盛,野花遍地。青羊宫到蜿蜒曲折的浣花溪,两岸江村景观应接不暇,祠庙闻名遐迩。陆游当年游此地,写下脍炙人口的诗句:"当年走马锦城西,曾为梅花醉如泥。二十里中香不断,青羊宫到浣花溪。"

成都内外著名的园林有府城内的东园、西区的西园和梅苑、城南的中园、东门外的合江园和赵园等等。西园是宋代成都府路转运司营建的大园林,园内有西楼、竹洞、翠柏亭、圆通庵、琴坛、流杯池、锦亭等景点,其中的西楼"为成都台榭之冠"。每到春天，官府在这里举办酒宴，酒商资助几个月的杂戏、木偶戏演出。阅武场内杂技戏剧表演时，环庭皆是府官看棚，棚外百姓站在层层高凳上观赏。西郊的梅苑是前蜀皇家园林，到南宋时，宫阙虽已倾颓，但梅林尚在，梅树树根曲折盘旋于地，树荫遮天蔽日。

城内的东园原为宋兵马提辖后圃，亭台池榭，嘉花美木名声在外。园中的武陵轩、幽芳亭、三雨亭、翠阴亭、朝爽楼、五峰洞皆池水环绕。置身其中，宛若身处山间，有清流翠荫之感。城南的中园原为蜀王外围，当时仍有梅花千余株。

东门外二江合流处的合江园，有精致的合江亭和芳华楼，楼前梅花争艳。此园前后蜀时是皇家别苑。北宋，吕大防命人修葺后作为船官治事之所，遍植美竹异卉，夏树成荫，春花芬芳，夜晚波光月晖，为成都园亭胜践之最。蜀人顺江下华中和江南，多先在芳华楼上"宴饯"，然后在合江亭下登舟饯别。与合江园隔江相对的锦江北岸是赵园。范成大和陆游有多首诗描述造访赵园的情景，如《自合江亭涉江至赵园》《合江亭隔江望瑶林庄》等等。

◎罨画池

◎成都出土宋代青白釉口瓷瓶、觚式铜瓶　　　　◎成都簇桥出土铜壶

成都气候温润，名花异卉，不绝于时。各园林广植花卉，甚至以花名园。城北学射山东面有一面积三千余亩的湖泊，湖岸遍植桂花树，秋时香闻远近，被称为桂花池。合江园也以梅林著称。陆游《梅花绝句》诗注称："成都合江园盖故蜀别苑，梅最盛。"他在成都写下了《西郊寻梅》等七首咏梅诗："西郊梅花矜绝艳，走马独来看不厌。""青羊宫里春来早，初见梅花第一枝。"《游万里桥南刘氏小园》："佳园寂无人，满地梅花香。"《城南王氏庄寻梅》："可怜庭中梅，开尽无人知。"

无处不在的繁花浸润着这座园林城市。年青的后蜀皇帝孟昶曾在成都环城40里的羊马城城垣上遍植芙蓉花，把成都包在花的海洋中。宋代羊马城虽已倾堕，但成都人种花养草的习惯已根深蒂固。成都的花海令诗人如醉如痴，魂牵梦绕。在《醉落魄》中，知府范成大忘情地感叹"只为海棠，

◎草堂寺外陆游雕塑

也合来西蜀"。他讴歌"碧鸡坊里花如屋。燕王宫下花成谷"；王诜赞"锦城春色花无数"；京镗赞繁花"绣天锦地"，叹"名花唤我相追逐"。

三、游乐风尚

成都百姓不仅喜欢在街市节日狂欢，观赏丝竹歌舞，在酒楼茶坊娱乐通宵达旦，也喜好郊外踏春。《岁华纪丽谱》曰："成都游赏之盛，甲于西蜀，盖地大物繁，而俗好娱乐。"《宋史》称："蜀俗奢侈，好游荡，民无赢余，悉市酒肉为声妓乐。"苏轼赋诗云："蜀人衣食常苦艰，蜀人游乐不知还。"王之望描写，上元节成都郊外"车马暗尘香……尽豪狂。游人归路笑声长。"

宋仁宗时，知州田况的《成都遨乐诗二十一首》描述成都一年21个节日的盛况，每个节日一首，比如《元日登安福寺塔》《二日出城》《五日州南门蚕市》。元月至四月十八日为一年的游乐高潮期，"游赏几无虚时"。范成大说："成都一岁故事"，始于正月元日拜安福寺塔。正月十五日的元宵灯会最为热闹。大慈寺、昭觉寺和五城门的灯最多。灯会期间，大小人家跨街搭竹棚，悬灯挂彩，辉煌映月。

灯会期间，民间和官府也举办各种变灯表演。邵伯温有诗云："万家灯火春风陌，十里绮罗明月天。"史浩《粉蝶儿》："愿年年，伴星球、烂游灯市。"七月十五中元节、八月十五日中秋节、九月九日重阳节同样热闹。

成都人喜欢出外，短途游玩包括游江、登山和逛寺庙。农历四月十九日的浣花大游江属于全民狂欢节，场面盛大。此习俗与浣花夫人的传说有关，始于唐代，在前后蜀时也很兴盛。史载，925年四月，前蜀皇帝王衍"游浣花溪，龙舟彩舫，十里绵亘，自百花潭，至万里桥，游人士女，珠翠夹岸"。后蜀皇帝孟昶在浣花溪两岸修建诸多亭榭游赏之处。"孟昶御龙舟，观水嬉，上下十里，人望之如神仙之境。"宋代任正

◎罨画池宋代式样园林

◎龙纹夹层银杯

一的《游浣花记》记载官民"泛舟浣花溪之百花潭",载歌载舞,"荡漾波间"。

《岁华纪丽谱》记载了宋代浣花大游江活动日程安排。上午,太守从笮桥门出城,到杜甫草堂侧的梵安寺拜谒浣花夫人。"浣花佑圣夫人"又名冀国夫人,姓任,成都出生,嫁西川节度使崔旰为妾。768年,泸州刺史杨子琳兴兵,攻打成都。情势危急之时,任氏捐出家财,招募勇士,亲率指挥,击败杨子琳。事后,任氏被封为冀国夫人。成都人也奉她为守护神,在浣花溪畔修建"冀国夫人祠"以作纪念,每年四月十九日都来此膜拜。

官员们在梵安寺饮宴后,登上彩舟,在浣花溪上观看军队的骑射表演;然后顺流至百花潭,再观赏水上竞技和游泳竞渡。官府活动结束后,浣花溪上有舟船歌舞表演,游人夹岸观赏。下午,许多船只停靠在溪边,或在岸边搭起帐幕,饮酒行乐,至晚方归。浣花大游江是新年到初夏游乐活动的高潮。成都知府京镗(1138—1200)的《念奴娇》描述"大游江"盛况:"绣天锦地,浣花溪风物,尤为奇绝。无限兰舟相荡漾,绘彩重重装结。冀国遗踪,杜陵陈迹……笙歌丛里,旌旗光映林樾……自笑与蜀缘多,沧浪亭下，饱看烟波阔……来年今日，相思惟共明月。"

"大游江"之前还有"小游江"，为张咏治蜀时首创，开启了太守亲自充当"遨头"，率郡府僚属结队游江、百姓围观的先河。二月二日"小游江"，从万里桥开始，张咏"与郡僚属官分乘"彩舫数十艘，顺江而下，"伎乐数船，歌吹前导"。沿江八九里，百姓夹岸观赏。船队抵达宝历寺桥，官府下船在寺内饮宴。寺前开一蚕市，纵民交易，嬉游乐饮。张咏有诗云："春游千万家，美女颜如花。三三两两映花立，飘飘似欲乘烟霞。"赵抃主政成都时，将游船彩舫增至数倍。

成都人常到寺庙烧香拜佛，完后逛庙会集市。《岁华纪丽谱》载，每年正月元日安福寺塔上燃灯，僧徒骈集，拂晓游人手持小彩幡依次登塔。晚上，太守在塔前设晚宴，后登塔眺望，乘兴赋诗。次日，官府出东郊在移忠寺早宴，晚宴则回到邻近的大慈寺。

◎象钮莲盖银壶

宴毕，官伎歌舞唱词，以礼送茶。正月初三，官府又祭东君日神，后在移忠寺设宴。正月二十八日，官府到净众寺、丞相祠祭拜，然后在大智院晚宴。

郊外寺院是民众出游的常往之地。锦江下游10里山上有海云寺和庆诸寺。《天中记》称："成都三月有海云山摸石之游，山有小池，游人竞来摸瓦石于池中，以为求子之兆，得石者为男，得瓦者为女。太守设宴于春阁以观之"，"嬉笑之声，虽田野间如市井"。浣花溪边摸石也很流行。家人夫妇结伴至此，池畔嬉戏打闹。柳永曾赋诗："当春昼，摸石江边，浣花溪畔景如画。"

四、集市、节庆和饮宴

唐代起，成都就有北市、新北市、西市、南市和新南市等市场。街市大多建筑宏丽，娱乐场所众多。陆游旅居笮桥东，离南市极近。他用诗描述了造访集市的情景："斗鸡南市各分朋"，"南市夜夜上元灯，西邻日日是清明"。逛西市，他写下了《春晴暄甚游西市施家园》。

北市、南市、东市商铺云集，字画坊、书坊、药店、茶坊、餐馆酒肆、卦摊、街头卖艺杂居其间。"瓦肆"灯笼高悬，丝竹管弦，歌舞之声传至老远。瓦肆里多个"勾栏"上演杂剧、评书、木偶戏、影戏和杂技等等。

各行业的商贸也以街为市，频繁举办商品专销会。赵抃《成都古今记》载：成都月月有市，"正月灯市，二月花市，三月蚕市，四月锦市，五月扇市，六月香市，七月七宝市，八月桂市，九月药市，十月酒市，十一月梅市，十二月桃符市"。街市不仅买卖商品，也为游乐市井。韦庄的《怨王孙》感叹："锦里、蚕市。满街朱翠，千万红妆。"

成都丝织业发达，蜀锦闻名天下，蚕市交易兴盛。《岁华纪丽谱》载，正月初五起到三月，五大城门、圣寿寺、大慈寺、睿圣夫人庙等，成都市内郊外会举办九个蚕市。二月初二的踏青节为宝历寺前蚕市，千商万民，嬉游乐饮，买卖交易。三月二十七睿圣夫人庙蚕市期间，官民设棚屋，上演歌舞杂技，官吏宴饮，百姓作乐。

仲殊的《忆江南》夸赞成都商贸繁荣、歌舞升平："成都好，蚕市趁遨游。夜放笙歌喧紫陌，春遨灯火上红楼。车马溢瀛洲。人散后，茧馆喜绸缪。柳叶已饶烟黛细，桑条何似玉纤柔。立马看风流。"

◎ 葵形银盏

◎ 宋代银壶温碗

◎ 宋代银碗

第十三章 宋代成都

251

◎崇州罨画池

　　《宋史·地理志》说:"川峡四路……地狭而腴,民勤耕作……岁三四收。其所获多为遨游之费,踏青、药市之集尤盛焉,动至连月。"官府也助推游乐经济,借此增加消费,为民众提供更多维持生计的机会。节令庆典餐饮消费之风于是极盛。

　　在成都,各种各样的宴饮不胜枚举,如龙池宴、秋宵宴(中秋节宴会)、长夜宴(整晚的宴会)等等。宋代,官府举办的宴会名目也多,如赏月宴,即每年八月十五日在西楼赏月宴饮;另还有赏花宴、酬宾宴、避暑宴等。官府常定时开放西园,纵民游宴,持续时间长达一月。

　　宋代,张咏、赵稹、薛奎、文彦博、田况、宋祁任成都知州时,纷纷新增节日游乐活动。张咏增加了"残灯会";赵稹向民众开放了西园;文彦博不仅"多宴会",还修缮了江渎庙;宋祁知益州,"喜游宴",将成都游宴活动推向高潮。从正月初至冬至节,无论是拜佛祈福、观花赏景,还是泛舟避暑、游山玩水之际,他均举办宴会,尤其在大慈寺设宴最多。二月二踏青节,春回地暖,百花争艳,百姓士女纷纷出城踏青,"络绎游赏,缇幕歌酒,散在四郊"。苏辙描述西蜀踏青习俗,"江上冰消岸草青,三三五五踏青行",苏轼则感叹"蜀人游乐不知还"。

五、宋词中的城市景观

在成都留下诗词的宋代词人有数十位,佳作几百篇,从中可以窥见当时成都的境况。成都历史人文底蕴深厚。京镗任成都知府时感叹:"滚滚蜀江水,不尽是声名。"西蜀的人文景观打动了诗人,诗人们常触景生情,寻找佳句,如邓林所述:"浣花溪上寻佳句。"

离乡的诗人对锦城魂牵梦绕,苏轼"忘却成都来十载",他在诗中问道:"故山知好在,孤客自悲凉。"旅居成都又返乡的诗人也难忘成都岁月,曾为成都知府并以"田园诗"著称的范成大(1126—1193)剖白说:"我本住林屋,风吹来锦城","梦中重到锦官城"。

在这些诗人心中,成都令人思恋,使人忧愁。知府范成大写下多篇成都词,每有新作,即刻被传颂,或题写在屏扇,或作为歌词。他的名篇《醉落魄·海棠》勾勒了绚丽的成都闹市和质朴的郊野,描写这位春风得意的才子欢快而又惆怅的心境:"马蹄尘扑。春风得意笙歌逐。款门不问谁家竹。只拣红妆,高处烧银烛。 碧鸡坊里花如屋。燕王宫下花成谷。不须悔唱关山曲。只为海棠,也合来西蜀。"

◎《清明上河图》(局部)

◎宋代高圈足熏炉

1188年起,京镗任成都知府四年,离任后升任右丞相。在风雨飘摇的南宋,京镗以丝毫不输于陆游的报国情怀和民族气节著称。他的词豪气壮阔,词意又迂回百转。在《定风波》中,诗人身处"万里西南天一角",无时不想"擎天为八柱"慷慨报国,否则就像范蠡一样辞官归隐,泛舟太湖。

在成都期间,京镗留下了多首写景抒情和与友人唱和的词作。从他留下的瑰丽词句中,可以窥见南宋成都的欢愉。元宵灯会,"万户帘帷香风透。火城灯市争辉照"。他感叹成都的繁华,追问:"谁撒满空星斗……月明如昼……""卖酒楼台。谁将星移万点,月满千街。"他赞叹七夕佳节:"天上良宵,人间佳节,初不分今昔。"他写九月九日重阳节:"药市家家帘幕,酒楼处处丝簧。"

《全宋词》收京镗词43首,多写于成都任上,返京后京镗很少有传世词作,由此可见成都的人文景观对诗人灵感的启发。中秋佳节,豪情万丈的诗人"喜见中秋,急载酒、登楼邀月";在碧鸡坊,海棠花海使他心情澎湃,"名花唤我相追逐……一段风流,不枉到西蜀"。他在西蜀"纵嬉游、也不学山翁,如泥醉","趁兰舟游玩,尽杯中物"。在《念奴娇》中,他"引杯长啸,醉看天地空阔"。

柳永(约984—约1053)的《一寸金》描述成都如梦如幻的景致:"锦里风流,蚕市繁华,簇簇歌台舞榭。雅俗多游赏,轻裘俊、靓妆艳冶。当春昼,摸石江边,

◎成都出土宋代金钗

◎成都出土宋代绿松石耳环

浣花溪畔景如画。"善写春意，史称"红杏尚书"的知州宋祁（998—1061）在成都为官六年，留下大量佳句。在锦城，他"睹园林，万花如绣……向郊原踏青，恣歌携手。醉醺醺、尚寻芳酒。问牧童、遥指孤村道，杏花深处，那里人家有"。在草堂，他惆怅地写下"少陵宅畔吟声歇，柳碧梅青欲向谁"。

六、首创纸币——交子

宋代，成都经济高度发展，在金融制度上有了重大创新，发行了世界上第一种纸币——交子。前后蜀使用铜钱为本位币。孟昶执政时期铸铁钱，此后铜铁杂用。1000年后，铜钱逐步退出流通，四川成为铁钱专有流通区。1014年，又铸大小铁钱，"小钱每十贯，重六十五斤，折大钱一贯，重十二斤。街市买卖，至三五贯文，即难以携持"。铁钱的笨重，为一种替代物的出现创造了需求。"蜀民以铁钱重，私为券，谓之交子，以便贸易。"

开始时，交子"同用一色纸印造，印文用屋木人物，铺户押字，各自隐密题号，朱墨间错"，即在纸币上套印各种复杂的图案，并加防伪标记。这是在唐代出现的"飞钱"制度上的又一大发明。为了应对携带沉重金属货币的不便，商人在京城把现钱交给各道、州等设在京城的进奏院，携其开具的纸券到其他地区的指定地方取钱。

1005年，交子在成都等地广泛使用，起初是民间自发行为，作为存款凭据，商人将现钱

◎北宋交子

◎南宋银锭

◎大观通宝

◎嘉定通宝

存入交子铺，得到一张"交子"作为凭证，每次存取现钱需要支付3%的手续费。1005年，益州知府张咏把成都16家商号的"交子"收拢，再由政府统一印制新票，在上面加盖公章，统一发行交子。交

◎《清明上河图》中的交子兑换场所

子逐渐由存钱凭证向真正的货币转化。

　　1024年，宋仁宗批准建立益州交子务，并于同年正式发行世界上第一种官方认可的纸币。官府发行的交子，其大小及图案大体仿照私人交子，另加盖交子务铜印。宋朝廷还特别要求设立发行准备金，相当于发行量的28%，并规定三年为一界，以旧换新，或用铁钱、金银等收兑纸币。

　　北宋中期，军费开支增加，再加上茶马贸易，于是增发交子以应付财政支出。从宋神宗开始，超额发行交子应付财政支出成为常态，交子一度贬值到票面币值的1/4。1107年，宋朝廷进行货币改革——发行"钱引"代替交子，每界发行量限制在交子发行初期的旧额，纸币的币值趋向稳定。1168年，朝廷为筹措军费，公开要求四川增印"钱引"，导致"钱引"与全国其他地方通行的纸币——"会子"的比价达到1:100。1256年，朝廷决定收回四川货币发行权，改由朝廷发行四川"会子"，此时离成都陷落元军之手已不远了。

　　通行于四川的交子，推动了宋政府在全国发行其他类型纸币的进程。北方的金朝也发行纸币"交钞"。南宋使用纸币，无疑促进了商业贸易。

　　元代，朝廷大量发行"交钞"和"中统元宝交钞"等纸币，致使"交钞"含银价值不断下降，后来实施金银本位和记账银本位，但仍无法稳定币制，在战乱的情况下民众也更愿意存储金银铜币。明朝建立后恢复铜钱本位制，因一时无法找到充足的铜矿和钱币供应，又发行"大明宝钞"，用于政府使用，并规定不能与铜钱和金银兑换。1522年明朝廷最终废止使用"大明宝钞"。清朝于1853年发行"大清宝钞"和"户部官票"。

　　《马可·波罗行纪》曾详细记载宋元纸币流通情况，因此"交子"在中国的使用情况，

对西方文明是有影响的。世界上第一座银行就诞生在马可·波罗的故乡意大利锡耶纳。四川交子的发行在世界货币史上占有重要地位，它再一次显示了天府文化敢为人先的创新气质。

七、佛教经籍印刷中心

唐宋时期，成都不仅是佛教文化极为兴盛的地区，也是佛教经籍印刷出版的重镇，成都发达的造纸和印刷业为之奠定了基础。国内现存最古老的雕版印刷品《陀罗尼经》就出自唐代成都。

北宋建国后，试图复兴宗教，包括恢复和重建中原地区被毁坏的佛教寺庙。唐宋之间几十年的战争，大量佛教经典被毁，名僧高师流失。富裕的江南也因战乱，佛教文化受到重创，吴越王钱镠、钱弘俶等曾派人去日本等国求取佛经，甚至连女真金国也都一度认为中原佛教"已无人"。

开宝（968—976）初年，北宋太祖赵匡胤命人在蜀中收集佛教典籍，并于971年借助成都先进的雕版技术刻成书版，运往开封，再印刷发行。这就是佛教史上著名的《开宝大藏经》（略称《开宝藏》）。《开宝藏》的雕刻重振了中原衰弱的佛教，它也是我国第一部刻本佛教《大藏经》，是历代汉文雕版《大藏经》之祖。在汉文《大藏经》的影响下，后来又有藏文、蒙文、满文版的《大藏经》的刊印。《开宝藏》制版完成后，日本、高丽、契丹、西夏、越南、高昌等周边国家和地区曾多次向北宋政府乞赐，并将之带回自己的国家，因此《开宝藏》对东亚佛教的发展也产生了影响。

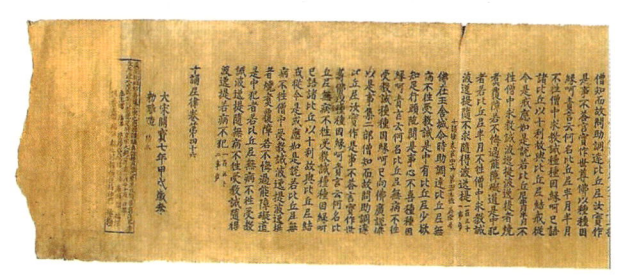
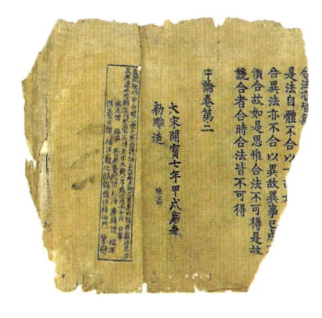

◎宋代《开宝藏》残页

第十四章
元代成都

1234年，蒙古联宋灭金后，蒙、宋之间随之交恶。同年秋，元太宗窝阔台派阔端率蒙古、西夏、女真、吐蕃等数万军队攻蜀。八月入汉中，九月在阴平关歼灭蜀军主力曹友闻部，十月攻进利州（广元）朝天关，占领阆州（阆中），然后一路沿嘉陵江南下，另一路越嘉陵江向西，进攻成都。此前，还有一路蒙军由穆哥率领，经甘肃武都、文县，出阴平，沿岷江南下，过理县、汶川、北川从西边进攻成都。

一、元军入城

镇守成都的知府丁黼手下的兵力仅有牌手400名、衙兵300名。战前，成都驻军"飞山军"被移调至文、龙二州，成都因此"师少堞坏"。四川制置使赵彦呐早已引兵撤退至夔门（奉节）。十月十七日，蒙古军从金堂渡江；十八日下午，蒙古铁骑三百至成都城北驷马桥。"成都太平日久，不识兵革"，蒙古军"诈竖"宋朝汉中守将李显忠的旗帜，丁黼"以为溃卒"。这些蒙古前哨骑兵，侦察一番后，由北门进入城中。十九日白天，蒙古军"往来城内，居民皆纵观"。到了晚上，"五巷内南角，数人擒杀一骑，民间始知是元兵"；市民于是开始"以几桌拦截街巷"，把蒙古骑兵赶出城外。

十九日，成都统制徐信曾带领衙兵出大东门与蒙古军队交战，未获胜；午后，统领杨楠出战北门，又不敌。当晚，蒙古后续部队进抵成都城外，"居民皆闭门，有举家身缢者，有举家自焚者"。十九日夜晚二更，蒙古大军破城而入。知府丁黼呼集将士进行巷战。成都守军与蒙古军队在西门外石笋街巷战。宋军寡不敌众，被元军击散，丁黼被围身死。后来，为纪念这位拼死抵抗的地方官，武侯祠和杜甫草堂的"壁间"塑有丁黼的绘像"小碑"，以示崇敬。

十月二十四日，阔端率蒙古步骑十万至自东门入城，见成都"民心不归"，仍在抵抗，乃"大书'火杀'二字"。成都城内燃起大火，"火光照百里"，房屋城邑不久就焚毁殆尽。未罹难的人四处逃亡。元代文献《三卯录》描述这场惨绝人寰的屠杀说:"蜀民就死,率五十人为一聚,以刀悉刺之,乃积其尸,至暮,疑不死,复刺之。"

阔端在攻陷成都并横扫四川54州县后,留下都元帅塔海镇守成都,率主力离开四川。宋将贺靖于1236年十月收复成都。1240年,宋理宗任命名将孟琪为四川宣抚使,兼知夔州。1241年四川制置使陈隆之在成都、汉州(广汉)旧城的基础上,"复立其城"。陈隆之自称百万众,派人送战书向元军挑战。蒙古都元帅塔海遂决定再次进兵成都。十月五日,蒙古军进抵成都,宋军坚壁不出。正当元兵苦攻不克、欲退之际,守将田世显于十二日夜,开北门投降。蒙古军遂入成都,尽杀陈隆之及家属臣僚。

成都自建城以来,历经多个朝代更迭,罕见城破遭血洗。1234年和1241年蒙古军队两次破城,成都遭遇惨绝人寰的杀戮和毁坏,数十万民众和1000多年的城市建筑和物质文明遭到毁灭性的破坏。

二、抗元江防体系

1241年,宋朝廷任命余玠为四川安抚制置使。余玠见川西平原无险可守,于是将防御重心东移,在重庆设立帅府,沿长江及上游的岷江、沱江、嘉陵江、涪江和渠江等支流,在奉节、重庆、合川、万州、泸州、乐山、犍为、广安、苍溪、剑阁、梁平、蓬安、金堂、巴中、南充、通江等地江河关隘处修筑20座临江山城,建立了一个依托河流的网状防御体系,力图避开蒙古骑兵优势,依江抵抗,守住川东,封住向东直下南宋江南腹地的通道。

云顶山是余玠苦心经营的八大要塞之一。此处山势险要,状如城郭,是成都经淮口沿沱江南下重庆的战略要冲。云顶山要塞与合川钓鱼城、运山城、大获城(苍溪)、得汉城(通江)、白帝城(奉节)、青居城(南充)及苦竹隘(剑阁)被称为四川抗击蒙军的"八柱"。30多年中,宋军依托这些要塞,以残存的约五万兵力,对蒙古大军形成了有效的防御。

云顶山地处金堂峡,扼东西川之要冲,是成都东北门户。历代攻西蜀者,多经金堂峡而入成都平原。宋军在云顶山城戍守15年。至今,云顶山瓮城门洞卷拱顶上仍可见镌刻的"皇宋淳己酉仲秋吉日帅守姚世安改建"的题记。附近的金堂淮口镇发现了怀安军城堡遗址,包括厚实的城墙、四合院民居,铺青石板的街道、寺庙和排水沟等。

抗元名将余玠与蒙古军大小36战,战果显赫,后又率军北攻汉中,主动进击蒙

古军队，但最后却被朝廷猜疑，不得不服毒自尽。1252年，元军攻占利州（广元）。次年，元宪宗蒙哥（1251—1259年在位）派忽必烈实施战略大迂回，从西北经青藏高原绕道大渡河攻取云南大理国，然后侧后包抄四川。1257年，蒙哥"御驾亲征"，占领了宋军放弃的成都。1259年夏，在围攻合州钓鱼城的过程中，蒙哥被击毙。次年三月，忽必烈即大汗位。

◎合川钓鱼城

1274年，元军攻下南宋江防要地襄樊，然后三路伐宋，节节进逼都城临安。同年，在川各路元军沿岷江而下，进攻南宋军队据守的嘉定（乐山）一线城池。1275年，张钰被任命为四川制置使兼知重庆府，掌管西南战区事务。1276年1月，临安被元军攻陷，5岁小皇帝和太后被俘。此后，南宋又在浙江和广东建立小朝廷。四川制置使张钰仍欲力挽狂澜，他集中兵力夺回了涪州、忠州、石门、大宁、泸州等地，让王世昌镇守泸州神臂城，赵安镇守重庆，王立镇守钓鱼城，互为犄角，形成三足鼎立的防御体系。张钰还试图在钓鱼城里修建皇宫，迎来南宋逃亡的皇族，重建宋朝廷，东山再起。可惜，纵使爱国将领满腔热血，也无力回天。1277年6月，王世昌血战殉国，神臂城破。1278年初，蒙古大军围住重庆。1279年二月，重庆"城中粮尽"，宋军"势穷援绝"，不久后陷落。钓鱼城仍然巍然屹立。1279年，南宋流亡小朝廷与元军在崖山决战，宋军全军覆没。南宋灭亡后，钓鱼城守将王立和元军签订以不杀城中一个百姓为条件的协议，才开门投降。忽必烈遵守了协议，没有屠杀城中军民。

三、浴火重生

宋末元初改朝换代，战争对四川经济文化和人口的破坏极其严重。元初成都人口户数只及宋代的1/20。千年积存下来的文物和建筑荡然无存。元军"五破成都，而嘉定、渝、泸各三四破"。半个世纪的战争蹂躏，四川田土荒芜，人口空虚。《宋史·地理志》记载，南宋四川人口千余万。元世祖时，四川人口仅余200余万。四川不得不"改州

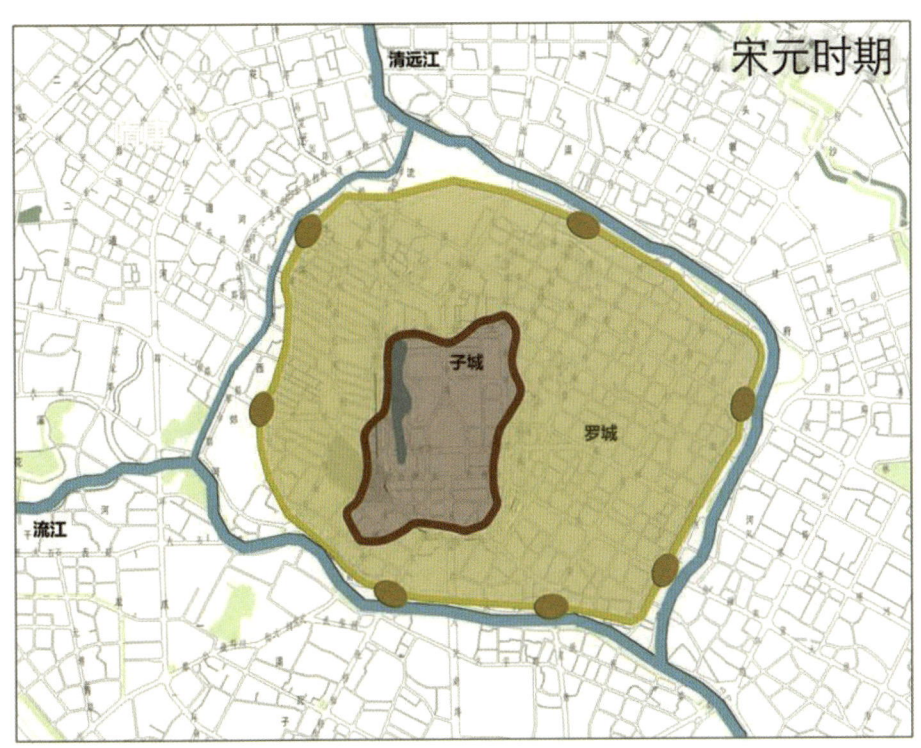

◎宋元成都略图（赵薇可等绘制）

换县",仅成都路就降级和合并州县19个。1286年,元政府设四川行中书省,治成都府,辖今甘孜、阿坝、雅安以东地区和湖北恩施地区。"四川省"之称始于此时也。

忽必烈即位之初,曾将善于经商理财的赛典赤派往四川,任陕西五路西蜀四川中书省,后又派汪良臣任四川行中书省事。他们来到成都后实施安抚政策,发展屯田。1265年,元朝廷"命四川行院分兵屯田",元世祖、成宗、仁宗三朝在四川共设立军民屯田29处,其中成都平原设立军屯14处,民屯1处,主要位于今崇州市东南的江源镇、今都江堰市境和今成都市温江区柳城镇等地。元代中后期,又允许大量人口向四川迁移,开启了"湖广填四川"的先河。

元代后期,主政四川的官吏开始重视教育,新建学校书院,成都出现了一些博学多才之士,其中一位叫费著,四川广都（今成都双流）人,曾被授予国子助教、历任汉中廉访使等职,写下了《岁华纪丽谱》《蜀名画记》《蜀锦谱》《成都周公礼殿圣贤图考》等9种有关唐宋四川郡邑沿革、人物、风俗、文化和社会情况的文献。1378年,成都重修城池，以青砖、长条石筑城。城墙高三丈四尺，周围二十二里，城市东西距离九里三分，南北距离七里七分，直到20世纪70年代，成都人都称成都东门到西门是"穿城九里三"。

四、末代皇帝成都行

1276年元军攻占临安后，忽必烈命令南宋皇室全体成员，包括年仅六岁的末代皇帝宋恭宗赵㬎北上行"朝觐之礼"。南宋宫廷乐师汪元量也随行来到元大都北京。北上以后，赵㬎被元朝封为瀛国公。几年后，汪元量又随同赵㬎母子迁居到内蒙古的元朝上都。《元史·世祖本纪》记载，1288年，元世祖忽必烈赐赵㬎宝钞百锭，命其赴西藏出家。赵㬎极可能是从川西入藏，汪元量也跟随来到成都。这段时间，汪元量写下二十多首诗，使我们得以一窥元朝成都景象。

◎宋恭宗赵㬎

在成都，南宋末帝一行受到很好的接待，汪元量的《百花潭》诗描述说："万里扬鞭到益州，旌旗小队锦江头。红船载酒环歌女，摇荡百花潭水秋。"在诗人笔下，"锦城满目是烟花，处处红楼卖酒家"。接待他们的一位官员叫昝万寿，南宋末年任"四川都统、知嘉州府"，1275年降元后在成都任"四川行省参政""行诸蛮夷部宣慰司"等职务。汪元量的《锦城秋暮海棠》记述一次款待他们的宴会：宴会厅海棠花遍布，"有酒如池肉如山，银烛千条照罗绮"，侍女翩翩起舞，"歌声直入青云里"。然而在诗人的眼中，亡国的凄楚，即使像杨贵妃一样貌美的歌女，也"脸薄粉香泪如洗"。

汪元量的诗也描写了当时成都的风貌。《药市》一诗中，汪元量赞叹"蜀乡人是大医王，一道长街尽药香"。《蚕市》诗中，他感叹"成都美女白如霜，结伴携筐去采桑"。然而社会贫富悬殊，养蚕人辛勤劳作，可哪有寸丝留下做衣裳？汪元量造访了司马相如琴台，写下《琴台》一诗，还游览了三国遗迹；亡国之痛，使他在《锦江蜀先主庙》诗中，悲怆地写下了"国破人何在……遗恨满乾坤"。他也到了浣花溪，拜谒了杜甫

◎萨迦寺

故居。在诗人的笔下,杜甫已去,"柴门闭,邻里伤哉竹径荒","浣花春水共凄凉"。在成都的一段城墙上,汪元量写下《蜀主芙蓉城》诗一首。伴随末代皇帝随时都感到的痛楚,使其诗意境悲凉:太阳快落向西边,"帝子不来花蕊去","芙蓉城上草萋萋"。

亡国之君赵㬎一行可能经郫县(今郫都区)、青城山、灌县(今都江堰市)入藏。途经郫县蚕丛祠时,即使这里是川西沃野,可在诗人眼中,犹如玉门关,过了,就进入人烟稀少的蛮荒之地。"西蜀风烟天一方,蚕丛古庙枕斜阳。"在青城山附近,后蜀皇帝孟昶爱妃花蕊夫人的故居尚在,"宅前宅后好青山,零落重门半掩关"。诗人伤感花蕊夫人的容貌只有天上人还能看见,人间只留有她的宫词,他作为敕使没有将赵㬎送到目的地,因他的诗集中未见有写于西藏的诗词。汪元量最终可能是在灌县都江堰和二王庙前拜别的旧主。万般悲切,看着孤儿寡母的末代帝室,他"忍听北方雁,愁看西域云","生前从此别,去后不相闻",过了那里,年少的赵㬎和他的寡母就进入无尽的群山和高原。汪元量掉头向东,最终返回了故乡杭州。

宋代皇帝个个都能文善画,赵㬎也不例外。到西藏后,赵㬎勤奋努力,很快掌握了藏文,还翻译注解了《因明入正理论》《百法明门经》等藏传佛教经典,改名合尊法师,住在萨迦寺。但由于在1323年因感慨亡国和自身的遭遇而写下一首诗,被元朝皇帝赐死。

五、马可·波罗成都之旅

1287年前后,受元世祖忽必烈派遣,马可·波罗由大都出发,经阳曲、长安,辗转来到成都,然后由成都入云南到达老挝等地,行程大约6个月。

◎马可·波罗

在他返回意大利所写的《马可波罗行纪》中,记录了他对成都的印象。他提到成都有"三城",大城、南少城与北少城。其书描述成都周边地理环境说:"有一大川,经此大城。川中多鱼,川流甚深,广半哩,长延至于海洋,其距离有八十日或百日程,其名曰江水。水上船舶甚众,未闻未见者必不信其有之也。商人运载商货往来上下游,世界之人无有能想象其盛者。城内川上有一大桥,用石建筑,宽八步,长半哩。桥上两旁,列有大理石柱,上承桥顶。盖自此端达彼端,有一木制桥顶,甚坚,绘画颜色鲜明。桥上有房屋不少,商贾工匠列肆执艺于其中。"马可·波罗还提到上面有征税之所,"每日税收不下精金千两"。在"成都府和沱江"一节中也提到成都"千家万户夜灯起,机器轧轧满城市",生产的"薄绢"大量出口到中亚。

◎都江堰南桥

第十五章
明代成都

　　元朝末年，发生了农民大起义，明玉珍率所部红巾军从湖广引兵入蜀，占领四川。1362年，明玉珍在重庆称帝，国号"大夏"，设成都路刺史府。明朝建立后，朱元璋于1371年兵分两路，东路由汤和、廖永忠率领，以舟师从瞿塘峡进攻重庆；北路由傅友德指挥，以步骑由秦陇直取成都，"大夏"政权覆灭。

　　明洪武四年（1371）六月，曹国公李文忠入蜀，十月，平定川蜀各地，派兵驻守诸郡要害，筑成都新城。洪武十八年（1385），明太祖朱元璋谕景川侯曹震："蜀之为邦，在西南一隅，羌、戎所瞻仰，非壮丽无以示威。"《四川志·城池》记载了洪武初赵清筑城的情况："因宋元旧城而增修之，包砌砖石，基广二丈五尺，高三丈四尺。复修堤岸以为固。""内辟五门"，各有楼（五间）。"门外又筑新月城，月城两旁辟门。

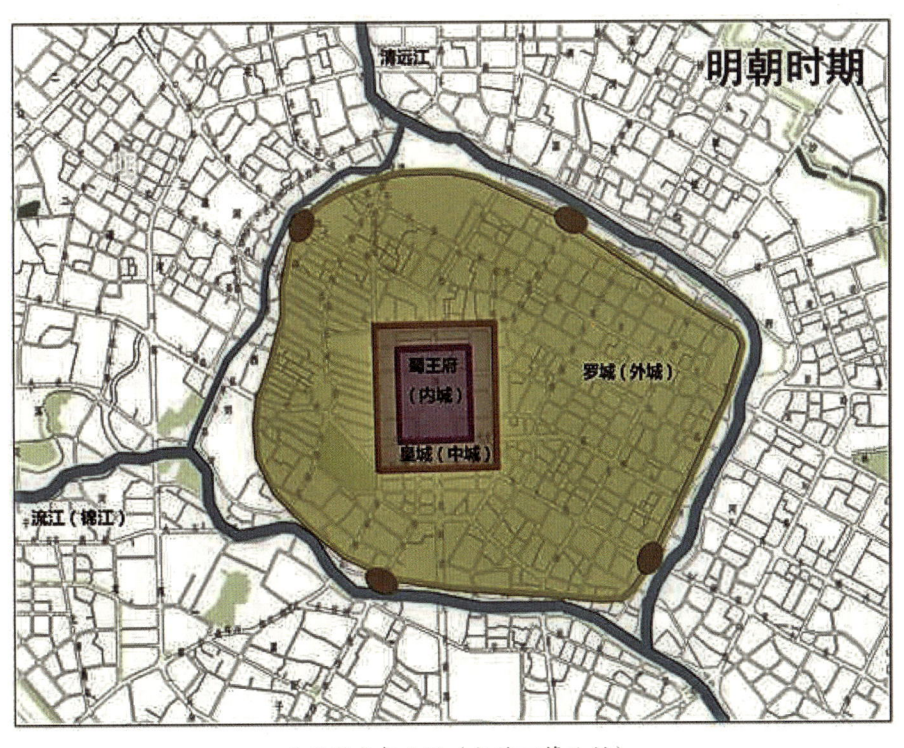

◎明代成都略图（赵薇可等绘制）

◎蜀王府河道遗迹（东华门遗址公园）

复有楼一间，东西相向。城周回建敌楼一百二十五所。其西南角及东北角建二亭于上，俗传像龟之首尾。"此后，又多次维修，1389年，蓝玉曾"复督修城池"；1428年，都督陈怀"复浚池隍"；1543年，成都守官又"奏准包砌以石，设四门如砖城制"，即在土墙外包砌一层砖。

近年来的考古发现，明代城墙的位置介于唐代城墙和清代城墙之间，元明两代城墙是在宋代城墙的基础上修筑而成。清安街中段西侧城墙遗址也显示宋、明、清城墙是在唐代城墙基址上修筑，宽度逐步增大。唐代城墙宽约7.4米，宋代城墙宽约12.7米，明代城墙宽约25米，清代城墙宽约28米。

明代成都是一座宫观寺庙规模不减两都（南京、北京）的城市。何宇度《益部谈资》就称："仙宫佛院，成都颇盛。半创自蜀藩献王时。累代藩封中贵从而增益之。殿宇廊庑，华丽高敞。观如玄天、云台，寺如昭觉、金像、净居、净因（俗名万福）、金沙，庙如昭烈，宫如青羊。俱不减两都规模，足供游眺。"

一、蜀藩文化

明朝共封62名皇子为藩王，建50个藩王府。在四川，明代封了13个蜀王，延续十世。第一代蜀王朱椿开风气之先，册封在成都的明蜀王大多"好学能文"，《明史》称"自献王椿以下四世七王，皆好文学，谨守礼法"。杨慎描述第九代蜀成王朱让栩，"好学，手不释卷"，"不着长物，惟富图籍"，"著述满家，儒林称颂"，"有王人之度，作者之风"。好几位蜀王也酷好书法，经常搜集、临摹历代名臣法帖石刻，蜀王府因而藏有许多名家书法真迹和碑刻铭文。1668年，清廷在蜀王府废墟上修建贡院时，按察使李翀在瓦砾中发现了不少明王府收藏的碑碣。

◎明蜀王府想象图（Constantine 绘图）

◎明蜀王府模型

1378年，朱椿受封不久，即以著名学者宋濂为师。朱椿驻凤阳时，辟西堂与著名学者李叔荆和苏伯蘅研究文史五年，养成了好读书、好收藏的文人气质。《明史》评价朱椿"性孝友慈祥，博综典籍，容止都雅"。明太祖称其为"蜀秀才"，《剑桥明史》赞朱椿为"学者王子"。其后历代蜀王都竭力以其为典范。朱椿就藩成都后，立志"以礼教守西埵"。他闻返蜀的大学者杨敏（字学可）在成都讲学时，座无虚席，于是敬重有加，在驷马桥北赐以田宅，并题"流水画桥题柱客，清风精舍读书人"对联。

朱椿听说汉中博士方孝孺文章道德名闻天下，于是聘其为自己长子的老师，还在方孝孺讲学处题"正学"匾额，以导问学之风气。朱椿在浣花溪新建草堂落成时，特邀方孝孺参加，并赐宴，方孝孺曾写诗赞"吾王讲艺余，特赐群儒宴"。方孝孺在建文帝时，曾官至翰林承旨。朱棣起兵推翻侄子建文帝后，方孝孺拒绝为其所用，不屈而死，表现出刚烈的儒生气节。朱椿后来特别为方孝孺建了一座祠庙，以表追思。方孝孺曾居住过的街巷被命名为方正街，位于现青羊区。

朱椿受封为蜀献王之时，曾以宋濂为师。后宋濂因其孙获罪，被发配到四川茂州，病逝于夔门。朱椿同情老师的不幸遭遇，召宋濂孙子宋恪将宋濂迁葬于华阳，并赐田80顷，以奉其祀。朱椿还常到成都府学访问和讲课，并从自己的年俸中支给家境困难的学者每月一石粮的补助。

二、恢复与重建

朱椿明令保护文庙、学宫、佛寺、道观、古刹，声称"凡有国此莫不尊奉"，此"为民也"。一日，朱椿到杜甫草堂游历，见建筑坍塌破败，于是命重修复建，并撰写祭文，称赞杜甫"之精神犹水之在地，无所往而不在"。自朱椿以下，历代蜀王对成都的人文古迹多善加保护。1546年，第九代蜀王拿出银三千，扩建杜甫草堂，并拨给守祠人以田地。这次扩建奠定了草堂今日之规模。献王朱椿帮助重建的人文景观还有青羊宫、万里桥东的大悲阁，华阳县的永清庵、筹边楼、望江楼、散花楼等。第十一代蜀王朱宣圻也"出帑金"，并带动民间捐资，把万福寺复修一新。

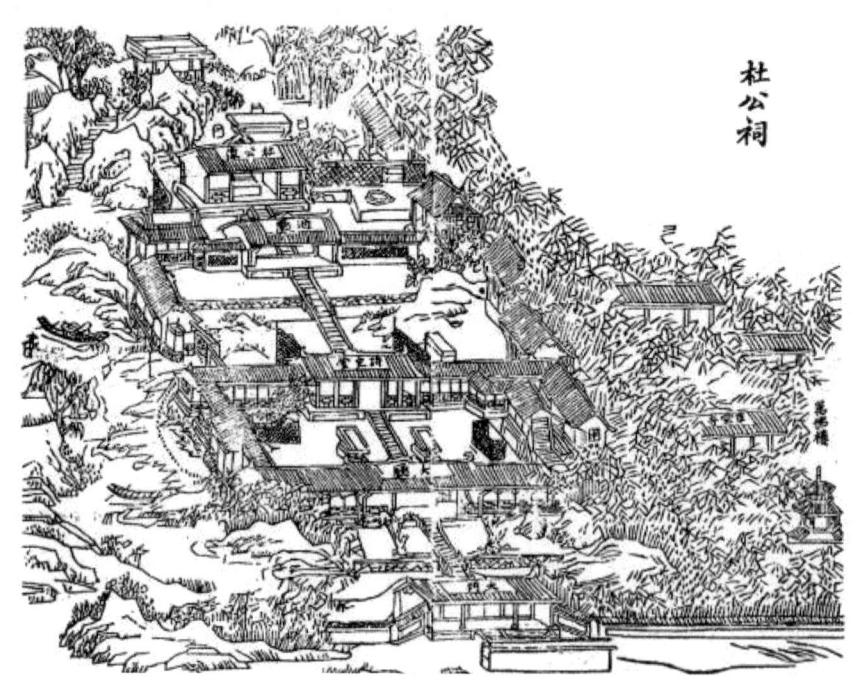

◎锦城十景之杜公祠

◎明蜀王府想象图（Constantine 绘图）

蜀王府也出资修建桥梁和水利设施，例如金水河西的萧公桥、青羊桥、沙河铺右的度人桥、东城外七里的观音桥、万里桥旁的慈航桥、东门外二江合流处的洪济桥，以及清水河分流堰沟水利设施龙爪堰。1593 年，蜀端王"首助千金"，委派王府承奉司荣修建塔桥。1597 年建成的洪济桥气势宏伟，该桥后俗称"九眼桥"。

明蜀王还资助修复川内寺庙。大足宝顶石窟殿宇倾颓，蜀王命重建宝顶山寺庙，并维护百余处尊摩崖造像。在蜀藩王的倡议和资助下，成都的仙宫佛院，殿宇廊庑，修饰一新。许多寺庙如元天观、云台观、昭觉寺、金像寺、净居寺、净因寺、金沙寺、昭烈庙、青羊宫等都焕然一新，华丽繁盛。城北 10 里的昭觉寺成就"西蜀禅林之大观"，"周围墙垣缭绕七百余丈"。1394 年，献王朱椿亲自主持仪式，将彭州龙兴寺智润禅师迎至昭觉寺，任主持并赐号"光照禅师"。

为鼓励美化城市，成王朱让栩（1510—1547）主持评选了成都十大景点，即"龟城春色""岷山晴雪""阙宫古柏""市桥官柳""浣花烟雨""草堂晚眺""墨池怀古""济川野渡""昭觉晓钟""菊井秋香"。"菊井秋香"为蜀王府内驾库东的一口井，因其四周遍种菊花，金秋清香四溢，所以被赞为"菊井秋香"。

三、文化教育的发展

明朝，中央设有国学，地方设有府、州、县学。正德皇帝以后，书院又兴起。成都建有14所书院。书院对明代政治产生了一定影响，几次遭到政府禁毁。1537年和1538年，明世宗诏令禁毁书院。1573—1582年，张居正任内阁首辅，再次命禁毁书院，成都大益书院和邛州鹤山书院毁损严重。

明中后期，浣花溪一带是在成都的监生、举人、进士聚会结社的场所。浣花溪文人会文活动得益于蜀藩王的鼓励。万历初年，僧人万竹自茅峨山还成都，"与道友犀泉结庐百花潭上，参究心宗"，后入南京讲学。返成都后，"蜀王造讲堂于浣花溪侧"，让万竹"登堂集众"，讲经说法。成都县令雷叔文也"与一二诗僧过从，清谈赋诗"，并在府治西南圣寿寺（石牛寺）组建了一个"竹林"诗社。成都孝廉郑仕坚曾组织了一个"浣花诗社"。

成都秀丽而物产丰富的环境，使纷至沓来的统治者都受到影响，他们大多鼓励文治教化，自身也沉醉于音乐文化之中，千百年来，延续了成都繁盛的音乐文化风尚。明蜀王在重大活动和宴饮时，常命宫廷乐队演奏乐曲，著名宫廷雅乐有《天下乐》，颂永乐太平盛世，风调雨顺，五谷丰登，国泰民安；号召忠君爱民，忠于职守。明代成都繁华闹市中到处是乐坊，丝弦声声，艺伎起舞，文人相与对唱。家庭也多置琴弦。

四、王府与地方

明代宗藩"分封而不赐土，列爵而不临民，食禄而不治事"，王府与地方官吏分属不同系统，不具有从属关系，地方官员有权举奏弹劾王府官吏危害乡里的行为。但也时有王府宗亲和官吏骄横跋扈，仗势欺人，甚至诬陷地方官的事情。朝廷的处置往往袒护包庇王府，致使蜀王府与地方官吏的矛盾有时非常尖锐。

1406年蜀献王长女长宁公主的丈夫高晟犯下"窃夺"罪，明宣宗以"事在赦前"，不加追究。1441年，蜀王府长史刘仲衍等人犯下死罪，结果仅"谪戍辽东"。1470年，蜀王府护卫卒15人"白昼攫人金于市"，被抓住送官。审讯中三人被杖死，蜀怀王大怒，竟诬陷四川按察使郭纪乘轿过端礼门时不下轿。郭纪于是被下狱，后遇赦才被释放。

明代宗室之所以敢以诬告手法打击地方官吏，是因为明初制定的《皇明祖训》赋予明宗室不容侵犯的地位，规定对"侮慢王者"处以重刑。1622年，蜀府左护卫指挥何起登涉嫌"赃私"，巡按御史陈睿以"不法"罪，将其拘拿法办，蜀恭王朱奉铨却多方袒护，责怪地方官自行擒拿。

明末，王府贵胄骄淫矜夸达到极致。1640年，王府与两院三司胥吏之间发生大规模冲突。起因是四川巡抚邵捷春遭逮捕，成都万余市民聚集起来，与锦衣卫校尉抗争。崇祯皇帝为维护大明王朝的统治权威与王室的尊严，反而赐红鞭一队为明宗室车驾开道。出行时，王府护卫不仅抽打百姓，甚至鞭打地方院司胥吏。"于是，两院三司之书吏七八百家，歃血与王府斗。家带僮仆，仅约共数千人，骑马执器"，从城内到青羊宫聚众示威。这次事件是明末成都民众除"五蠹"，即"府蠹"（投靠献王府、武断乡曲、倚仗王府势力横行霸道者）、"学蠹"、"衙蠹"、"宦蠹"与"豪蠹"运动的一个高潮。

五、张献忠据蜀

1637年，李自成率农民起义军入四川，重创明朝官军后退出川北。1641年，李自成攻占洛阳，进逼开封，乘明军与清军在辽东决战之际，直逼京畿。崇祯十七年（1644）三月十九日，李自成占领北京，崇祯皇帝于煤山自尽。李自成在北京登基，建号大顺，改元永昌。

1644正月，张献忠率军入川，二月攻克夔州，三月破万县，溯江西上，剑指西

◎明末成都被焚毁（探秘院绘图）

川。成都县令吴继善上书蜀王朱至澍，用蜀府钱财募兵以作准备，蜀王没有采纳。四月十六日，武举人朱彝之自北京逃回成都，蜀中方知京城已陷落。二十四日，成都官吏请蜀王监国。华阳县令沈云祚再次请求蜀王募兵，蜀王"以祖宗之制，不典兵"，再次拒绝。

1644年六月十八日，张献忠军攻占重庆。七月四日，张献忠兵分三路直趋成都，"州县望风瓦解"。张献忠军队进至内江、资中，蜀王才捐金招募民兵，但三天过去，无人响应。蜀王决定逃亡云南，被守门卒所阻，并被"劫掠辎重、姬妾"。消息传出，"王室大姓逸去者几半"。张献忠利用援兵源源不断地从各地来到成都的混乱时机，命部分兵士伪装成援兵，先期混入成都城中。夜晚时分城里不时有人惊呼："闯至矣！献至矣！"七月二十四日，张献忠的"伪诏"被奸细摆在蜀王的案桌上，内写"八月十五日临御"。

华阳县令沈云祚用私财招募1800余人，但城内已无兵器可发。八月五日，张献忠的骑兵从资阳，水军从新津抵成都城下，四川巡抚龙文光欲派人决都江堰水，灌入城壕，未果。八月七日，张献忠军队四面攻城。龙文光等官吏用库藏钱财，招募敢死队，从城墙上吊下出击，亦败。八月九日，混入城内的张献忠兵士点燃钟鼓楼，城外的军队用火药炸开成都城墙，破城而入。八月十五日，蜀王与妃嫔投井自尽，巡抚龙文光赴浣花溪投水自尽。入城后，张献忠的同乡，四川巡按刘之勃劝其"不杀百姓，改邪归正，辅立蜀世子"，也被张献忠杀害。成都城内各院司道府文武官员及周边州县官员皆被俘或被杀。张献忠还下令"凡王府室支，不分顺逆，不分军民，是姓朱者，尽皆诛杀"。大慈寺一千余众寺僧，"因匿蜀王宗室，悉屠之"。

张献忠随后自立为皇帝，宣布建立大西国，以成都为西京，以蜀王府为西王府。蜀王府的正殿被改建为承天殿，府门外廊被改建为朝房，并仿照明朝设内阁、六部和御史等部门和官吏。地方政府分为府、州、县三级，设知府、知州和知县等官员。大西国还设立铸钱局，废除明朝的货币，将抄没的铜器和寺院铜像熔化，铸成大顺通宝铜钱。

张献忠建立政权后，也试图维持社会稳定，颁布了约束军纪令，禁止文武官员擅自招兵，"扰害地方"，禁止文武官员娶本地人为妻妾等等。张献忠还宣布废除明朝礼仪典制，命令凡古籍、碑记、牌坊、书梁、题柱中的年号一律改为大西国年号。朝会时，他抛弃烦琐礼法，简单施礼后，即掷冠于地，踏之，然后仍戴大帽。

七、江口之战

1645年冬,大西政权在四川各地的清剿屡屡受挫,李自成的军队也从北京败退到西安,再入四川争夺地盘,张献忠陷入四面楚歌的境地。屠民后,张献忠决定撤离成都,"拟入楚",往长江中下游一带发展。张献忠征战半个中国,沿途劫掠官衙、藩王府和富家,以严酷刑法逼迫官宦富商交银。1643年,张献忠攻克武昌,溺毙楚王,"尽取官中金、银各百万,辇载数百车不尽"。1644年攻陷成都,"饬各州郡籍境内富民大贾,勒输万金,少亦数千金,事毕仍杀之";富甲天下的明蜀王府宫中财富尽为张献忠所有。各种文献和传说均称,张献忠搜刮的财富值数亿两白银,约相当于现在数十亿元。这笔巨大财富究竟是被张献忠随军带走,还是藏在成都附近,几百年来一直是一个谜。

清代费密《荒书》记载说,1646年,"正月,献忠尽括四川金银作鞘",把银子装在用掏空的青杠树干做成的树鞘筒中,每根树鞘筒藏银约千两,分装多船,然后,"率众十万,装金银珠宝数千艘,蔽江而下"。清初《蜀碧》一书描述张献忠"率兵十数万,装金宝数千艘,顺流东下"。《蜀难纪实》称,其所带金银财宝"累亿万,载盈百艘"。

张献忠船队应是在城南锦江的万里桥附近启程,然后沿府河南下。蜿蜒的府河向南奔流约50公里,在彭山江口镇附近与岷江汇合。此处江面陡然开阔,江边的小镇

◎江口沉银地貌

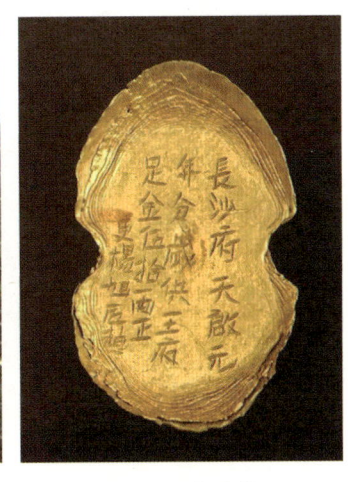
◎江口沉银金锭

◎蜀藩僖王陵仿蜀王府建筑

背靠彭祖山，林木葱茏，自古是成都沿岷江经长江出川的必经之路。张献忠船队行至江口镇时天色已晚，于是停泊下来。

此时，一支由参将杨展率领的明朝军队赶到。杨展属于此前张献忠军围成都时从各地赶来救援的官军刘镇藩所部。杨展联合当地民团和彭山象耳、骑龙、盘石三大寺庙的僧兵，水陆齐攻献忠军队。杨展见张献忠的船密密麻麻地停靠在江口，于是"遣小舸载火器以烧贼舟"，用小船载稻草、硫磺、焰硝等物，驶近张献忠船队，纵火烧船。张献忠军队欲退回成都，但其船队"前后数千艘，首尾相衔"，无法迅速后退。《蜀难纪实》称，"贼舟多焚，所掠金玉珠宝及银鞘数千万，悉沉江底"。

江口之战后，杨展的军队打捞到了很多金银财宝。《蜀碧》载："展所取遗金宝以益军储，自是富强甲诸将。"连续数百年，当地居民也从江中起获鞘筒和散落的银子。《蜀碧》记述："居民时于江底获大鞘，其金银镌有各州邑名号"。乾隆五十九（1794）年冬，渔人获鞘一具，报县转禀制军孙相国补山，饬令派官往捞数月，获银万两。

在江口镇，近30年来，公安局破获了十几起团伙盗掘、盗卖金银文物的大案，涉案金额高达数亿元。盗掘者往往趁夜深人静，或乘捞沙船，或穿潜水服在江底寻宝，不少盗贼因此而暴富。缴获的涉案文物包括刻有"大西"（张献忠政权）年号的银锭，写有"西王赏功"的金币，12厘米长、10厘米宽的金质封册，以及"永昌大元帅虎钮金印"等价值连城的国家一级文物。

2017年起,四川省文物考古研究院在江口河道围堰发掘,又发掘出包括数页张献忠册封妃嫔的金册,明朝廷册封藩王、郡王和妃子的金银册,以及金纽扣、镶嵌玉石的耳环、金发簪、项链、手镯、镶嵌宝石的金戒指等3万余件文物。

◎永昌大元帅虎钮金印

◎西王赏功铜钱

◎金带

◎金册

◎泥沙中的金饰

第十六章 清代成都

　　1646年冬,清朝肃亲王豪格在张献忠大西军降将刘进忠部配合下,击败张献忠主力,攻占川北。张献忠所部离开成都,南明总兵杨展最早赶到成都。他带着士兵在废墟上搜寻,眼前一片焦土,如同地狱,繁华都市连同数十万生灵消失得无影无踪,杨展号啕大哭。杨展所部进入成都后暂住尚未全毁的瓮城,设四镇于城中。张献忠撤离成都后清军李国英部也曾进入过成都,先贤祠庙及居民屋宇、文物、图书和古籍皆已化为乌有,城内无房屋可驻扎兵士,于是撤出了成都。此后十多年,清军以保宁(阆中)为主要立足点,与大西军、南明军及其他地方武装反复争战,争夺四川的控制权。几十年的战乱,"成都残民多逃雅州(雅安),采野菜而食","成都所属州县,人烟断绝千里","强者为盗,聚众掠男女,屠为脯"。

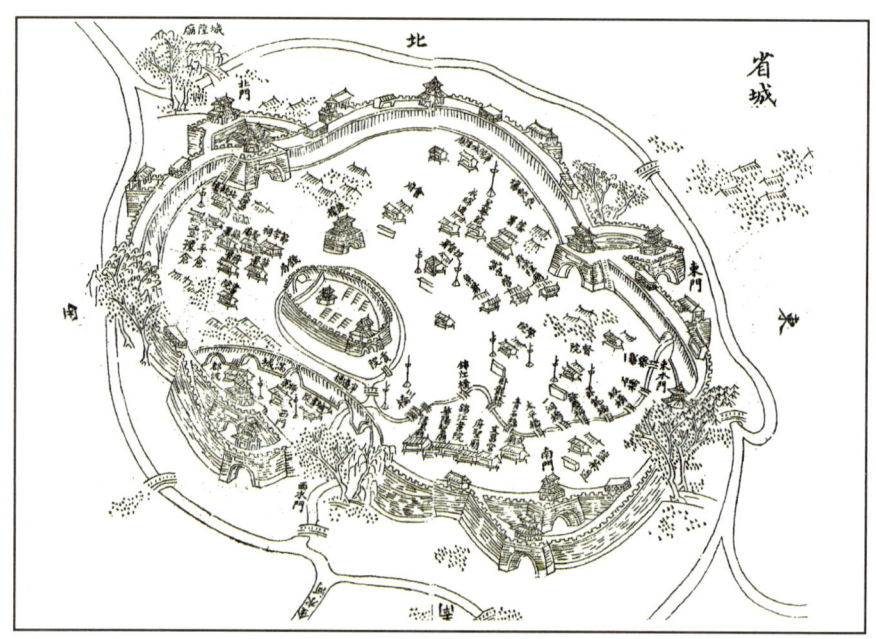

◎《同治重修成都县志》所载成都城市图

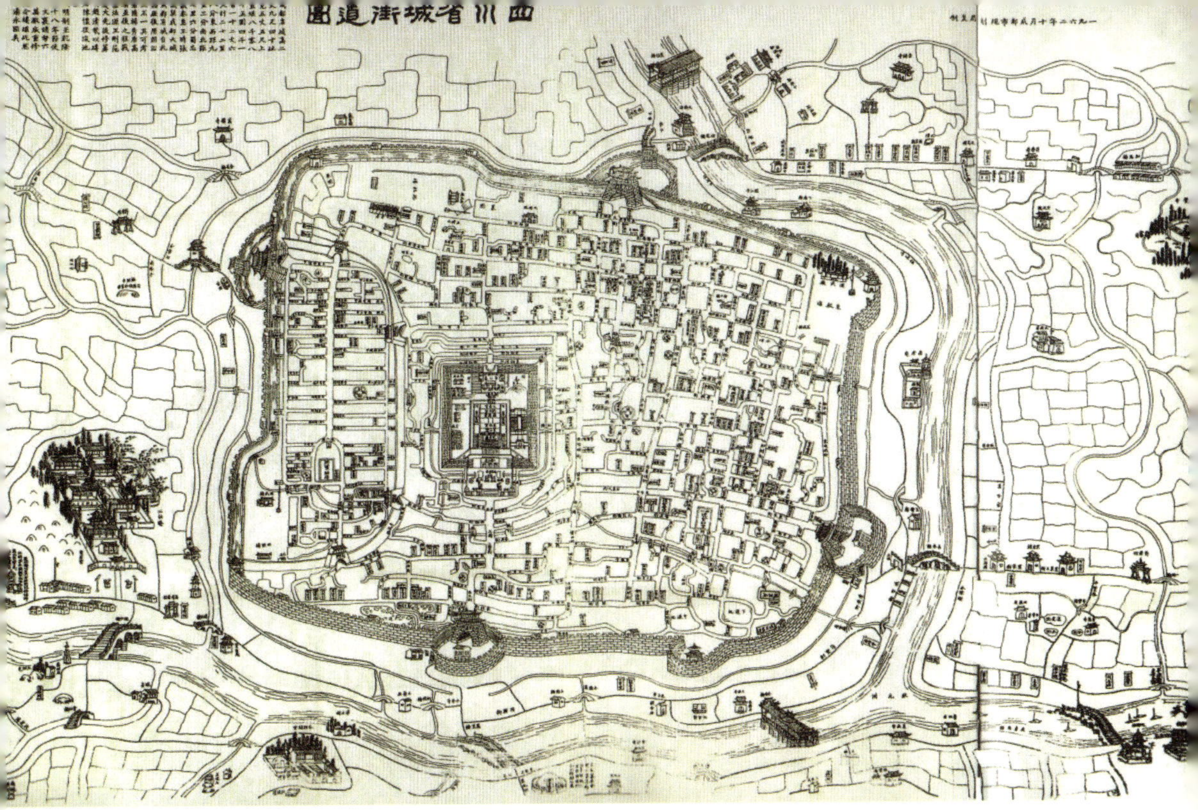

◎四川省城街道图（1894年）

一、城市的重建

清代沈荀蔚的《蜀难叙略》载，1654年成都仍然断垣残壁，一片荒凉，散兵游民如鬼魂般在废宅、水井和古墓中搜寻金银珠宝、古物名器。成都2万余口水井，大部分被尸体填塞，或被用以藏匿金银财物，仅300口可用。盗掘者所得"盈千累百，或数十金，亦二三年不绝"。

1659年，四川巡抚高民瞻带军攻占成都，城内仍"草木蔽塞，麋鹿豺虎纵横"，"蜀王府野兽聚集，二三年捕获未尽"，城墙残破不堪。官府只能以残存的城楼为居所。高民瞻于是上奏朝廷，拟修复城垣、官署和仓廪。1660年，佟凤彩就任四川巡抚，见成都孔庙荒凉破败，于是奏请修复孔庙大成殿、明伦堂等殿宇。

1664年前后，四川巡抚张德地由广元入川就任，但见沿途满目荆棘，成都城内"举城尽为瓦砾"，居民不过数十户。张德地开始重修城垣，拉开了成都百年重建的序幕。四川人口稀少，民间无法筹集资金，张德地于是同布政使郎廷相、按察使李翀、成都知府冀应熊、成都知县张行、华阳知县张瑄等共同捐资。次年，四川总督李国英得以

◎清末成都城南瓮城

从阆中将省府迁回成都。历时5年,成都城垣终于再次建立起来,新修的城垣周长22里,墙高3丈,厚1.8丈。城垣在东面开迎晖门,南面开江桥门,西南开清远门,北面开大安门,整个城池东西9里,南北近8里。

张德地在修固城池的同时又率府县官吏捐俸复建万里桥、杜甫草堂、薛涛井等历史人文景观。1666年重建的万里桥为木梁平桥,桥屋门额题"武侯饯费祎处"。知府冀应熊书"万里桥",刻石立于桥旁。来自河南辉县的冀应熊在恢复重建成都重要历史人文景观上做出了不可磨灭的贡献。他主持修缮杜甫草堂、汉昭烈皇帝惠陵,并题写"汉昭烈之陵"。他也为薛涛井题字,并刻石立碑。

1673年,又出现了"三藩之乱"。盘踞云南的吴三桂不满清廷削藩之举,起兵反清。1674年,数十万叛军由云南和贵州入川,"祸蜀六年",两度攻占成都。1681年,清廷才平定三藩叛乱。

1718年,成都官府奏请朝廷拨款,再次整修城垣。工程由成都附近各州县分段包工,官府对砖样和质料做了统一规划。1728年,又对城垣进行维修。1783,四川总督福康安上奏朝廷,获60万两银,修固城墙。工程仍由各州县分段负责,按统一规格施工,墙砖刻上各州县及督工人员姓名。福康安离任后,后任总督李世杰接替完成该项工作。又历时3年,竣工后的成都城池"楼观壮丽,城堑完固,冠于西南"。城垣设八角楼四座、炮楼四座,四门城楼顶高5丈,有月城护卫。李世杰又命"内外城隅遍种芙蓉,且间以桃柳"。

抗战期间为躲避日机轰炸,成都城墙多处被挖开,开辟出城通道,城墙内部也被挖洞作为防空洞。此后,城墙逐渐被人为毁损,但直到20世纪60年代,成都多处仍可见城墙。

1785年,四川总督李世杰将万里桥改建为石拱桥。桥高3丈,宽为1.5丈,长10多丈,两旁设石栏杆,桥梁中部稍拱起。1907年,拓宽通藏大道时,万里桥重建为七孔石拱桥,桥长20丈,桥宽3丈余,两旁设石栏杆,引道也被加长。1909年竣工后的大桥蔚为壮观,桥上有集市,中通车马行人。当地人称万里桥为南门大桥。1995年,南门大桥被拆除,在原址上新建一大跨度单孔水泥大桥。

二、修建贡院

1665年,清廷在蜀王府旧址上修建了贡院,作为全省乡试的考场。乡试时,主考、监临、提调站立此处,乡试生员分三次点名进场。大门后为明远楼,再后面是致公堂,为重大集会之所。堂前有石柱牌坊,匾额书"旁求俊乂"。致公堂前广场设数千号舍,供应试士子在里边答卷。到同治年间,贡院号舍一度达到13 935间。

致公堂东为誊录官厅,厅后东北角为誊录所;致公堂西为厨房,其北为弥封所。致公堂后是清白堂。清白堂后是严肃堂,堂前西北有摩诃池一角残迹。严肃堂后是衡文堂,衡文堂后是文昌宫,宫后界墙墙上有狐仙洞。贡院内还建有主考、监临、提调、

◎贡院内致公堂

监试、内外帘官住院，以及弥封所、誊录房、受卷所、劝科所等。

1905年废科举、兴学校时，贡院变为四川通省优级师范学堂、游学预备学校、补习学堂、中等工业学堂、绅班法政学堂等各种新式学堂的校舍。若干新型官署，如四川劝业道署、蚕桑传习所、劝工总局及其副厂、迁善所、工艺厂、陶瓷讲习所等也设在其内。

三、文化的发展和戏剧的繁荣

18世纪，成都经济恢复的步伐加快，文化生活逐渐兴旺。官吏和富户民间年节庆典迎神酬神，庙会和宴会酬宾时多伴有演出。湖广填四川，清初的大移民使城市和乡村出现大量以籍贯划分的移民社区。客籍会馆演家乡戏曲，借以缓解乡愁，联络情谊。婚丧、喜庆也能听到各种乡音和戏曲表演。陕西人聘请秦腔戏班，江苏、浙江、江西人聘请昆曲戏班，湖广人聘请高腔戏班。南北戏曲，各种声腔，包括以昆曲为代表的雅部声腔和以高腔、胡琴、弹戏和灯戏为代表的花部声腔就这样传入四川，争奇斗艳。

四川昆曲是由东南移民传入四川的江苏声腔演变而成的剧种。高腔是四川本土的高腔与外省高腔融合的产物。它以锣鼓、铙钹引导，"唱口嚣杂"，用帮腔，而不是管弦乐器伴唱。提倡孝道，宣扬因果报应、地狱轮回的《目连救母》是民间喜闻乐见的高腔戏目。

胡琴由"楚音"孕育而来，伴奏主乐器为小胡琴和四川二胡，曲调激越，戏目多取自历史题材，如战国列邦、三国、隋唐演义、瓦岗寨聚义等。晚清哥老会盛行，各地帮会崇拜武圣英雄，此类丝弦戏曲很受欢迎。《长生殿》《南阳关》是著名的戏目。

弹戏是秦腔，又受西蜀语音、语调影响，俗称"川梆子"，主奏乐器为"盖板子"，配奏乐器为四川二胡。弹戏唱腔仍带有秦腔韵味，节奏快慢有序，著名的戏目有《反徐州》等。

灯戏又名花灯戏、花鼓戏、车灯戏，清代前就有。逢年过节、酬神赛会都会上演灯戏。明代阆中农历五月十五日"瘟祖会"祭神盛典中，常上演十天灯戏；正月十五的灯节也演。灯戏伴奏用铛铛琴等乐器，演出时锣钹箫鼓齐鸣，热闹非凡。灯戏的一些曲目源自巫师、巫婆、端公作法时的演唱。灯戏故事一般情节简单，演出多以丑角与彩旦配对演唱，对白讥诮、通俗。民间喜闻乐见的节目有《拜新年》《请长年》《叠断桥》《十里墩》《望山猴》等。

清代前期,昆曲、高腔、胡琴、弹戏和灯戏大都作为独立剧种单独表演,乾隆后期,四川地区戏班和艺人的演出,出现五腔融合、同台献艺的局面,最后逐渐融合形成异彩纷呈的川剧。庙会演出起了很大的催化作用,庙会往往会根据节庆上演不同戏码,比如"岳王会"纪念岳飞,就会点宋代历史剧;"关帝会"纪念关羽,就会点三国戏。这种情况迫使戏班转化为五腔兼容的班子。演员的薪酬也实行分账制,戏班收入多,演员薪酬也会增加。高收入艺人多是艺通五腔、兼擅文武的全才。这激励艺人向一专多能的方向发展,最终促成了川剧这一海纳百川的戏剧形式在清乾隆后期的形成。

川戏唱声高亢激越、婉转流畅,并以帮腔著称。主唱者声音洪亮,帮腔时众人唱和,声震剧场。帮腔有合唱、伴唱和重唱等多种形式。川戏的背景音乐颇为震撼,常鼓乐齐鸣、丝弦重奏。糅合歌剧、乐器演奏,夹杂变脸、喷火、水袖等杂耍和夸张武术动作的川戏,是国内乃至世界都少见的异彩纷呈的戏剧。

民间喜看戏剧演出,戏院就应运而生。乾隆时期,成都伶人开始组织戏班,四处演出。官府督署也"自养戏班"。乾嘉时期,戏班大多驻扎在华兴正街老郎庙(今锦江剧场)一带。此处,昆、高、胡、弹、灯多种戏剧同台演出。高腔、昆曲、胡琴戏中的名角,常成为成都人喜爱的剧界名伶。清末,出现茶园和戏园融为一体的剧院,川剧从堂会、庙会、会馆演出转到茶园进行,观众购票入场。茶园接纳各戏班轮流演出,观众场场爆满。建于1909年的悦来茶园最为著名,后来又新建"万春""锦新"等茶园。

四、曲艺

晚清时期,川剧之外,评书、扬琴、道琴、清音、车灯、花鼓、莲花落、皮影、木偶、围鼓、口技、板凳戏等十数种曲艺也在成都文化生活中争奇斗艳。以说为主、表演为辅的评书最流行。评书早在汉代就出现了,清代更加流行。成都的说书场地大都设在茶馆,听众边品茶边听书。有评书书场的茶馆,茶钱高些,也有茶馆不加茶钱,而由艺人自收资费。说书人借助醒木、折扇、帖子等道具,靠曲折的故事情节和绘声绘色的语言吸引听众。评书题材多为传奇、古怪事件、公案、历史演义等。说书人多以第一人称讲述,营造身临其境的氛围。评书中的人物往往形象鲜明,故事情节曲折多变,每次的段子(一节讲说内容)在紧张、关键处时,说书人往往以"欲知后事如何,

且听下回分解"来"卖关子"（暂时停顿下来）。

扬琴是在昆曲影响下发展起来的，四川扬琴一些曲目至今还保存着用苏白语（昆腔语音）演唱的情况。扬琴也吸收了川剧清音的长处。演出时，在扬琴伴奏下，演员通过唱词与道白串联起故事，既叙事又抒情。演员三五人，演唱者也是伴奏者，分别操作扬琴、鼓板、小胡琴、碗碗琴、三弦等。扬琴既可唱折子戏（片段），又可演大幕戏（全本），剧本紧凑曲折，雅俗共赏。晚清，扬琴一度享誉成都，从业艺人收入很高。《活捉三郎》《都堂会》等是当时观众喜爱的曲目。

竹琴是渔鼓传入四川后发展形成的，又称"道琴"，因其是在竹筒上蒙上鱼皮制成而得此名。演唱时用简板和碰铃等乐器奏出不同的音响和节奏，烘托剧情所需气氛。演员自打自唱，或四五人一组坐唱。剧目多为慷慨悲歌的历史故事或叙述悲欢离合的折子戏。

皮影与木偶戏是借助皮制或木制人偶表演的戏剧。木偶戏起源于汉代，皮影戏起源于唐代，二者在宋代得到很大发展。清代，皮影、木偶演出因简单易行，只需两三个会耍皮影木偶、会唱戏曲小调的艺人，再加上小型乐器，数人即可组成一个演戏班子，演出的效果并不差，因此在城乡都受到欢迎。

寺院、道观、土地庙、会馆、祠堂，每年都会安排灯影戏或木偶戏演出。三月的娘娘会、八月的土地会，城内城外有几十处演出；平时，背街的茶馆及百姓婚、丧、寿诞场合也常有此类演出。

皮影道具的制作较复杂，要经过治皮、起稿、开刀、染色、装配等若干道工序。通过巧妙的穿连，皮影人偶的手脚和身体能在牵动下活动自如。皮影开场时，往往是锣鼓三通，剧中人物才粉墨登场，人偶举步而蹈，挥袖而舞。乐器伴奏声中，幕后演员代表皮影人偶配音说唱。舞台上的纱幔和帘幕上绘有云彩、奇峰异石、树丛和楼阁等景致，各种效果整合在一起，颇有现代动画片的感觉。

五、书院教育

1661年，四川巡抚佟凤彩捐资在文翁石室旧处，重建成都文庙和府学。1663年，文庙和府学竣工，主体建筑大成殿尤为壮观。乾嘉以后，官府又多次维修文庙和府学；康熙、雍正、乾隆、嘉庆皇帝还分别为文庙和府学题写匾额。

◎成都文庙大成殿（1914年）

1704年，四川按察使刘德芳深感四川文教事业亟待恢复，于是在四川巡抚贝和诺的支持下，在成都府学明伦堂后、文庙之西兴建锦江书院。仅5个月，书院就竣工了。锦江书院是清代最早设立的6所省级书院之一。书院建筑包括大厅、讲堂、奎阁、文翁祠、乡贤祠，以及可容纳184名生员的宿舍。

◎成都文庙泮池望棂星门（1914年）

刘德芳在《锦江书院记》中盛赞："文翁化蜀"以来，巴蜀人才辈出，文化学术比于齐鲁，"魏晋唐宋元明，巨公名彦，踵接代兴，蜀学之盛，甲于宇内"。他希望书院能继承文翁石室之优良传统，"蹈德咏仁，追前贤遗轨……继石室之流风"。难能可贵的是，刘德芳并不要求书院每年有多少生员科举及第，而是强调"执经问业""务实"，培养具有真才实学，可以"绍往哲以开来学"的创新型人才。

锦江书院延续了199年，到1902年改制为新式学堂。四川许多著名人物，如李调元、刘光第、骆成骧、吴虞都曾在该书院学习。骆成骧（1865—1926）是清代四川唯一的状元，他曾与变法维新六君子之一的杨锐在北京创设"蜀学堂"。辛亥革命后，骆成骧被推举为四川省临时议会议长，曾任四川国学专门学校校长，筹办四川大学、成都大学。

第十六章 清代成都

◎成都崇州文庙泮池

  1747年，华阳县令安洪德在成都东郊静居寺侧创办书院，书院后有明代文学家宋濂墓，故定名为潜溪书院（宋濂号潜溪）。1801年，成都知县张人龙捐银200两，又向绅耆募资7000余两银子，与县儒学教谕王子诏在北暑袜街修建"芙蓉书院"。1821年，四川学政聂铣敏游览青龙街扬雄故宅"洗墨池"，决心"继文翁之兴学，复子云之遗迹"，修建了一个新的书院，以补锦江书院之不足。他自捐俸禄，购得墨池故处私宅三间大院、房屋200余间、空地4亩，以及洗墨池，将中院作为墨池书院，左院为东园，右院为廉泉精舍。落成后的墨池书院环境幽静，亭榭花木别具洞天。1852年，芙蓉书院迁入墨池书院西侧，两书院中间以墙为界。1871年，四川总督吴棠见八旗子弟游手好闲，于是和各官捐俸银6000多两，在祠堂街东面兴建八旗少城书院。

  晚清成都书院在传承西蜀文化学术、鼓励思想创新上发挥了突出作用。尊经书院在课本和参考文献的选编上颇费苦心，特别编辑《蜀学篇》等作为教案。《蜀学篇》系统梳理了蜀学发展的脉络和成就，收录汉代至清代蜀学名家112人的著述。四川学政谭宗浚又选编《蜀秀集》9卷，山长王闿运编《尊经书院初集》12卷，山长吴肇龄

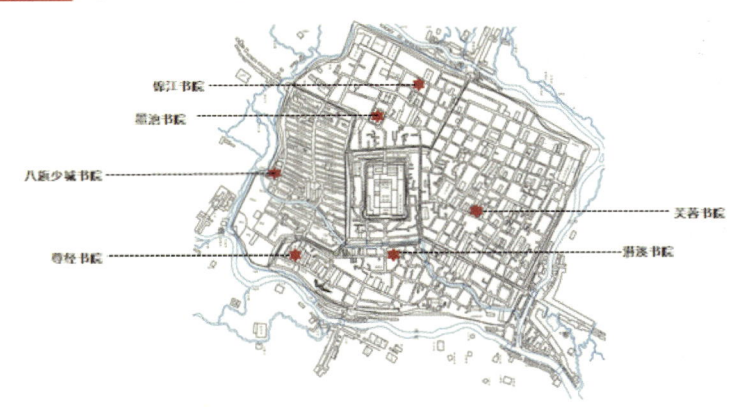

◎清代成都书院分布（赵薇可等绘图）

编《尊经书院二集》，山长刘岳云编《尊经书院课艺三集》8卷。这些文献都突出了蜀学的卓越和源远流长，鼓励思想的继往开来。

锦江书院鼓励学员科举应试，"出为良臣"，但在教学和图书置备上又不轻视"经世致用"的实学。总督丁宝桢一再鼓励师生培养"解经释义"的能力。书院刻意延揽学识渊博，有开创精神的学人担任山长。著名今文经学家王闿运1880年被丁宝桢聘为第二任山长。王闿运执教9年，以"通经致用"教导学生，影响了巴蜀一代文人。廖平、宋育仁、杨锐和刘光第等蜀中杰出人才皆出自其门下。

六、维新思想与救国志士

四川官员王祖源曾期望，尊经书院"追隆两汉……鸿生巨儒接踵而兴"。成都的书院培养的志士对清末中国政治产生了超出地域的影响，其中尤以廖平（1852—1932）、宋育仁（1857—1931）、杨锐（1857—1898）和刘光第（1859—1898）最为突出。他们出生在西南一隅，却胸怀天下，思想先进，在国家危难之时，力主改良维新；在面临守旧势力迫害时，舍身成仁，表现了蜀中志士高尚的思想节操。

廖平研习《春秋公羊传》，探析中国思想变革之路。1886年，他发表《今古学考》，断言古文为周公所作，今文为孔子所创，认为今文经学和古文经学两大理论的分野"在制度，不在义理"，从而将对儒家经学的研究引领到制度层面。1889年，廖平又发表

◎宋育仁

◎廖平

《知圣篇》，再次宣称《周礼》是刘歆迎合王莽之意而作，为刘歆淆乱之学；今学《王制》则为孔子之学，而且孔子思想的核心是改制。

廖平对儒学的重新解读影响了康有为。《知圣篇》发表后不久，廖平受张之洞邀请赴广州，其间与康有为相见，赠《知圣篇》《辟刘篇》于康有为。康有为曾读过廖平的《今古学考》，深受影响。后人认为康有为撰写的《孔子改制考》《新学伪经考》等变法维新著作，应是在廖平的启发下写就的。张之洞甚至认为康有为是廖平在思想上的嫡传弟子。廖平秉持蜀学和今文经学"经世致用"的传统，创"公羊三世说""经学六变说"，为后来康有为宣扬托古改制开辟了道路。

廖平在思想上为维新开辟道路，宋育仁则呼吁以西方为榜样变法。宋育仁于1882年中举人，两年后发表《周礼十种》。他的《周官图谱》为托古改制提供了蓝图。宋育仁主张经学为政治改良服务，得到枢机清流派代表人物、帝师翁同龢和工部尚书潘祖荫赏识。1886年，宋育仁进京会试，中进士，授翰林院庶吉士。宋育仁主张中国以欧美强国为榜样，进行彻底的社会改革。1887年，他发表《时务论》，提出中国非改良不可的观点，广受朝野关注。1889年，光绪亲政，宋育仁呈两万余言的《三大礼赋》，从此为光绪帝接纳，进入改革派核心。1891年，宋育仁奉命典试广西，目睹洋务运动濒临破产，再写《时务论外篇》，呼吁发展民族工业，效仿欧洲君主立宪，实行君民共治。

1894年，宋育仁奉派出任大清国驻英、法、意、比四国使馆二等参赞。同年，甲午战争中国战败，宋育仁代理公使职。他与使馆参赞杨宜治等密谋，拟购英国兵舰5艘、鱼雷快艇10艘，招募澳大利亚水兵2000人，组成水师一旅，以澳大利亚护航商船海军之名，自菲律宾北上，攻击日本长崎。不幸的是，就在他成功向康迪克特银行借款买定兵舰、快艇10艘、运输船2艘，募得水兵旅，且"炮械毕集、整装待发"之时，传来清廷决意与日本媾和的消息，宋育仁不得不放弃这一救国于危难之际的英勇壮举。《马关条约》签订后，宋育仁"望洋而叹"，泪流满面。

强军和突击日寇不成，宋育仁回国后仍为救亡图存大声呼喊。他创办《时务论》，为维新思潮推波助澜。康有为、梁启超组建"强学会"，邀宋育仁讲"中国自强之学"。宋育仁回川在重庆创办《渝报》。1898年，宋育仁应聘为成都尊经书院山长，发起组织"蜀学会"，编辑《蜀学报》，大力宣传维新变法。四川保路运动的风起云涌一定程度上要归功于他创造的思想氛围。

七、刘光第与杨锐

四川有两位志士在"戊戌变法"中起到了突出作用。爱国志士刘光第出生于四川富顺县，1883年中进士，任刑部广西司候补主事。1894年，甲午战争爆发，刘光第不顾安危，向清廷上书要求变法维新。在《甲午条陈》奏折中，他请求光绪帝"乾纲独断，以一事权"，尽快结束慈禧太后垂帘听政、"政出多门"的状况。刑部堂官读后不敢代奏，但奏疏却在枢机各部门和士大夫中不胫而走。"百日维新"期间，刘光第以特授军机章京的身份，在光绪帝与康有为、梁启超等维新派人士之间起到了上情下达的桥梁作用。

◎戊戌六君子

四川绵竹人杨锐也是"百日维新"中的重要人物，戊戌政变中殉难的六君子之一。

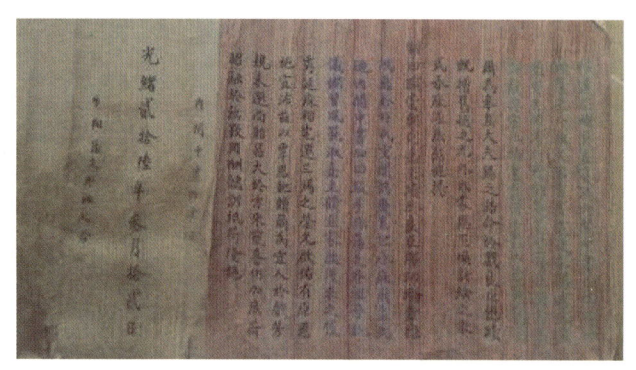 

◎光绪密诏　　　　　　　　　　　　　◎光绪皇帝

杨锐在尊经书院读书时，被视为"尊经五少年"之首。1889年，他考授内阁中书，后又成为张之洞幕僚。"百日维新"中，杨锐为"军卿"之一。康有为组织京官和应试举人成立"保国会"时，刘光第和杨锐在京成立"保川会"。1895年，康有为、梁启超"公车上书"，在奏折上签名的各省举人中四川籍占18%。1898年6月11日，光绪皇帝宣布变法，实行新政，"百日维新"开始。光绪帝求治心切，视"盈廷皆守旧"，连自己的老师翁同龢也开缺。9月1日和4日，光绪帝先后召见刘光第、杨锐，二人力陈变法、维新对策。9月5日，刘光第、杨锐、林旭、谭嗣同被授予四品卿衔，进入内阁，批阅条陈奏章，草拟上谕，参与新政。

9月21日，慈禧发动政变，将光绪帝囚禁于瀛台，重掌大权，并出动3000军士在全城搜捕维新派人士。9月22日到24日，谭嗣同等人还计划营救光绪帝。9月24日凌晨，杨锐在绳匠胡同寓所被捕，与谭嗣同、刘光第、林旭、杨深秀、康广仁等志士一起被关押在刑部监狱。

1898年9月28日，杨锐与谭嗣同、刘光第、林旭、杨深秀、康广仁同时遇害于北京菜市口，时年41岁。现在四川省绵竹市人民公园内设有纪念这位爱国志士的"杨锐广场"。

八、四川保路运动与清朝的倾覆

"百日维新"十余年后，四川再次影响了清廷的命运。甲午战争后，清朝加快修建铁路，1911年，全国已建铁路4936公里，其中依靠外资修筑铁路4029公里，铁路的管理权也因此由外国借款公司掌控。在爱国主义思想的鼓舞下，民间出现拒绝外资、洋股、洋债，由民间融资的呼声。1903年，各省绅商掀起收回路权运动，铁路商办遂入高潮。各省以地租房租抽成、薪俸提成等购股的方式筹措资金。全国18个大型铁路公司中17个是商办、官督商办或官商合办。1904年，清廷批准川汉铁路官民合办。

1911年6月，成都掀起反对清廷把川汉铁路收归国有的保路运动，这场运动迅速演变为全川范围内的抗议活动。清廷抽调湖北新军等多省力量前往四川弹压。9月中旬，端方率领的湖北新军离开武汉。同盟会于1911年10月10日在武昌策动新军武装起义，在武汉新军工程营后队正目（相当于"班长"）熊秉坤等人的领导下，起义士兵首先攻占楚望台军械库。武昌城外的辎重队、炮兵营、工程队亦举起义旗，在天亮前拿下督署和镇（相当于"师"）司令部。掌控武汉三镇后，湖北军政府宣告成立，推黎元洪为都督。湖南、广东等15个省纷纷响应，相继宣布独立。11月21—22日，广安、重庆先后成立蜀汉军政府，川东南57州县也纷纷响应武昌起义。

1912年1月，中华民国南京临时政府成立。1912年1月1日，孙中山在南京就任中华民国临时大总统。2月10日，南京参议院通过《清室优待条件》和张謇起草的《清帝退位诏书》。2月12日，隆裕太后携六岁小皇帝在养心殿举行最后一次朝见仪式，颁布逊位诏书，清朝正式寿终正寝。成都在推翻清朝统治上发挥了极其重要的作用。

◎辛亥秋保路死事纪念碑

专题

专题一
成都的音乐文化

唐及前后蜀期间,成都文化发展进入又一个高峰。成都诗风极盛,音乐、戏剧独具特色。杜甫诗云:"喧然名都会,吹箫间笙簧。""锦城丝管日纷纷",是颇为贴切的描写。

一、西蜀音乐传统

西蜀喜好诗歌和音乐的特征早在汉代就表现出来。成都那时是琴歌发展的沃土,西蜀文人雅士都喜抚琴而歌。近年来,成都及周边的汉墓出土了大量奏乐画像砖和抚琴俑,显示在西蜀文化形成期,音乐是一个重要元素。成都东郊的明蜀王陵中也有规模很大的王府乐队俑出土。汉朝时,文人雅士伴随音乐节拍吟唱诗词,诗与歌"相合"。

◎东汉奏乐画像砖拓片

汉代,官方乐府机构从成都城乡收集了一些弦乐伴奏的流行歌曲。《蜀国四弦》是乐府相和歌中带有浓郁巴蜀乡土气息的乐曲,其曲调、内容和伴奏器均来自成都平原。《蜀国四弦》重复奏乐五六遍,旋律节奏急速、强烈、奔放。最早的《蜀国四弦》

◎《韩熙载夜宴图》中的音乐表演

歌词为梁简文帝所填,歌颂四川地区特殊而优越的地理环境、巴蜀的传说和成都的繁荣。唐代李贺也有一首填词,描写在瞿塘峡出川的路途中,一位女子不忍东出瞿塘、辞别故土,在寒月高挂的江畔哭泣的场景。

唐代,士大夫琴曲歌辞创作和演奏成风。诗人张蠙在《送友尉蜀中》中描写蜀人弹琴之风:"故友汉中尉,请为西蜀吟。人家多种橘,风土爱弹琴。"前蜀宰相韦庄的《赠峨嵋山弹琴李处士》中有"为君吟作听琴歌,为我留名系仙谱"的诗句。李白、杜甫、高适等诗人的诗词中,成都处处有乐坊。仕女的妩媚、蓉城的繁华、乡野的旖旎等等,都化为诗词中的意境和形象,成为弹唱的歌词,陪伴艺妓歌舞。

李白《听蜀僧濬弹琴》:"蜀僧抱绿绮,西下峨眉峰。为我一挥手,如听万壑松。"唐代女诗人薛涛描述寺庙音乐:"每到宫中歌舞会,折腰齐唱步虚词"。

二、唐代音乐的发展

唐德宗时,韦皋引进南诏音乐,巴蜀音乐的形式和内容更为丰富。唐末,成都音乐发展迅速,雅乐、燕乐、清乐、宗教音乐和俗乐五大体系逐渐成形。流行于市井及郊县的民间音乐即俗乐,一般使用竹笛、琵琶等流行乐器,被称为"曲子"。后来,文人士大夫开始为乐曲配上歌词,发展出各种词调,形成"曲子词"。晚唐后,曲子词创作特别盛行。文人喜好依据曲子乐调填词。后蜀赵崇祚所编《花间集》收集了约500首词,说明当时吟唱诗词之盛。

唐末成都音乐深受西域、南诏和骠国(缅甸)音乐的影响。754年,唐玄宗对西域传入的《婆罗门曲》进行改编,组织宫廷乐人进行表演,形成了著名的《霓裳羽衣曲》。安史之乱,玄宗幸蜀,《霓裳羽衣曲》随之传至蜀地。

◎后周冯晖墓伎乐砖雕(摄于永陵博物馆)

801年,骠国王雍羌派遣其弟至成都,献其国乐《骠国乐》乐曲10种,包括乐工35人,以及他们使用的22种乐器。骠国乐曲大多演绎佛教经典大义。剑南西川节度使韦皋用中国乐谱将这些骠国音乐记录下来,并将其舞蹈队列、乐器绘成图画,一并献给长安。《骠国乐》在长安演出,轰动一时。白居易、元稹曾作《骠国乐》诗以记其事。

◎《唐人宫乐图》

三、前蜀的音乐文化

永陵王建石棺床三侧面有24个乐伎浮雕，展示了前蜀宫廷燕乐乐队的形象。2人歌舞，22乐伎坐持乐器伴奏，使用的乐器20种，共23件；一类为琵琶、排箫、笙、笛、毛员鼓、答腊鼓、鸡娄鼓等管弦和打击乐器，属于西域的龟兹乐系统；另一类有弹筝、琵琶、腰鼓、羯鼓、铜鼓等，属于中原清商乐大曲系统。这反映了中唐至五代时期雅乐式微、燕乐兴盛，龟兹乐与清商乐逐渐流行的情况。

前蜀有一出名为《麦秀两歧》的独幕歌剧很受欢迎。《麦秀两歧》原为流行于中原的乐曲，旨在歌颂汉代勤政劝农的好官张堪。五代时，后梁使节封舜卿由汉中使蜀，

◎五代王处直墓石雕（摄于永陵博物馆）

金州太守将封舜卿所歌曲调录为乐谱。前蜀配之以新歌词和话剧舞蹈动作，把颂德之曲表现为苛政下贫民困苦生活的哀怨控诉，很受欢迎。

前蜀皇帝王衍精通音律，善作艳词，曾改编《霓裳羽衣曲》，创作出成都版本。到后蜀，该版《霓裳羽衣曲》仍在蜀宫传唱，花蕊夫人《宫词》中即有相应的描写。王衍还创作了一出大型布景音乐歌舞剧《采红莲队》，在宫廷演出。舞台布景奢华壮观，画有水纹的绿色丝绸铺设在舞台上，其间放置水兽和荷叶等来模拟莲池。舞台正中是彩绸扎成的蓬莱仙山楼阁。演出时，后台鼓动风橐，通过地下长铜管将风引到舞台上，吹动水纹绿绸、起伏翻滚，如滔滔碧浪。轱辘机关随后驱动蓬莱仙山展现一个山洞，从中划出两艘绸缎扎成的彩船。船上220名仕女划着船，周游于莲池之中，一边采摘粉红莲花，一边前行。行至前台时，仕女下船致辞，后妙声歌唱，唱毕，再回到船中，返回仙山。在当时的条件下，《采红莲队》的编排和演出令人叹为观止，显示了前蜀成都乐舞的高度水平。

◎赵廷隐墓乐伎

花间词

在艺术方面,前后蜀时代是一个类似意大利文艺复兴的时代,成都的文学诗歌、绘画和音乐创作空前繁荣,其风格、形式和内容引领时代,并扩散到全国。成都文学以词最盛,出现了一大批优秀的词人,如前蜀宰相韦庄、后蜀宰相欧阳炯等。他们形成了中国词学史上的"花间派",架起了从唐诗向宋词的转化之桥,影响了宋词一个多世纪。

填词风气在晚唐已十分普遍。文人为避乱纷纷入蜀,填词风气由中原带入后蜀。907—966年,前后蜀割据西南,战事不多,皇室贵胄沉湎于歌舞伎乐,文人填写曲子词(为乐曲配词)十分流行。937年,欧阳炯(896—971)生病在家,与大理少卿赵崇祚(后蜀中书令赵廷隐之子)商量,选编一些有代表性的"曲子词",以成"一家之书"。

欧阳炯是成都华阳人,在前蜀仕至中书舍人在后蜀官至宰相,降宋后被授为散骑常侍,是蜀中难得的多才艺、精音律、通绘画之士。他的《菩萨蛮》《更漏子》等词闻名甘陇,其词上承温庭筠,委婉含蓄,擅长表达女子情怀;宫怨词和亡国词也为上乘。

◎赵廷隐宅模型(龙泉驿赵廷隐墓出土)

作为供伶人歌伎演唱的曲子词选本，因为妇女常被比喻为花，写女人之媚的词集常被称为"花间"，所以这本词集被命名为《花间集》。词作的内容多为歌台舞榭生活享乐以及男女情爱。然而就是这种性质的选本，却最终引领了中国诗学的发展潮流。18名词人中有数名宰相，包括被称为"曲子相公"的北汉宰相和凝和前蜀宰相韦庄等。从韦庄到李珣15人都是蜀中文人，为王氏或孟氏的文学侍从之臣。在歌咏旅愁闺怨、合欢离恨中，《花间集》形象地反映了身处西蜀文化鼎盛期的文人乃至整个社会的生活品位和情感世界。

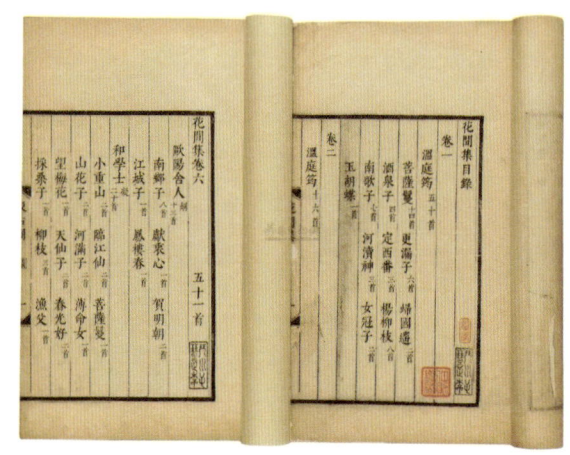

◎《花间集》书影

与郊庙音乐歌词相比，"曲子词"因其俗乐性质，难登大雅之堂，在文体和内容上长期受到歧视。为了替花间词这种新兴文体辩护，欧阳炯在《花间集》"序"中，特别突出"诗客曲子词"的文艺学特征，强调它们不同于那些纯粹为娱乐而作的作品，具有文学价值，而且从温庭筠起，"诗客"的作品已超越民间娱乐歌词的地位，足以登大雅之堂了。

"花间词"可以看作宋词的先声。欧阳炯和赵崇祚编辑《花间集》，肯定了这一在蜀国大放异彩的文学创作活动及诗人为娱乐音乐配歌词的合法性，在中国文学史上翻开新了的一页。赵崇祚编辑时也刻意回避"曲子词"的音乐性，不列出乐谱，而强调作者的官位，以提升这些词作品的社会品位。

《花间集》于后蜀广政三年（940）成书，共10卷，收唐末以来的18位词人的词作500首。除温庭筠、皇甫松、和凝三位外，18位词人中的15位（韦庄、薛昭蕴、牛峤、张泌、毛文锡、顾敻、牛希济、欧阳炯、孙光宪、魏承班、鹿虔扆、阎选、尹鹗、毛熙震、李珣）皆活跃于五代十国的后蜀，他们或生于蜀中，或官旅蜀中。这些词人以温庭筠艳丽香软的词风为楷模，以描绘闺中妇女日常生活情态为主题，互相唱和，形成独特的花间词派。

《花间集》曲调具有燕乐特征。敦煌是燕乐的发源地之一，但《花间集》的题材和音乐格调则直接源于唐代宫廷教坊，盛唐宫廷流行的燕乐孕育出曲子这种通俗音乐的基本形式，而《花间集》作者们因在蜀国特有的人文地理环境中创作，又带有浓郁的西蜀文化自然主义风格特征。《花间集》把温庭筠、皇甫松列于卷首，视其为西蜀词派的渊源，但疏淡明秀的韦庄词似乎才更代表西蜀"花间词"的特征。

一、温庭筠

温庭筠被尊为"花间派"鼻祖,是第一位专门致力"倚声填词"的诗人。他的诗与李商隐齐名,时称"温李"。温庭筠的词多以女性为主人公,身份或为歌伎、女冠、思妇、嫔妃、采莲女等;内容多为闺情、相思离别;诗风华丽,秾艳精致,文采和声情皆具。主人公为男性的词,内容则多是写行役、咏壮别。

◎温庭筠

温庭筠为唐初宰相温彦博后裔。他天分极高,文思敏捷,每次入试或押官韵,八叉手而成八韵,故有"温八叉"之称。然而,温庭筠恃才不羁,常讥刺权贵,再加上纵酒放浪,因此屡试不第,一生坎坷潦倒。一次唐宣宗朝试宏辞,温庭筠代人作赋,被控扰乱科场,贬为隋县尉,后到襄阳刺史署做巡官,授检校员外郎。不久,温离开襄阳,客居江陵。唐懿宗时任方城尉,官终国子助教。

温庭筠来过四川两次,前后相隔十年。与许多入蜀诗人一样,温庭筠一路行吟,

◎锦里红楼

从北面的蜀道入川，再经三峡出蜀。他的旅途诗《过分水岭》，显示他循嘉陵江南行，到达利州（广元），在那里作七律《利州南渡》；从广元往西南行，到达剑阁，在此结识了一位蜀将，并作诗《赠蜀将》；再往西南行，到绵州，在那里作《题西明寺僧院》。温庭筠最后经汉州到达西蜀腹地成都。羁留成都期间，他作《锦城曲》。后离开成都，经崇州三江镇码头行至新津，在新津作《旅泊新津》《老君庙》二首。随后顺江而下，经戎州折向东行，过泸州、渝州，从巫山出川。

出塞与入蜀是唐代文人远游向往的梦境。神秘、诡谲的文化，奇异的四川地理景观吸引着诗人。一生怀才不遇，饱受权贵欺凌的温庭筠更是如此。巴蜀满足了诗人探索异域的情思。当诗人体味并在诗词中再现巴蜀时，也刻画和创造了一个诗意的空间。温庭筠的《锦城曲》就是如此："蜀山攒黛留晴雪……花上千枝杜鹃血。杜鹃飞入岩下丛，夜叫思归山月中。巴水漾情情不尽，文君织得春机红。怨魄未归芳草死，江头学种相思子。树成寄与望乡人，白帝荒城五千里。"这首诗已具备曲子歌词的特征。

温庭筠的词上承南北朝齐、梁、陈宫体的余风，下启花间派的艳体，是民间词转为文人词的标志。他的诗题材多样，又有重点：怀才不遇的感慨；对羁旅行役和旅途景物的描写，如《商山早行》《利洲南渡》《回中作》《锦城曲》《过分水岭》等；以及对友情和爱情的吟咏。温庭筠最擅长乐府诗和近体律绝，描写闺阁、宴游都华美秾艳，有时也借史事讽刺时弊。

温庭筠的近体诗成就最高的是七律。他对唐诗普遍采用的形式——近体诗的声律进行了改造，这影响了后来的诗歌声律及词的创作。温庭筠对信手拈来的民间词调、教坊曲调进行创新，特别注重语言的格律音韵与曲调节奏的融合。他的作品促进了唐代对词的格律形式的规范。后世人如李煜、欧阳修、柳永、李清照、陆游等都深受温庭筠的影响。赵崇祚编选的《花间集》开卷便是温庭筠的66首词。

二、韦庄

花间词风虽由温庭筠创始，但经韦庄（约836—910）而门庭壮大。郑振铎的《中国文学史》评论说，蜀中词始于韦庄。李白、杜甫与蜀皆有关系，但没有给蜀中文学带来很大影响。到了韦庄的入蜀，成都才成为文学重镇。韦庄是韦应物的四世孙。894年，韦庄60岁中进士，开始官宦生涯，可谓大器晚成；两年后奉召入蜀，安抚两川节度使。

◎韦庄

入蜀不久,唐室倾覆,韦庄有心在西蜀一隅"重筑太平基",因此屡劝王建少用干戈。韦庄帮助前蜀荟萃四海名士,推进文化繁荣。他仰慕杜甫,于902年在浣花溪寻得杜甫茅屋旧址。当时草堂已荒芜,但柱砥犹存,韦庄于是命人修整重建,成为第一位整修杜甫草堂的人。907年,在朱梁代唐之后,韦庄劝王建称帝,此后还为前蜀制定开国典章、刑政和礼乐,并策划王建的登基典礼与祭祀大典。次年,韦庄升任前蜀宰相。

韦庄抵蜀前,逢唐末黄巢起义,生活颠沛流离。他的诗词因而多忧时伤乱。在《台城》《金陵图》等怀古诗中,他凭吊南朝史迹,哀叹唐末动乱。《浣花集》10卷收录了韦庄900年之前的诗作,其《秦妇吟》与《孔雀东南飞》《木兰诗》并称"乐府三绝"。韦庄词大部分作于后期,即他仕蜀的十年。他的词善用白描,却又情致深婉。

在以成都为场景的词中,格调清丽而又欢快。《河传·春晚》描写成都的行乐:"春晚,风暖。锦城花满,狂杀游人。……惜良辰。翠娥争劝临邛酒,纤纤手,拂面垂丝柳。"《河传·锦里》勾勒成都的繁华:"锦里,蚕市。满街珠翠,千万红妆。……不知今夜,何处深锁兰房,隔仙乡。"他的《菩萨蛮》五首被誉为宋词的先声;其《又玄集》3卷收录妇女诗19家,为诗集收录女子诗开了先例。

韦庄与温庭筠同是花间派的领军人物,温词主要是供歌伎演唱的歌词,秾艳华美;韦庄以情词闻名,但没有温词的秾艳,而善用清隽的字句、白描的笔法,因此韦词虽情致缠绵,但也意象鲜明。韦庄的词风受西蜀民间词的影响,具有西蜀文化的自然主义倾向。他的《思帝乡·春日游》勾勒了一位西蜀妇女对爱情一往情深的决绝:"妾拟将身嫁与,一生休。纵被无情弃,不能羞。"王国维评论韦词"骨秀"。在韦庄的词中,或忆往昔缠绵的深情,或伤今,都言语质朴。钱钟书的父亲钱基博评论说韦庄的词似直而纡,似达而郁,意婉辞直,为苏轼词之滥觞。苏轼出生于成都平原南部的

◎罨画池园林

眉山，其词也具有这些特征。

《花间集》的题材和内容偏离主流的儒家价值观，对爱情的细腻描述和肯定，是对"齐家治国平天下"的道德生活以外的人生理想和情操的肯定与展示，带有欧洲文艺复兴的人文主义取向。

花间词完成了曲词由民间撰写向由文人创作的转换，文人对词的编写规范了"词"的诗学特征，提升了"曲词"的文学地位，从此词体正式登上文坛，分香于诗国。花间词派的影响是全国性的，是唐诗和宋词之间承前启后的桥梁，婉约词派直接以其为源头。宋代词的繁荣与发展与之有千丝万缕的关系。

益都多名画

前后蜀，成都升格为帝都，大兴土木，改建和新建诸多建筑，在帝都标准下，建筑大都追求宏伟精致。建筑的热潮推动了装饰绘画艺术的发展，皇帝偏好并奖掖绘画，推动社会对绘画的偏爱。宫廷、庙宇、达官贵人宅邸、文人雅居都以绘画装饰墙壁、屏障为时尚。皇家喜好黄色的品位影响了绘画的色调。西蜀绘画大多以黄色为主基调，显得富丽堂皇。西蜀绘画的另一大风格特征是写实主义，以逼真为美。这与西蜀文化的自然主义倾向有关。

一、宫廷、寺庙对绘画的需求

唐代，西蜀宗教文化极盛，为成都绘画的繁荣打下了基础。寺庙墙壁大都绘壁画，这种需求为画家提供了展示才能的舞台。辛显的《益州画录》所记画家多是参与大圣慈寺诸殿的壁画创作，且以成名者居多，就是证明。

◎新津观音寺

◎新津观音寺观音殿

成都寺庙多，成都以外的整个川西地区寺庙也多，雇用画家作佛道鬼神人物画的需求很大，当时不少绘画名家都以画鬼神见长。唐末入蜀的名僧贯休（禅月大师），"画罗汉十六帧……曲尽其态"，名声远扬。杜齯龟在君平观、大圣慈寺画了很多壁画，其画"妙于佛像、罗汉"。赵德齐在大圣慈寺竹溪院画有释迦十弟子、十六大罗汉、文殊和普贤菩萨等画像。高氏一门四代均善画，高道兴的儿子高曾在皇宫中殿墙上画《大罗汉图》，孙子高文进也"工画佛道"。高文进的画，宋初"画院学者皆宗之"。

"益都多名画，富视他郡"的另一个原因是唐玄宗、唐僖宗先后入蜀避难，许多中原画师也紧随其后，成都绘画之风随之大盛，到前后蜀也如此，如文献所载："蜀多画工，而盛于王、孟僭伪之时。盖其割据一方，耽玩图画以自娱，故工聚焉。"

"蜀之四主崇奢，宫殿、苑囿、池亭，世罕其比。"君主喜欢用绘画来装饰"殿庭墙壁，门帏屏幛"的风尚，引起达官贵人的模仿，他们也以收藏名画为时尚。前后蜀皇室还经常选美，常要求画家把官女嫔妃候选人的外貌画下供初选。王衍选妃，也

◎新津观音寺壁画

要求先写貌,由画家画像,呈上先过目。这推动了人物画创作的繁荣。翰林待诏阮知诲善于写貌,"多写皇姑帝戚""攻画女郎,笔踪妍丽"。他曾在成都大慈寺为王衍、孟知祥画像,又入宫为孟氏福庆公主、玉清公主画像,其子阮惟德"善画当时宫苑亭台花木、皇妃帝后"。

成都人张玫"尤精写貌及画妇人"。写貌是前后蜀非常流行的画科。当时从事写貌的画工很多。宫廷装饰也喜好人物画,杜觐龟曾受命在皇宫殿堂四壁画唐代二十一帝御容,他也在青城山金华宫画王建、太后、太妃像。成都画家赵德齐、高道兴在王建死后,曾画"陵庙、鬼神、人马及车辂仪仗、宫寝嫔御一百余堵"壁画。

前后蜀,成都画坛无论是人物画、鬼神画和花鸟装饰画,有一个共同特点,就是各派似乎都以画面形象逼真为追求。

二、花鸟画

当时绘画按题材分为四类:山水画、花鸟画、人物画和杂画。尽管成都画坛诸多题材造诣都很高,但最后是花鸟画的影响最为深远。究其原因。首先是因为以临摹为特征的花鸟画适应了"现代派绘画"出现前绘画艺术发展的方向,即追求逼真。其次,这与当时花鸟画创新的成就最大有关。两蜀花鸟画的写实水平达到了中国古代绘画艺术的高峰。

唐代起,巴蜀画家就痴迷写生。随唐僖宗入蜀的滕昌佑在所居之处遍置竹石、名花异草,并细心观察,锤炼写生技巧。巴蜀雅致的人文景观,几乎入画就成景。成都出生的黄筌（约903—965）是西蜀花鸟画的领军人物。黄氏父子（黄筌、黄居寀）开创的画风不仅在前后蜀大放异彩，而且主导北宋画院近一个世纪之久。

黄筌13岁就拜师刁光胤学画花鸟，稍后又学画人物、山水。郭若虚《图画见闻志》说黄筌"善画花竹翎毛，兼工佛道人物"。17岁起，黄筌先后为王衍、孟知祥及孟昶作画。孟昶厚爱黄筌，授其翰林待诏，检校户部尚书兼御史大夫等官衔。其弟黄惟亮，子黄居宝、黄居寀也都供职于西蜀翰林院，并一起被封为待诏。黄筌为后蜀王后袁氏画的写真画挂于别殿。《宣和画谱》收录黄筌人物画20幅。黄筌也画山水，与其子合画的《青城山图》《峨眉山图》《春山图》《秋山图》曾作为礼物送给南唐。《宣和画谱》也收有他的山水画45幅。黄筌、黄居寀父子在皇室作画40余年。他们在殿庭墙壁，门帏屏幛，"图画之数，不可纪录"，"当时卿相及好事者，得居寀父子图障卷簇，家藏户宝，为稀世之珍"。

黄筌的花鸟画达到以假乱真的程度。944年，孟昶命黄筌在偏殿绘南唐送来的六只仙鹤像，画成后，仙鹤栩栩如生，竟常招引来生鹤立于其侧。声名远播后，豪贵之家纷纷延请黄筌画鹤。953年，后蜀皇帝孟昶命黄筌在新建的八卦殿壁上画春夏秋冬四时花竹、鸟雀、兔雉等，历时半年画成，画面鲜活逼真，有人献白鹰经过此处，鹰误以画中雄鸡为真实雄鸡，竟张开翅膀，欲飞去捕捉。

南唐的徐熙也擅长花鸟画，其画水墨淡彩，充满野逸之气，与黄筌的风格迥异。黄筌作画时先用淡墨勾画轮廓，再涂以浓艳色彩，非常符合宫廷富贵之气。徐黄两人的不同画风，形成了五代花鸟画的两大流派，但黄筌的画对北宋花鸟画产生了更大的影响。黄筌的工笔勾勒画法，为后世画家承袭。《宣和画谱》记载，北宋末年，朝廷还藏有349幅黄筌花鸟画。

◎黄筌《写生珍禽图》

◎黄筌《雪竹文禽图》

◎徐熙《飞禽山水图》　　　◎徐熙《玉堂富贵图》（传）

  北宋统治者同样喜爱绘画，还成立了京师画院，网罗各地名画家。后蜀时期的许多画家也供职于京师画院。黄筌主持北宋官廷翰林图画院，京师画院于是长期以黄氏画法为标准，"较艺者视黄氏体制为优劣去取"，徐熙画派则遭到排斥。黄氏画艺垄断官府画坛达一个世纪。黄筌的儿子黄居宝"画性最高"。他的另一个儿子黄居寀"画艺敏赡，不让于父"，曾为后蜀孟昶画了多幅壁画和屏幛画，其作品一上市，见者争购。北宋的一些山水画家，如毛文昌，"工画田家风物"；蒲永升在画水方面颇有造诣，所画山水有鲜活逼真之感，其画夏天挂于高堂素壁，给人以"阴风袭人"（苏轼语）之感。宋神宗时画家崔白到京师任职后，宫廷画院花鸟画的风格和画法才发生了变化。

三、绘画史的兴起

画坛的繁荣，催生了绘画史的出现，黄休复《益州名画录》、邓椿的《画继》、郭若虚的《图画见闻志》和李之纯《大圣慈寺画记》最为有名。郭若虚的《图画见闻志》既有画家小传，又有对其作品的评论，尤其对大慈寺壁画创作者及师承关系有较为详细的叙述。他在书中描述说，大慈寺壁上所画如来佛、帝释、梵王、罗汉、祖僧、天王、明王、大神将、山水、花鸟、龙虎、台阁等共有15 500幅以上。辛显的《益州画录》专门叙述成都地方画史，介绍了参与大圣慈寺诸殿壁画的画家。黄休复的《益州名画录》参照辛显的《益州画录》，但书中所记画家，"成名者尤多"。

黄休复长期客居成都，擅长书画鉴赏，因此对益州的寺观绘画状况以及蜀中名家的创作逸事非常熟悉。他目睹宋军与李顺起义军在成都交战，大量文物受损，"焚劫略尽，则墙壁之绘，甚乎剥庐；家秘之宝，散如决水。今可观者，十二三焉"，决定把耳闻目睹的成都画迹记录下来，让后人所知。他的《益州名画录》共3卷，叙述所见尚存的唐末至五代成都地区的绘画，特别是前后蜀寺院壁画。黄休复的评论奠定了后世品画的基本模式。

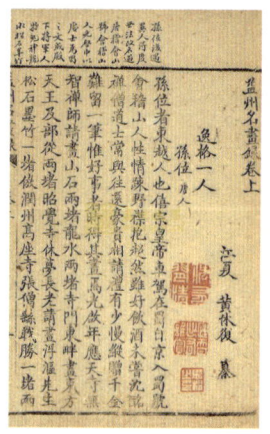

◎黄休复《益州名画录》

◎黄休复《益州名画录》内页

李之纯在哲宗元祐二年至五年（1087—1090）以直学士知成都府时，曾写了一篇《大圣慈寺画记》，描述大圣慈寺佛教绘画，包含大圣慈寺的诸院绘画的数量和内容。当时大慈寺有壁画千余堵，参与绘制的全国知名画师多达六七十人。在大慈寺作画的有卢楞伽、范琼、赵忠义父子、黄筌、文与可、常重胤、孙知微、李升等。范成大的《成都古寺名笔记》开列晚唐至宋保存于大圣慈寺的作品清单，包括壁画名称、作者、所在地点、保存状况及画家的品第等。大慈寺是当时中国首屈一指的画廊。正如李之纯所评论，"举天下之言唐画者，莫如成都之多，就成都较之，莫如大圣慈寺之盛"。

后记

在本书写作过程中，我得到了"成都世界历史文化名城研究课题组"各位专家的帮助。我要特别感谢课题组各位专家，他们的见解和成果对本书的撰写帮助很大。这些专家是四川大学中华文化研究院院长舒大刚教授，郭沫若研究会会长彭邦本教授，四川大学艺术学院原副院长段禹农教授，四川大学环境与建筑设计学院原副院长周波教授及他的研究生赵薇可、罗希路、彭莎等，四川大学历史文化学院罗二虎教授，四川大学古籍研究所王小红教授，成都博物馆杜康副研究馆员，成都文物考古研究院易立研究员，金沙遗址博物馆明文秀副教授，四川师范大学巴蜀研究中心毛丽娅教授，成都理工大学外国语学院刘永志院长，四川大学马克思主义学院肖杰博士。我还要感谢成都市社科联原主席杨继瑞教授、四川大学出版社原社长王军、四川大学社科处傅其林处长，四川大学南亚研究所，以及曾祥裕副教授和蒋莜然老师。

本书写作之前，研究成都历史的专家们已经集体撰写了巨著《成都通史》多卷本，我要对这些作者表示感谢，没有他们的前期研究成果，本书难以完成。他们是谢元鲁、粟品孝、张莉红、张学君、罗开玉、谢晖、段渝、陈世松、李映发等教授学者。我还要特别感谢成都市社会科学院历史所，以及冯婵研究员。本书的撰写特别受益于四川省文史馆编辑的那本开拓性的著作《成都城坊古迹考》。

我出生于成都，在这里度过了难忘的童年和青春岁月，后到国外留学工作多年。回到家乡成都，童年和青年时期的记忆，难以忘怀。那时的成都，还没有经历现代化的改造，古代城市格局和文化遗迹仍旧历历在目，清代城墙还多处可见。

难忘清代重建的万里桥下清澈的溪水，难忘万里桥头眺望西岭雪山的场景。20世纪60年代，锦官城外武侯祠内数百棵古柏树参天挺拔，杜甫描绘的"锦官城外柏森森"的场景活灵活现。小时候，我常在家后面的蜀汉三国时代的御园遗址小山上游玩，山下蜿蜒的小溪还依稀可见。如今，这些都不复存在。童年的故乡像一首难以忘怀的诗歌，魂牵梦萦。在异国他乡的生活中，我加倍怀念故乡的文化，它的独特魅力滋润了我的成长。在这本书中，我想要用文字重构一个已经消失的成都，带领读者在成都做一次文化之旅。

本书不是学术著作，定位为旅游参考书，主要想将成都历史和文化的精华加以简略描述，以资观光客在游览之余更好地理解成都。尽管本书的目的是用尽可能短的篇幅向读者介绍这座有三千年历史的城市，但仍有诸多略带学术性的探究，比如三星堆为何突然毁弃，远古蜀人来自何方，等等。在这些方面，本书既有自己的探究，也有对已有研究成果的概括和总结，我在此深深地感谢在这些领域长期耕耘的学者。他们是四川考古研究院的王毅、金沙博物馆的朱章义、三星堆博物馆的雷雨，本书也受益于北京大学孙华教授的研究。

本书本着在旅游者便于随身携带的尺度内，介绍成都历史文化概况这一初衷，所以没有对书中所依据的资料、前期已有研究成果和图片来源一一加以注明，在此对这些资料、图片的作者表示深深的歉意。一经指出，本书将在再版中一一注明并致谢意。

何平

2022 年 7 月 12 日于成都

鸣谢

成都博物馆

成都金沙遗址博物馆

三星堆博物馆

四川博物院

成都社会科学院成都研究院

四川大学"世界历史文化名城研究课题组"

四川大学外国语学院

成都理工大学外国语学院